Warum musste Becky sterben?

Darren Galsworthy

Warum musste Becky sterben?

Die unfassbare Familientragödie

Aus dem Englischen
von Sabine Schäfer

Weltbild

Die englische Originalausgabe erschien 2016 unter dem Titel *BECKY – The heartbreaking story of BECKY WATTS by her father* First published by HarperElement, an imprint of HarperCollinsPublishers, London

Copyright © Darren Galsworthy 2016
Copyright der deutschsprachigen Ausgabe © 2017 by Weltbild GmbH & Co. KG,
Werner-von-Siemens-Str. 1, 86159 Augsburg
Übersetzung: Sabine Schäfer
Projektleitung und Redaktion: usb bücherbüro, Friedberg/Bayern
Umschlaggestaltung von atelier seidel (Teising)
unter Verwendung des Umschlagdesigns von © HarperCollinsPublishers Ltd 2016
Umschlagmotiv (vorne) von Enterprise News and Pictures bereitgestellt;
Umschlagmotiv (hinten): © Darren Galsworthy
Fotos im Innenteil © Darren Galsworthy außer Foto-Nr. 13 und Nr. 16
© Getty Images/Matt Cardy; Foto-Nr. 14 und Nr. 15 © Getty Images/Barcroft Media
Satz: Datagroup int. SRL, Timisoara
Druck und Bindung: CPI Moravia Books s.r.o., Pohorelice
Printed in the EU
978-3-8289-5581-3

2019   2018   2017
Die letzte Jahreszahl gibt die aktuelle Lizenzausgabe an.

Einkaufen im Internet:
www.weltbild.de

Für meine schöne Bex

Inhalt

Vorwort 9
1 Becky 13
2 Der Kampf 31
3 Glückliche Familien 45
4 Mein Junge 61
5 Becky als Teenager 81
6 Shauna 101
7 Der Tag, der alles veränderte 123
8 Die Suche 143
9 Die Verhaftung 161
10 Abschied 171
11 Die Beerdigung 187
12 Im Schwebezustand 201
13 Der Prozessbeginn 217
14 Die Verhandlung 243
15 Das Urteil 273
16 Was danach kam 293

Nachwort von Anjie Galsworthy 311
Dank 317

Vorwort

Ich bin immer gern im Freien gewesen. Während ich erwachsen wurde, zeigte mir mein Vater alle Wunder der Natur. Nichts liebte ich mehr, als meine Gummistiefel anzuziehen und draußen herumzustreifen. Nur dort, so dachte ich, konnte ich frei sein und meine Phantasie frei schweifen lassen. Eine Lichtung im Wald wurde zum Königreich, ein Waldstück zum einem geheimnisvollen, magischen Garten. Ein großer Baum wurde für einen Tag zu einer Burg. Als ich dann selbst Kinder hatte, versuchte ich ihnen beizubringen, dass ihre Phantasie keine Grenzen hatte. Sie sollten ebenfalls gern im Freien sein, und gemeinsam mit ihnen entdeckte ich die Natur noch einmal ganz neu. Für mich war das ein besonderes Privileg in meinem Leben als Vater.

Bis heute mache ich gern lange Spaziergänge, aber heute gehe ich lieber allein. Dann habe ich Zeit zum Nachdenken und um mit der Welt zurechtzukommen. Allerdings fühle ich mich dabei nie ganz allein, denn wohin ich auch sehe, immer sind die Erinnerungen an meine Tochter Becky da, als Kleinkind, als Schulkind mit Mikroskop, wie sie Käfer untersuchte, als Teenager, wenn sie ihren Nagellack überprüfte, während wir zusammen unterwegs waren, während wir über ihre Hoffnungen und Träume sprachen.

Becky stand auf der Schwelle zum Erwachsensein, als sie uns grausam genommen wurde. Sie war gerade dabei, herauszufinden, er sie war und wer sie sein wollte. Sie wuchs zu einer schönen jungen Frau heran, einer Frau mit einem ausgeprägten Sinn für Stil und Haltung.

Heute gehe ich spazieren, wenn ich sie wieder in meiner

Nähe spüren will. Oft gehe ich einfach nur die vertrauten Wege entlang, setze mich an einen Teich und genieße den inneren Film der Erinnerungen in meinem Kopf. Dort führe ich dann auch meine einseitigen Gespräche mit Becky.

»Hallo, Bex, ich hoffe, du bist glücklich und in Sicherheit, wo auch immer du bist. Ich hoffe, du bist mit meiner Nan zusammen und sie gibt dir all die Liebe, die sie mir als Kind schenkte. Ich wünschte, du wärst hier bei mir. Ich vermisse dich so sehr: dein Lachen, deinen Humor, selbst die Art, wie du dich über mich immer wieder lustig machtest.

Ich vermisse es, wie peinlich dir meine Tänze mit dir waren. Und die Streiche, die du mir gespielt hast, so wie damals, als ich auf der Couch einschlief und du mich mit Make-up unten angemalt hast. Als es dann an der Tür klingelte, fragte ich mich, warum der Mann mich so komisch ansah. Aber als ich dein Kichern hörte, wusste ich sofort, es hatte etwas mit dir zu tun. Als ich dann in den Spiegel schaute und meine rot angemalten Lippen und den blauen Lidschatten sah, war ich entsetzt. Aber du fandest es toll, und dein Lachen brachte alle zum Lächeln.

Ich vermisse den Spaß, den wir zusammen hatten, als du ein kleines Mädchen warst. Wie du mein Gesicht zu allen möglichen Grimassen verknautscht hast und dann vor Lachen fast umfielst. Wie wir zusammen Kuchen gebacken haben, und wie ich dir im Bett vorgelesen habe. Meine Lieblingszeit war wenn du müde warst und ich dir einen Gutenachtkuss geben konnte.

Bex, ich vermisse sogar unsere Streitigkeiten. Wir waren uns so ähnlich, dass es oft Reibereien gab, aber am Ende lachten wir uns immer schief. Ich vermisse die Art, wie du dich in meine Arme stürztest, wenn ich hereinkam. Ich vermisse, wie du dich in meinen rechten Arm schmiegtest. Stundenlang hätte ich so sitzen können, und ich dankte meinem Glücksstern, dass du das auch als Teenager immer noch mochtest.

Keine Stunde vergeht, in der ich nicht an dich denke, Bex. Vom Aufwachen am Morgen bis zum Einschlafen am Abend sehe ich dich. Ich sehe dich in deinem Zimmer am Telefon, wie du mit deinen Freundinnen an der Tür plauderst, wie du im Wohnzimmer einen Film anschaust. Du bist überall. Auf eine Weise bin ich froh darüber, denn ich will nichts vergessen.

Ich versuche, nicht an die Art zu denken, wie du uns genommen wurdest, aber das ist schwierig. Ich wollte dich immer nur beschützen, und es quält mich bis heute, dass ich an jenem schicksalsschweren Tag nicht für dich da war.

Ich habe dich so sehr geliebt, Becky, und du wusstest es. Du konntest mich mühelos um den Finger wickeln. Ich konnte dich nicht mal ausschimpfen, ohne dir zu sagen, wie sehr ich dich liebte. Ich wollte, dass du nie an meiner Liebe zweifelst. Und du wirst bis heute so sehr geliebt, nicht nur von mir, sondern auch von deinen Freunden und von der ganzen Familie. Du hast eine große Lücke hinterlassen, ein Loch in unseren Herzen.

Ich versuche, mich nicht auf den Verlust zu konzentrieren, sondern an all das Schöne zu denken, das wir zusammen erlebt haben. Ich habe mir immer Sorgen gemacht, weil du nicht so leicht Freundschaften schließen konntest, aber heute bin ich eigentlich dankbar dafür, denn so war ich nicht nur dein Vater, sondern auch dein bester Freund. Und die Zeit, die wir zusammen verbracht haben, ist meine kostbarste Erinnerung.

Bis wir uns wiedersehen, meine Prinzessin, schließe ich

die Augen und stelle mir vor, wie du aussiehst. Mit deinen braunen Haaren, das immer rötlich schimmerte, wenn es das Sonnenlicht reflektierte. Mit deinem breiten Lächeln und all der Liebe im Herzen. Dein Lachen konnte mir auch den dunkelsten Tag hell machen. Und eines Tages, das weiß ich, werde ich dieses Lachen wieder hören. Ich liebe dich.«

1

Becky

Montag, 23. Februar 2015
Appell an vermisstes Schulmädchen

Die Sorge wegen des Verschwindens von Becky Watts, Schülerin aus Bristol, wächst. Die Sechzehnjährige wurde zuletzt vor vier Tagen nach der Rückkehr in ihr Elternhaus in Crown Hill, St. George, von ihrer Stiefmutter Anjie Galsworthy gesehen, nachdem sie eine Nacht im Haus einer Freundin verbracht hatte. Mrs Galsworthy sagt, sie habe Becky am Donnerstagmorgen um 11 Uhr 15 gesehen und sich noch mit ihr unterhalten, bevor sie das Haus verließ. Beckys Familie und Freunde machen sich große Sorgen, da ihr Verschwinden untypisch ist. Ihr Freund Luke hatte erwartet, sie an diesem Tag zu treffen, aber sie reagierte nicht auf seine SMS. Beckys Mobiltelefon und ihr Laptop werden ebenfalls vermisst, aber sie scheint kein Bargeld, keine Kleidung, kein Make-up oder sonst irgendetwas mitgenommen zu haben, das darauf hinweisen könnte, dass sie für kürzere oder längere Zeit weggehen wollte. Heute haben ihr Vater Darren Galsworthy und ihre Großmutter Pat Watts einen innigen Appell an die Öffentlichkeit gerichtet, um sie zur Rückkehr zu bewegen. Mr Galsworthy sagte: »Becky, wir wollen nur, dass du nach Hause kommst. Du wirst überhaupt keine Schwierigkeiten bekommen – wir wollen nur sichergehen, dass es dir gut geht. Bitte, ruf uns an, wenn du kannst, oder schreib uns eine SMS, um uns wissen zu lassen, dass du in Sicherheit bist. Wir alle lieben dich und wollen, dass du wieder bei uns zu Hause bist.« Die Polizei arbeitet mit der

Familie zusammen. Sie hat ein Foto und eine Beschreibung des vermissten Mädchens veröffentlicht, und es läuft eine Kampagne in den sozialen Netzwerken mit dem Hashtag #FindBecky.

Als ich das erste Mal auf meine Tochter Becky hinabblickte, ging mir das Herz auf. Sie war ein richtiger Wonneproppen, ein sehr süßes Ding. Als sie aus ihrem Kinderbettchen zu mir aufblinzelte und versuchte, ihre neue Umgebung in sich aufzunehmen, konnte ich gar nicht anders, als mich in sie zu verlieben. Mit etwas über drei Kilogramm war sie winzig, aber ich bemerkte schnell, dass sie für ein Neugeborenes ziemlich kräftige Lungen hatte und einen ganzen Raum mit ihrem Schreien füllte.

Von diesem ersten Moment an liebte ich Becky heiß und innig, obwohl sich Unsicherheit in meine Gefühle mischte, weil ich nicht sicher war, ob sie wirklich mein Kind war. Ihre Mutter und ich hatten eine unstete Beziehung gehabt, die zur Zeit ihrer Empfängnis eher in Richtung Schlussmachen tendiert hatte. Doch als Becky aufwuchs, wurde sie mehr und mehr wie ihr Alter – und zwar so sehr, dass es uns beide manchmal überraschte. Ihre großen haselnussbraunen Augen waren wie meine, und als sie älter wurde, entwickelte sie viele von meinen Eigenheiten. Der einzige Unterschied zwischen uns war der, dass sie viel hübscher war! Ich nannte sie »meine schöne Bex«, denn für mich war Becky wirklich schön – innen und außen.

Ich bin in Bristol geboren und aufgewachsen und habe mein ganzes Leben hier verbracht. Einige Teile der Stadt sind nicht gerade schön, was ich nur zu gut weiß, da ich in einigen ihrer rauesten Gegenden zu Hause gewesen bin, doch ich erlebe in Bristol ein starkes Gefühl der Zusammengehörigkeit. Unter den Einwohnern von Bristol findet man einige der gütigsten, aufrichtigsten und hilfsbereitesten Menschen, denen man begegnen kann, und ich bin stolz auf den großartigen Gemeinschaftssinn der Stadt. Ich kann mir gar nicht vorstellen, irgendwo anders zu leben.

Ich war das erste Kind in meiner Familie, geboren in der Silvesternacht 1963, als die Beatles mit »I Want to Hold Your Hand« die Hitparaden anführten. Ich wartete mit meinem Erscheinen bis elf Uhr nachts, daher starrten meine Eltern, John und Sue Galsworthy, auf mein verknautschtes Gesicht, als die Uhr Mitternacht schlug und alle im Land das Neue Jahr willkommen hießen.

Am nächsten Tag brachten sie mich aus dem Krankenhaus in Southmead in ihr Reihenhaus mit zwei Schlafzimmern in Easton, Bristol. Zu dieser Zeit war Easton eine der heruntergekommensten Gegenden im Südwesten, und es war multikulturell, was damals eine ziemliche Seltenheit war. Meine Familie gehörten zu den wenigen Weißen in unserer Siedlung. Das Leben in Bristol in den 1960er Jahren war ziemlich hart für Leute aus der Arbeiterklasse wie uns, und wir mussten kämpfen, um über die Runden zu kommen. Mein Vater arbeitete als Maschinist für eine Firma der Nuklear- und Verteidigungstechnik, und meine Mum arbeitete erst in einer Lederfabrik und später als Schwesternhelferin in einem Altenheim.

Mein kleiner Bruder Lee wurde am 15. August 1966 geboren, als ich zweieinhalb war. Wir teilten uns ein Zimmer, und zuerst genoss ich es ziemlich, einen jüngeren Bruder zu haben, aber als er älter wurde, wurde er ein bisschen großmäulig und geriet immer wieder in Schwierigkeiten mit anderen Kindern aus unserer Siedlung. Weil ich der Ältere war, musste ich einspringen, um ihn zu beschützen, und schließlich hatte ich den Ruf weg, das Kämpfen zu genießen – dabei war Lee schuld!

Die 1970er waren ein Jahrzehnt der Streiks, die zu Stromausfällen und riesigen rattenverseuchten Müllhaufen auf den Straßen führten, weil die Müllmänner den Abfall nicht mehr wegschafften. Die Wirtschaft war inflationsanfällig – es schien so, als wären jedes Mal, wenn man in einen Laden ging, die Preise wieder gestiegen. Das führte dazu, dass die Arbeiter höhere Löhne forderten, die die Regierung nicht bezahlen wollte, und das Ergebnis war, dass die Gewerkschaften nach Generalstreiks verlangten. Dreitagewochen wurden eingeführt, da es den Firmen nur erlaubt war, an drei aufeinanderfolgenden Tagen in der Woche Elektrizität zu nutzen, während es für die Haushalte regelmäßige Stromabschaltungen gab. Das bedeutete, dass es in den Wintermonaten im Inneren unseres Hauses genauso so eiskalt war wie draußen – wir hatten Eis an den Innenseiten unserer Fenster. Mir wurde in der Schule beigebracht, Brot zu backen, weil die Bäcker streikten, und ich gewöhnte mir an, Kohle zu klauen, wann immer ich welche entdeckte, nur damit wir nachts etwas für den Ofen hatten, um uns warmzuhalten. Lee und ich hatten Spaß daran, uns abends bei Kerzenlicht zusammenzukuscheln – aber natürlich waren wir jung und hatten keine Verantwortung zu tragen. Ich schätze, für unsere Eltern, die zwei Kinder ernähren und warm halten mussten, war es etwas ganz anderes.

Mein Dad war das Familienoberhaupt und extrem streng, wie es damals viele Väter waren. Es war nicht ungewöhnlich, dass er uns mit seinem Gürtel schlug, wenn wir ungezogen waren. Manchmal wurde ich, wenn mein Bruder böse gewesen war, auch bestraft, und andersherum, was mir nicht fair erschien. Auch den Lehrern war es damals erlaubt, Schüler zu schlagen. In der Grundschule wurden wir oft mit einem Schlagholz geschlagen, das aussah wie ein hölzernes Paddel; als wir in die Oberschule kamen, wurde ein Stock benutzt. Ich war ein ziemlich emotionales Kind, und es brauchte nicht viel, um mich zum Weinen zu bringen. Wenn der Lehrer mich fragte, ob ich eine Standpauke oder das Schlagholz wolle, entschied ich mich immer für das Schlagholz, weil ich es von zu Hause gewöhnt war, geschlagen zu werden, und wusste, dass ich das aushalten konnte. So seltsam es auch klingen mag, mich schmerzten Worte mehr.

Meine Mutter war nicht gerade die mütterlichste Person und setzte sich nie für meinen Bruder oder mich ein. Sie arbeitete Morgen- oder Abendschichten in der Lederfabrik, und wenn wir von der Schule nach Hause kamen, fanden wir sie oft besinnungslos auf dem Sofa liegend, weil sie am Nachmittag Gin getrunken hatte. Mir wurde erst viel später klar, dass sie Alkoholikerin war. Damals wusste ich nicht wirklich, was das war, aber ich wusste, dass jeder Versuch sinnlos war, sie zur Vernunft zu bringen, wenn sie getrunken hatte. Da sie nicht in der Lage war, uns Abendessen zu kochen, lernte ich bereits in jungen Jahren, Essen für Lee und mich zuzubereiten. Zuerst waren es nur Sandwiches aus den Essenspaketen, die für arme Familien von Leuten aus der Kirchengemeinde gespendet wurden. Später lernte ich einfache Mahlzeiten zuzubereiten, wie Eier und Pommes oder Würstchen und Pommes, und ich machte auch oft das Abendessen für meinen Vater. Er war immer in besserer Stimmung, wenn Essen auf dem Tisch für ihn bereitstand, sobald er von der Arbeit nach Hause kam.

Das Geld war unglaublich knapp in unserer Familie. Wir hatten keinen Kühlschrank – nur einen Holzschrank im Hintergarten, wo wir unsere Milch aufbewahrten. Immerhin hatten wir einen Schwarz-Weiß-Fernseher, aber damals gab es nur zwei Kanäle, und er brauchte nach dem Anschalten fünf Minuten, um warm zu werden. Lee und ich hatten kein Spielzeug, aber wir schafften uns unsere eigene Unterhaltung, indem wir auf Müllhalden spielten und mit anderen Kindern aus unserer Siedlung herumhingen. Wir bekamen nie irgendwelche Weihnachtsgeschenke von unseren Eltern – sie feierten Weihnachten gar nicht –, doch wir wussten, dass wir verwöhnt wurden, wenn wir May, unsere Großmutter mütterlicherseits, besuchten.

Oma hatte immer Zeit für ihre Enkelkinder, und wir konnten sicher sein, dass sie uns durchfütterte, weil sie wusste, dass wir zu Hause nicht genug zu essen bekamen. Ich liebte sie sehr, und einige meiner schönsten Kindheitserinnerungen haben mit ihr zu tun. An Dienstagen und Donnerstagen holte sie uns ab und nahm uns im Bus mit in die Stadt, und sie hatte immer eine Tafel Schokolade dabei, die wir uns teilen durften. Als ich acht war, bekam ich von ihr das beste Geschenk, das mir jemals gemacht wurde: mein erstes richtiges Fahrrad. Es war ein bronzefarbenes Panther-Rad, aus zweiter Hand, aber immer noch das Beste, was ich jemals gesehen hatte. Jahrelang war Oma die einzige Quelle der Liebe und Zuneigung, die Lee und ich hatten, da Mums Trinkerei und Dads Gereiztheit das Leben zu Hause dominierten. Ich will nicht, dass das wie eine rührselige Geschichte klingt, weil andere es viel schwerer hatten als ich, aber ich sage mal, es war nicht der angenehmste und stabilste Start ins Leben.

Meine Eltern trennten sich, als ich neunzehn war, und mein Dad heiratete Denise im September 1985. Durch Denise bekam ich plötzlich zwei Stiefbrüder – Kevin, der drei war, und Ben, der ein Jahr alt war. Mein Vater und Denise hatten dann noch vier Kinder zusammen: Sarah, Sam, Joe und Asa. Ich verbündete mich ziemlich schnell mit ihnen, und bis zum heutigen Tag gehören sie zu meinen engsten Freunden. Dad wurde mit zunehmendem Alter milder und ein sehr viel sanfterer Mann als der, mit dem ich aufgewachsen war, sodass wir heute eine gute Beziehung haben. Meine Mutter starb 2010 an einer Lungenentzündung. Wir haben leider nie eine enge Beziehung aufbauen können.

Zu der Zeit als Dad wieder heiratete, hatte ich das Haus bereits verlassen. Als ich achtzehn war, zog ich aus, um mit meiner Freundin, Angela Holloway, zusammenzuleben, die ein Jahr jünger war als ich. Wir haben später geheiratet, aber die Ehe dauerte nur drei Jahre. Wir waren einfach noch zu jung, wir beide.

In der Zeit unserer Ehe passte ich gelegentlich auf die Kinder von Freunden auf, Mark und Verna West. Eines Tages kam ich gerade an, als ihr anderer Babysitter im Begriff war zu gehen, und in dem Augenblick, als ich sie sah, hatte ich das Gefühl, von Blitz getroffen worden zu sein. Diese Frau war so wunderschön, dass ich kaum sprechen konnte, um mich vorzustellen.

»Ich bin Anjie«, sagte sie.

»Darren.«

Ich spürte wie Elektrizität durch meinen ganzen Körper fuhr, und ich konnte den Blick einfach nicht von ihr wenden. Sie sah mich auch immer wieder an, während wir uns über alltägliche Sachen unterhielten: die Kinder, auf die wir aufpassten, die Gegend, in der wir lebten. Es war ein ganz seltsames Gefühl, aber ich wusste, dass sie etwas Besonderes war. Es war, als wenn Güte und Liebe aus ihr herausstrahlten, und es war die stärkste Empfindung, die ich jemals gehabt hatte.

Ich war zu der Zeit jedoch mit Angela Holloway verheiratet, und nachdem wir geschieden worden waren, hörte ich, Anjie sei mit jemand anderem zusammen. Dann, im Jahr 1986, hörte ich, sie sei schwanger. Ich nahm an, es sei einfach ein Fall von schlechtem Timing und zwischen uns würde sich nichts mehr abspielen. Aber ich vergaß sie nie.

Ich war zweiundzwanzig, als Angela und ich uns trennten. Danach hatte ich ein paar Freundinnen, aber nichts allzu Ernstes. Ich konzentrierte mich auf mein berufliches Fortkommen, und das ließ mir nicht viel Zeit für eine Beziehung. Im Alter von sechzehn Jahren hatte ich ein Ausbildungsprogramm für arbeitslose Jugendliche in Reifenmontage und Fahrzeuginstandhaltung gemacht, mit achtzehn bekam ich einen Ausbildungsplatz zum Maschinenbauer in einer Firma, die Betonfertigteile herstellte, und als ich Mitte zwanzig war, arbeitete ich als Metallblechmechaniker für eine Firma, die sich City Engineering nannte. Es war mir sehr ernst damit, genug Geld zu verdienen, um einen besseren Lebensstandard zu haben, als ich ihn in meiner Kindheit erlebt hatte. Ich wollte eine anständige Wohnung haben und in der Lage sein, genug Essen auf den Tisch zu bringen. Und ich war bereit, dafür ordentlich zu schuften.

Als ich neunundzwanzig war, traf ich ein Mädchen namens Tanya Watts, die zweiundzwanzig war und als Pflegekraft in einem Altenheim arbeitete. Sie war mit ein paar Freunden in einem örtlichen Pub, und wir kamen ins Gespräch, wie das halt so geht. Wir schienen uns gut zu verstehen, ich spendierte ihr ein paar Drinks, und plötzlich, bevor es mir recht bewusst wurde, hatten wir eine Beziehung. Kurz nachdem wir uns kennengelernt hatten, zogen wir in eine Wohnung in Cadbury Heath und richteten uns in einem arbeitsreichen Leben ein, gingen an den Wochenenden in den Pub und machten gelegentlich Urlaub. Ihre Mutter Pat schenkte uns im ersten Jahr eine Woche in Pembrokeshire.

Wir haben nie geheiratet, weil es immer Probleme in der Beziehung gab, aber ich war begeistert, als unser Sohn Danny am 19. Februar 1995 geboren wurde. Er kam im Krankenhaus von Southmead auf die Welt – genau wie sein alter Herr. Als ich ihn zum ersten Mal im Arm hielt, musste ich lachen, denn er war mit feinem schwarzen Haar bedeckt und sah aus wie ein Schimpansenbaby! Ich freute mich zu sehen, dass er genauso aussah wie ich auf meinen Babyfotos. Es war ein sehr stolzer Moment. Ich war überwältigt, einen Sohn zu haben, und ich schwor, dass ich ihn immer lieben und beschützen würde.

Danny und ich bauten augenblicklich eine Verbindung auf, und ich stürzte mich ins Vatersein, aber ich musste als Mechaniker oft so lange arbeiten, dass meine Zeit mit ihm mir heilig wurde. In der Zwischenzeit verschlechterte sich meine Beziehung zu Tanya dramatisch. Wir fingen an, über alles und nichts zu streiten, warfen uns verletzende Bemerkungen an den Kopf und setzten unsere Streitigkeiten oft bis in die frühen Morgenstunden fort. Ich versuchte, den kleinen Danny so weit wie möglich davon abzuschirmen, aber das Leben mit Tanya wurde immer schwerer für mich.

Manchmal warf sie mich nach einem Streit aus der Wohnung, und eines Nachts im Januar sagte sie mir, ich müsse in meinem Wagen schlafen. Ich tat die ganze Nacht kein Auge zu, und während ich zitternd dort lag, wurde mir klar, dass mein Zusammensein mit Tanya mehr Schaden anrichtete, als dass es Gutes bewirkte. Ich sah keine Möglichkeit, wie es mit uns auf lange Sicht funktionieren könnte, doch gleichzeitig wollte ich meinen Sohn nicht verlassen, daher versuchte ich es weiter.

Es entwickelte sich ein Muster: Wir hatten einen großen Streit, Tanya warf mich raus, dann kam ich ein paar Tage später zurück, um meinen Sohn zu sehen, und wir versuchten es wieder. Danny war zwei Jahre alt, als ich schließlich beschloss, dass es mir reichte. Tanya warf mich nach einem weiteren Streit raus, und ich zog in eine Wohnung, die mir ein Freund untervermietete, während er auswärts arbeitete.

Zwei Wochen später rief Tanya an und fragte, wann ich zurückkäme, und ich sagte ihr, niemals.

Ich war erleichtert, dass die Entscheidung endlich getroffen war, aber es war furchtbar, von Danny getrennt zu sein. Ich vermisste ihn sehr. Er war gerade in der Phase, in der er in einer Mischung aus Babywörtern und echten Wörtern losplapperte, und ich konnte es nicht ertragen, etwas davon zu verpassen, also überredete ich Tanya, ihn an den Wochenenden bei mir zu lassen. Die Übergaben waren schwierig, weil die Kommunikation zwischen uns zusammengebrochen war, obwohl ich mich sehr bemühte, Danny zuliebe höflich zu sein. Ich bezahlte meinen Unterhalt für das Kind, aber wir stritten trotzdem oft ums Geld. Es war gelinde gesagt schwierig, aber Danny war mir wichtig, und ich genoss jeden einzelnen Augenblick mit ihm.

Es war insgesamt eine harte Zeit. Das Einzige, was mich weitermachen ließ, war der Gedanke, Danny jedes Wochenende zu sehen. Ich arbeitete so viel wie möglich, um über die Runden zu kommen. Mein Vater hat mir nicht viel beigebracht, aber die Bedeutung harter Arbeit hat er mich gelehrt. Ich bin immer ein hart arbeitender Mann gewesen, und ich bin stolz darauf.

Eines Samstagabends im Oktober 1997 war ich in meiner Wohnung, während Danny im Bett schlief, als Tanya an die Tür klopfte. Ich öffnete sie in der Erwartung, dass sie einen Streit mit mir über irgendetwas anfangen würde, doch stattdessen lächelte sie und war freundlich. Ich hatte bereits ein paar Drinks intus und beschloss, sie hereinzulassen. Eins führte zum anderen, und schließlich schliefen wir miteinander. Sie verließ mich wieder, bevor die Sonne aufging, und sobald ich aufgewacht war, bereute ich, was wir getan hatten. Es sendete die falschen Signale aus, denn soweit es mich betraf, war die Beziehung völlig vorbei.

Ich versuchte, es zu vergessen und weiterzumachen, aber ein paar Monate später rief mich eine von Tanyas Freundinnen – sie sagte mir ihren Namen nicht – bei der Arbeit an.

»Tanya ist schwanger«, verriet sie mir. »Und du bist der Vater.«

»Wie in aller Welt soll ich der Vater sein?«, wollte ich wissen. »Natürlich ist es nicht mein Kind, verdammt. Sie versucht nur, mich auszunehmen.«

Als ich sie das nächste Mal traf, während ich Danny nach Hause brachte, bemerkte sie, wie mein Blick über ihren wachsenden Babybauch wanderte. Ich sagte, ich glaubte nicht, dass es von mir sei.

»Es ist dein Baby«, sagte sie achselzuckend. »Du wirst sehen.«

Die Monate vergingen, und ich hatte wie gewöhnlich Danny an den Wochenenden bei mir. Dann, am 3. Juni 1998, bekam ich bei der Arbeit einen Anruf von einer von Tanyas Freundinnen, die mir sagte, Tanya habe ein Mädchen geboren. Ich dachte, es wäre nett für Danny, eine Schwester zu haben, doch ich glaubte immer noch nicht, dass das Baby von mir war, obwohl die Kleine knapp neun Monate nach dieser einen Nacht mit Tanya geboren wurde.

Am Tag nach der Geburt fuhr ich mit Danny zur Bristol Royal Infirmary, damit er seine kleine Schwester kennenlernen konnte. Tanya hatte entschieden, sie Rebecca, kurz Becky, zu nennen. Danny war ganz aufgeregt, und ich wollte nicht, dass er etwas verpasste.

Als wir durch die Station gingen, entdeckte Danny Tanya und rannte zu dem Kinderbett, in dem die kleine Becky schlief.

»Weck sie nicht auf!«, warnte Tanya ihn, als er über den Bettrand spähte. Ich war stolz darauf, wie leise und sanft er für einen Dreijährigen war. Ich konnte erkennen, dass er sofort einen Beschützerinstinkt für seine kleine Schwester entwickelt hatte.

»Willst du nicht deiner Tochter Hallo sagen?«, fragte Tanya mich, und ich schlenderte zu dem Bettchen hinüber, um sie besser betrachten zu können.

Becky war ein süßes kleines Ding, fest in eine weiße Decke gewickelt und mit einer kleinen weißen Baumwollmütze auf dem Kopf. Ich wollte mich nicht verlieben, aber ich konnte einfach nicht anders. Sie war so niedlich, ich verfiel ihr auf der Stelle. Es war überwältigend, genau wie das Gefühl, das ich gehabt hatte, als ich Danny das erste Mal sah. Aber war sie wirklich von mir, oder würde ein anderer Mann auftauchen und behaupten, er wäre ihr Vater? Zu diesem Zeitpunkt wusste ich das nicht.

Tanya nahm Becky ein paar Tage später mit nach Hause, und wir kehrten zu unserer Gewohnheit zurück, dass ich Danny von Freitag bis Samstag bei mir hatte.

»Warum nimmst du nicht auch Becky mit?«, fragte sie eines Freitagabends, als Becky drei Monate alt war.

Ich zögerte, da ich nicht die Zeit verderben wollte, die Danny und ich miteinander verbrachten, aber Tanya wollte kein Nein als Antwort akzeptieren. »Sie ist deine Tochter«, beharrte sie. »Du wirst früher oder später anfangen müssen, auf sie aufzupassen.«

»Wir wissen nicht, ob sie von mir ist«, stellte ich fest. »Ich werde sie nicht nehmen, bis ich die Wahrheit kenne.« Ich hatte daran gedacht, einen DNA-Test machen zu lassen, aber das war teuer, und zu dieser Zeit hatte ich kein Geld nicht dafür.

Schließlich sagte Tanya: »Du kannst Danny nicht haben, wenn du nicht auch Becky nimmst.«

Sie wusste, dass sie damit gewinnen würde. Sie hatte mich in die Ecke gedrängt und mir keine Wahl gelassen, als die kleine Becky mit zu mir nach Hause zu nehmen. Ich konnte mich noch an alles erinnern, von der Zeit, als Danny ein Baby war: in der Nacht aufstehen, um sie mit der Flasche zu füttern, sie vorsichtig in einer kleinen Babybadewanne baden und ihr ihre winzigen Sachen anziehen. Während dieser Momente sah ich sie mir genauer an, und ich bemerkte, dass ihre haselnussbraunen Augen anfingen, genau wie meine auszusehen. Ich schmolz innerlich dahin, wenn sie mich anstrahlte, und ich hatte Schmetterlinge im Bauch, wenn sie ihre Hand ausstreckte, um nach meinem Finger zu greifen. Ich bin im Herzen immer ein totaler Softie gewesen, und Becky gewann mich jedes Mal, wenn ich sie sah, mehr für sich.

An einem Wochenende war ich mit den Kindern unterwegs, Danny hielt meine Hand und Becky, die sechs Monate alt war, saß in ihrem Kinderwagen, als ich zufällig Anjie auf der Kingswood High Street traf. Ich war nervös, aber Anjie lächelte breit, sobald sie mich sah.

»Darren! Wie geht es dir? Wir haben uns ja eine Ewigkeit nicht gesehen!«, sagte sie.

Plötzlich durchströmte mich dieselbe Elektrizität wie vor zehn Jahren, als wir uns das erste Mal getroffen hatten, und ich hatte das Gefühl, keinen Ton herausbringen zu können. Ich hatte Anjie während der letzten Jahren immer mal wieder gesehen, wenn sie in Bristol unterwegs war – normalerweise mit ihrem kleinen Jungen –, doch wir hatten nie die Gelegenheit gehabt, uns richtig zu unterhalten.

»Ach, na ja. Bin ziemlich beschäftigt«, zwang ich mich zu antworten und wies auf die Kinder.

»Sie sind sehr süß«, sagte sie immer noch lächelnd. »Bist du noch mit Tanya zusammen?«

»O nein, überhaupt nicht«, antwortete ich schnell. Ich wollte, dass Anjie wusste, dass ich Single war. Ich war enttäuscht, als sie mir dann erzählte, sie sei in einer Beziehung, obwohl etwas an der Art, wie sie darüber sprach, mir einen Hinweis gab, dass sie nicht allzu glücklich war.

Wir trennten uns, nachdem wir versprochen hatten, uns bald auf einen Drink zu treffen und uns wieder auf den neuesten Stand zu bringen, und den Rest des Tages dachte ich an nichts anderes als an sie. Ich hatte in meinem Leben noch nie so starke Gefühle für jemanden gehabt, und die Möglichkeit, dass es mit uns klappen könnte, freute mich unglaublich.

Ein paar Monate später war ich im Pub und trank nach der Arbeit ein Glas Bier, als sie mit ihrer Freundin Kim hereinkam. Ihr Gesichtsausdruck sagte mir, dass sie nicht gut drauf war, obwohl sie sich ein Lächeln abrang, als ich fragte, ob ich ihnen ein paar Drinks spendieren und ihnen Gesellschaft leisten dürfte.

»Ich hatte gehofft, dich zu sehen«, sagte Anjie, als sie sich hinsetzte. »Darum bin ich hergekommen:«

Es stellte sich heraus, dass die Beziehung zu ihrem Freund kaputt war, doch sie hatte noch nicht den Mut aufgebracht, es ihm zu sagen. Wir tranken ein paar Gläser zusammen, und sie kam mit in meine Wohnung, um ihren Kopf klarzubekommen. Ich sagte, es täte mir leid, dass sie eine so schwere Zeit durchlebte, obwohl ich natürlich heimlich erfreut über den Gedanken war, dass sie bald wieder Single sein könnte. Ein paar Wochen nach diesem Abend machte sie Schluss mit ihrem Freund, und wir fingen an, uns zu treffen. Ich war überglücklich.

Alles war so einfach mit Anjie. Wir hatten sofort das Gefühl, zwei Puzzleteile zu sein, die perfekt zusammenpassten. Sie war warmherzig, liebevoll, wunderschön anzusehen, und es machte Spaß, mit ihr zusammen zu sein. Ich sah sie manchmal an und musste mich kneifen, weil ich mein

Glück nicht fassen konnte. Eines Abends, als wir uns vor dem Fernseher zusammengekuschelt hatten, sah sie mich an und sagte etwas, was mein Herz stocken ließ.

»Es war uns immer bestimmt, zusammen zu sein, weißt du«, sagte sie. »Ich wusste das immer.«

Es stellte sich heraus, dass Anjie dieselbe Verbindung wie ich gespürt hatte, als wir uns das erste Mal trafen. Es fühlte sich wie die natürlichste Sache der Welt an, dass wir zusammen waren.

Mir wurde bald klar, dass Anjie der gütigste Mensch war, den ich je getroffen hatte. Die meisten Leute haben die Fähigkeit, gütig zu sein, aber Anjie strahlte sie einfach aus. Sie war zu allen nett, die sie traf, und gab sich immer Mühe, Menschen in Not zu helfen. Sie verbrachte ihre Tage damit, älteren Nachbarn bei ihren Einkäufen und im Haushalt zu helfen, und sie liebte es, Kinder um sich zu haben. Ich konnte mein Glück nicht fassen, dass ich jemanden wie sie gefunden hatte. Soweit es mich betraf, war sie ein Engel auf Erden.

Da Anjies frühere Beziehung so schwierig gewesen war, hatte sie die schwere Entscheidung getroffen, ihren Sohn Nathan während der Woche bei ihrer Mutter Margaret zu lassen und nur an den Wochenenden zu sich zu holen. Nathan war zwölf, als Anjie und ich zusammenkamen, und wir beschlossen, dass es das Beste für ihn war, in seiner Schule zu bleiben, was bedeutete, dass er weiterhin bei seiner Oma leben musste, die acht Kilometer entfernt wohnte. Anjie sah ihn trotzdem jeden Tag, weil sie immer zu Fuß hinging und ihn in die Schule brachte und wieder abholte, morgens und nachmittags, was bedeutete, dass sie am Ende des Tages 32 Kilometer zurückgelegt hatte. Sie war zu abgebrannt, um sich die Busfahrtkarten leisten zu können.

Nathan sah seinen biologischen Vater überhaupt nicht, daher war ich, als wir entschieden, dass es Zeit war, uns einander vorzustellen, begierig darauf, einen guten Eindruck zu machen, in der Hoffnung eine Vaterfigur für ihn werden zu können.

»Nathan, das ist Darren«, sagte Anjie, als wir ihn an einem Wochenende vom Haus seiner Großmutter abholten.

»Ich habe dich nicht mehr gesehen, seit du ein kleiner Junge warst – du bist sehr gewachsen seitdem.« Ich grinste Nathan an, aber er betrachtete mich mit Misstrauen. Ich konnte sofort sehen, dass er eifersüchtig war. In dem Moment, als wir bei Anjies Haus ankamen, wollte er mit mir im Garten spielerisch kämpfen. Ich brauchte ein paar Stunden, in denen ich ihn wie zum Spaß in der Gegend herumwarf, um das Eis zu brechen. Das war es dann – danach kamen wir gut miteinander aus.

Es war Zeit für Anjie, Danny kennenzulernen, der vier war, und Becky, die noch keine zwei war. Das war eine ganz andere Situation, da meine beiden Kinder sie liebten, sobald sie sie zu Gesicht bekamen. Danny setzte sich sofort neben sie und lauschte aufmerksam, als sie ihm eine Geschichte vorlas, während Becky sie nur ehrfürchtig anblickte. Anjie war als Mutter ein Naturtalent, durch und durch.

Als Nathan das erste Mal Danny traf, lud er ihn schüchtern zum Computerspielen in sein Zimmer ein. Danny war begeistert – er hatte so etwas nicht zu Hause. Plötzlich lud ihn ein Junge, der acht Jahre älter war, zum Spielen auf der PlayStation ein. Das war toll! Sie blieben stundenlang in dem Raum eingeschlossen, und wir hörten kaum einen Mucks von ihnen. Ich denke, Danny hatte sich immer einen älteren Bruder gewünscht, und Nathan war für ihn jemand, zu dem er aufblicken konnte. Von da an passte sich Danny dem Leben als »mittleres Kind« in unserer Familie an und kam ganz gut damit zurecht.

Becky war zu jung, um mit Danny und Nathan zu spielen, daher verbrachte sie ihre Zeit hauptsächlich mit Anjie und mir. Sie war ein ziemlich forderndes Kind, das stundenlang mit voller Kraft schreien konnte, aus Gründen die wir nie herausfanden. Ich hatte sie beim Arzt untersuchen lassen; körperlich war alles in Ordnung. Es schien, als würde sie nur die Aufmerksamkeit einfordern. Als wir anfingen, sie mit fester Nahrung statt mit Milch zu füttern, schrie sie zwischen den Löffeln mit Babynahrung, weil wir sie ihr nicht schnell genug gaben. Manchmal war sie wie ein kleines Monster – aber ich war immer noch ein begeisterter Vater, und nichts war mir zu viel.

Am Anfang ging ich mit meinen Kindern einen Tag in der Woche weg, um Nathan Zeit allein mit seiner Mutter zu geben, weil er ein wenig eifersüchtig zu sein schien, wenn sie meinen beiden gegenüber Zuneigung zeigte, besonders bei Becky. Doch Anjie bestand darauf, dass wir eine Familie waren und Sachen zusammen machen sollten. Als sie das sagte, umarmte ich sie fest. Ich hätte alles für meine Kinder getan, und ich denke, das wussten sie. Ich wollte ihnen ein richtiges Familienleben bieten – das Leben, das ich nie wirklich gehabt hatte –, selbst wenn ich es nur an den Wochenenden tun konnte. Anjie wollte auch, dass sie ein großartiges Zuhause hatten, also machten wir uns daran, das zu verwirklichen. In den nächsten fünfzehn Jahren steckten wir unsere ganze Energie darein, sicherzustellen, dass unsere Kinder eine stabile Kinderstube hatten, mit viel Liebe. Und es gab so viel Liebe in unserem Haus, dass es fast schon unwirklich war.

Schließlich sahen die Kinder und ich Anjie und Nathan so oft, dass es mir sinnvoll erschien, in Anjies Haus in Hillfields zu ziehen, das nur ein paar Kilometer von dem Ort entfernt lag, wo ich in Barton Hill gewohnt hatte. Dann zogen wir zusammen in ein neues Haus in der Umgebung von St. George. In beiden Häusern hatte Nathan ein eigenes Zimmer für sich, während Danny und Becky sich ein Zimmer teilten. Während der Woche war das Haus ruhig, da nur Anjie und ich da waren, doch an den Wochenenden war es wie in einem Tollhaus, mit drei Kindern, die herumrannten, sich gegenseitig in Rage brachten und Spiele spielten. Aber wir wollten es so und nicht anders. Ich hatte mir immer noch nicht die Mühe gemacht, einen DNA-Test machen zu lassen, weil ich tief im Herzen wusste, dass Becky meine Tochter war. Tanya hatte mich aber nicht auf der Geburtsurkunde eintragen lassen. Und da ich Klarheit wollte, beschloss ich, den Test doch noch machen zu lassen. Becky war damals zwei Jahre alt. Als die Ergebnisse schließlich kamen, bewiesen sie, dass sie definitiv meine Tochter war. Mittlerweile liebte ich sie so sehr, dass ich nicht glaube, dass es irgendetwas geändert hätte, doch es fühlte sich gut an, mit Sicherheit zu wissen, dass sie mein Kind war. Da wusste ich, dass ich niemals gezwungen sein würde, sie gehen zu lassen.

2

Der Kampf

Samstag, 28. Februar 2015
Viele schließen sich der Suche nach der vermissten
Becky an:

Die Polizei hat die Suche nach Becky Watts aus Bristol intensiviert, die vor einer Woche auf mysteriöse Weise verschwunden ist. Ein Team aus Kriminaltechnikern hat ihr Elternhaus nach möglichen Hinweisen durchkämmt, ein Polizeihubschrauber hat zwei Mal die Umgebung abgesucht – einschließlich dem Troopers Hill Naturschutzgebiet, das drei Kilometer entfernt liegt –, und Polizeitaucher haben spezielle Freiwassersuchen im Teich des nahegelegenen St. Georges Park durchgeführt. Polizeikräfte angrenzender Grafschaften aus South Wales, Wiltshire, Devon, Cornwall und Gloucestershire haben sich jetzt dem Einsatz angeschlossen, und die Polizei sagte gestern, Detective Superintendent Liz Tunks, Leiterin der Abteilung für Kapitalverbrechen, habe die Leitung der Ermittlungen übernommen. Tausende von Postern und Flugblättern sind in der Stadt verteilt worden, und es gab mehrere Appelle mit der Bitte um Hilfe von Beckys Familie an die Öffentlichkeit, aber vergeblich. In einer enormen Demonstration von Unterstützung und Solidarität haben sich viele Freiwillige diese Woche der Familie, Freunden und Nachbarn angeschlossen, um die Stadt nach irgendeinem Hinweis auf die vermisste Schülerin zu durchsuchen. Während die Zeit vergeht, schwindet die Hoffnung, sie lebend zu finden. In einer verzweifelten Bitte um die Rückkehr seiner Tochter sagte Beckys Vater Darren Galsworthy im Radiosender Jack FM: »Es ist die absolute Hölle auf Erden gewesen. Jemand da draußen weiß etwas. Ich will nur mein Mädchen zurück.«

Nach einer aufreibenden Arbeitswoche freute ich mich immer darauf, das Wochenende mit meiner Familie zu verbringen. Die Sechzehnstundentage, die ich als Metallblechmechaniker arbeitete, sorgten dafür, dass ich am Freitagabend völlig fertig war, aber es gab nichts Befriedigenderes, als meine Kinder fürs Wochenende abzuholen – Nathan von seiner Oma, und Danny und Becky von Tanyas Haus in Cadbury Heath. Es war eindeutig der schönste Teil der Woche. Ich fühlte mich sofort ein bisschen fröhlicher, wenn ich sie zu Gesicht bekam.

Anjie und ich planten alle möglichen Aktivitäten für die Kinder: Bowling und Laser Quest (eine Art Hightech-Versteckspiel) für die Jungen oder einfach nur Ausflüge in den Park oder an den Strand. Ich war am glücklichsten, wenn wir alle zusammen waren, es war nicht wirklich wichtig, was wir taten.

Im Alter von etwa zwei Jahren wurde Becky zu einem richtigen Kleinkind und anfällig für laute Wutausbrüche. Sie hatte nie die kräftigen Lungen verloren, die sie im Krankenhaus unter Beweis gestellt hatte, und sie demonstrierte sie bei vielen Gelegenheiten in der Öffentlichkeit. Als wir zu einer Greifvogelshow gingen, schrie sie so laut, dass sie alle Vögel aufregte.

»Kann die Familie mit dem sehr lauten Kleinkind bitte gehen, da Sie die Show stören?«, sagte eine verärgerte weibliche Stimme über die Lautsprecheranlage.

Anjie und ich waren beschämt, und ich versuchte meine Verlegenheit zu verbergen. Ich hob Becky hoch und stampfte aus dem Gebäude, dann setzte ich sie draußen auf dem Bürgersteig ab, wo sie fortfuhr, mich anzuschreien und zu kreischen. Zu Anjies Entsetzen setzte ich mich ein paar Meter entfernt hin und fing an, dieselben Geräusche in Richtung Becky zu machen. Die Leute wussten nicht, was sie davon halten sollten, während sie uns beim Kreischen zusahen. Aber es brachte Becky auf jeden Fall zum Schweigen! Heute kann ich darüber lachen, aber es war eine Verschwendung des Ticketpreises – ganze 18 Pfund, die ich nie wiedersehen würde.

Als Becky drei war, nahmen wir die Kinder mit in den Urlaub nach Exmouth. Danny, Nathan und ich bewaffneten uns mit kleinen Fischernetzen und machten uns auf die Suche nach Taschenkrebsen und Napfschnecken, als Becky ganz plötzlich beschloss, sich die Seele aus dem Leib zu schreien. Wie sehr Anjie und ich ihr auch gut zuzureden versuchten, sie wollte sich nicht beruhigen, also nahm ich sie schließlich hoch, setzte sie auf ihre Luftmatratze und paddelte mit ihr auf das Meer hinaus.

»Wenn du nicht anfängst, dich zu benehmen, werde ich loslassen, und du wirst in Frankreich landen«, warnte ich sie und zeigte in die Richtung.

Sie blickte auf mein Gesicht in dem Versuch, herauszufinden, ob ich es ernst meinte, und als meine Miene unbeweglich blieb, beschloss sie, sich zu beruhigen.

Bei einigen von Beckys Wutanfällen ging es vielleicht darum, ihre eigene Macht auszutesten, so wie es alle Kleinkinder tun, aber sie waren außerdem ein Mittel, unsere Aufmerksamkeit zu erringen, weil sie zu diesem Zeitpunkt immer noch nicht mit dem Sprechen angefangen hatte. Sie hatte lange gebraucht, bis sie laufen und krabbeln konnte, hatte erst einige Zeit nach ihrem zweiten Geburtstag laufen gelernt, und mit zwei Jahren sprach sie immer noch nicht – sie benutzte keine erkennbaren Wörter bis lange nach ihrem dritten Geburtstag. Ich war zuerst nicht übermäßig besorgt, weil ich weiß, dass Kinder sich diese Fähigkeiten in ihrem eigenen Tempo aneignen, doch die Wutanfälle bedeuteten, dass sie manchmal ein kleiner Racker sein konnte.

Sie war fordernd, aber sie war auch ein sehr anhängliches Kind. Und so musste sie eigentlich nur zu mir hochblicken und lächeln, dann hatte sie mich komplett um den kleinen Finger gewickelt. Sie streckte immer die Arme aus, um geknuddelt zu werden. Ihr Lieblingsaufenthaltsort war an Anjie oder mich gekuschelt oder mit den Armen um Anjies Hals hängend. Sie war meine Prinzessin, und ich liebte sie heiß und innig.

Mein Herz schmolz jedes Mal, wenn ich an einem Freitagabend Danny und Becky entdeckte, wie sie durch die Vorhänge im Haus ihrer Mutter spähten und darauf warteten, dass mein Wagen draußen vorfuhr. Danny riss dann die Vordertür auf, und sobald sie laufen konnte, gewöhnte Becky es sich an, nach draußen zu hetzen und uns zu begrüßen. Das war süß, aber es machte mich verrückt vor Angst, da ich schnell vorfahren und aus dem Wagen springen musste, um sicherzustellen, dass sie nicht direkt auf die Straße lief.

So glücklich die Kinder auch waren, mich zu sehen, Tanya war es immer weniger. Die Kommunikation zwischen uns als Eltern erreichte ihren absoluten Tiefpunkt, nachdem Anjie und Nathan in mein Leben getreten waren. Ich versuchte, ruhig zu bleiben und es über mich ergehen zu lassen, aber die Übergaben blieben unglaublich angespannte, schwierige Zeiten.

Becky und Danny waren immer sehr ruhig, wenn sie bei uns am Freitagabend ankamen. Es war, als würden sie ein paar Stunden brauchen, um warm zu werden und anzufangen, sich zu amüsieren. Ich nahm einfach an, dass die beiden Zeit brauchten, um sich an die neue Familie zu gewöhnen, aber Anjie hatte Zweifel.

»Ist dir aufgefallen, dass Becky die ganze Zeit auf dem Sofa an derselben Stelle sitzt?«, sagte sie zu mir, nachdem wir sie eines Abends zu Bett gebracht hatten. »Es wirkt, als hätte sie Angst, sich zu bewegen, weil sie deswegen ausgeschimpft worden ist. Ich musste sie anflehen, zum Spielen mit mir und Danny auf den Boden zu kommen.«

»Sie wird sich schon wieder fangen«, versicherte ich, aber im Hinterkopf wusste ich, dass Anjie nicht unrecht hatte. An manchen Wochenenden waren die Kinder schüchtern und schreckhaft, als würde sie die kleinste Kleinigkeit verunsichern. Einmal versteckte sich Danny, als ich hinfuhr, um sie abzuholen, unter Tanyas Küchentisch.

Ich versuchte, mit Tanya über ihr Verhalten zu reden, aber es war schwierig. Sie zuckte nur mit den Achseln, als ich es anschnitt. »Vielleicht gefällt es ihnen nicht, dort mit dir und deiner neuen Familie zu sein«, meinte sie. Ich wusste, dass es das nicht war, denn wenn die Kinder sich erst einmal entspannt hatten – normalerweise am Samstagmorgen –, kicherten und lachten sie und hatten viel Spaß.

Tanya und ich gerieten oft wegen der alten Kleider aneinander, die die Kinder trugen, wenn sie zu uns kamen. Anjie und ich gingen los und kauften ihnen neue Outfits, aber in der folgenden Woche kamen sie wieder in den alten Sachen. Ein oder zwei Mal hatte Becky nicht einmal Schuhe an, als sie in meinen Wagen stieg, und ich konnte kein passendes Paar für sie in Tanyas Haus finden. Jedes Mal, wenn ich Tanya auf das Thema ansprach, drohte sie damit, die Polizei anzurufen, um mich aus ihrem Haus entfernen zu lassen. Trotz der Tatsache, dass ich jeden Monat Unterhalt für die Kinder zahlte, mussten Anjie und ich den Kindern jedes Mal jede Menge Notwendiges kaufen, wenn sie bei uns waren. Schließlich behielten wir die Sachen in unserem Haus, damit sie wenigstens immer etwas Nettes zum Anziehen hatten, wenn sie bei uns waren.

An Sonntagabenden, wenn wir ins Auto stiegen, um die beiden nach Hause zu fahren, weinte sich Becky jedes Mal auf dem ganzen Weg die Augen aus und klammerte sich an mich wie ein Äffchen, wenn ich sie zum Haus trug.

»Komm schon, Schatz, es ist in Ordnung«, sagte ich dann immer, um sie zu beruhigen. »Du wirst jetzt Mummy sehen, und nächstes Wochenende kommst du wieder zu Daddy.«

Aber was ich auch sagte, es brach mir das Herz, sie so aufgebracht zu verlassen. Danny weinte nie, aber er seufzte und ließ sich Zeit.

Ich fuhr immer mit einem schrecklichen Gefühl nach Hause zu Anjie und versuchte verzweifelt zu verstehen, was los war. »Ich weiß, dass sie gerne Zeit mit uns verbringen, und wir haben jede Menge Spaß zusammen, aber es ist nicht nur das. Es ist, als wollten sie nicht nach Hause«, sagte ich eines Abends im Bett zu ihr. »Becky wollte einfach nicht, dass ich ging. Etwas stimmt da nicht, Anjie.«

Ich wollte nicht wie ein Ex erscheinen, der sich beklagt, aber schließlich war ich so besorgt, dass ich das Sozialamt anrief.

»Wir werden der Sache nachgehen«, wurde mir gesagt, aber soweit ich das beurteilen konnte, passierte nichts. Ich rief immer wieder an, aber ich hätte genauso gut meinen Kopf gegen eine Ziegelmauer schlagen können.

Dann, im September 2001, als Becky drei und Danny fünf war, veränderte sich alles. Ich öffnete die Tür einem Mann, der sich als Dave vorstellte, und er sagte, er sei Sozialarbeiter. Ich lud ihn ein, hereinzukommen, und er verschwendete keine Zeit, sondern sagte uns gleich, warum er uns einen Besuch abstattete.

»Ich habe Neuigkeiten über Ihre Kinder, Daniel und Rebecca«, sagte er. Anjie warf mir einen besorgten Blick zu. »Es tut mir leid, Ihnen das sagen zu müssen, Mr Galsworthy, aber die beiden wurden in Pflege genommen.«

Ich starrte ihn schockiert an; mein Magen verkrampfte sich zu einem harten Knoten.

»Geht es den Kindern gut?«, fragte Anjie ihn. Sie klang panisch. »Ist ihnen etwas zugestoßen?«

»Den Kindern geht es gut«, antwortete Dave. »Ich wollte sie nicht erschrecken. Sie sind beide fit und gesund, aber wir waren nicht sicher, ob sie zu Hause bei ihrer Mutter richtig versorgt werden, also hielten wir es für notwendig, einzuschreiten. Sie leben jetzt in einer Pflegefamilie, bis wir entscheiden, was zu tun ist.«

Ich war entsetzt darüber, dass meine Kinder sich in Pflege befanden, dass Fremde sich um sie kümmerten. Was war ihnen zu Hause passiert?

»Ich will, dass meine Kinder hier bei mir leben«, sagte ich.

Dave nickte. »Das kann ich mir vorstellen, Mr Galsworthy, aber es geht jetzt darum, alle Möglichkeiten zu prüfen und zu entscheiden, was das Beste für die beiden ist. Sie werden Gelegenheit haben, das Sorgerecht zu beantragen, und Sie werden weiterhin regelmäßig an den Wochenenden Zugang zu ihnen haben. Es ist wichtig, dass Daniel und Rebecca diese Gewohnheit beibehalten und Sie häufig sehen. Ihre Mutter, Miss Watts, wird überwachten Zugang zu ihnen haben.«

Ich war erleichtert, dass die Kinder an den Wochenenden weiterhin zu Anjie und mir kommen konnten. Wenigstens würden sie während der ganzen Sache noch ein Quäntchen Normalität haben. Ich wusste, dass Anjie dasselbe dachte, da ihre Schultern sich ein wenig entspannten.

»Warum können Sie denn nicht gleich zu uns kommen?«, fragte ich. »Wir haben genug Platz, um sie in der Woche hier zu haben, und wir kümmern uns immer ordentlich um sie, wenn sie bei uns sind. Warum können Sie nicht einfach dafür sorgen, dass sie hier leben?«

»Ich fürchte, es ist etwas komplizierter«, antwortete er. »Es wird einige Anhörungen vor Gericht geben, und Sie werden sicher für das Sorgerecht in Betracht gezogen. Aber ich kann mir vorstellen, dass ihre Mutter, Miss Watts, das Sorgerecht auch beantragen wird. Bis eine Entscheidung getroffen ist, werden Daniel und Rebecca während der Woche bei einer Pflegefamilie bleiben müssen.« Jetzt rächte sich, dass ich auf der Geburtsurkunde nicht als Beckys Vater eingetragen war.

»Was Sie mir sagen wollen, ist also, ich werde um meine Kinder kämpfen müssen?«, fragte ich ihn. Ich konnte eine Welle von Wut spüren, die mich durchflutete, aber ich versuchte, es nicht zu zeigen.

Dave nickte wieder. »Ich fürchte schon.«

Sobald er gegangen war, sahen Anjie und ich uns an, immer noch erschüttert von den Neuigkeiten.

»Ich schätze, wir sollten einfach dankbar sein, dass sie in Sicherheit sind«, sagte Anjie. Ich lächelte. Anjie konnte immer die positive Seite der Dinge sehen. Ich wusste, dass sie in der Pflegefamilie ordentlich behandelt werden, aber unvermeidlich verwirrt und verängstigt von all den Veränderungen in ihren jungen Leben sein würden. Und ich wollte unbedingt, dass sie dauerhaft bei mir lebten.

Als ich die Kinder am folgenden Freitag sah, rannten sie in meine Arme.

»Geht es euch gut?«, fragte ich Danny. »Ist es nett, wo ihr wohnt?«

Er nickte nur, wollte aber nicht darüber reden. Ich erklärte ihnen, ich wolle, dass sie bei uns lebten, aber dass

Mummy sie auch wolle und dass daher die Sozialarbeiter entscheiden würden, was das Beste war. Becky klammerte sich an mich, als würde ihr Leben davon abhängen. Obwohl sie immer noch nicht angefangen hatte zu sprechen, wusste ich, dass sie das Meiste von dem verstand, was um sie herum gesagt wurde. »Wir werden uns immer noch jedes Wochenende sehen, während sie die Entscheidung treffen«, versicherte ich ihnen. »Genau wie bisher.«

In den nächsten drei Monaten lebten und atmeten Anjie und ich nur für den Kampf um meine Kinder. Es war das Erste, woran ich dachte, sobald ich morgens aufwachte, und das Letzte, das mir durch den Kopf ging, bevor ich einschlief – falls es mir gelang, überhaupt Schlaf zu bekommen. In zahllosen Nächten machte ich mir Sorgen um das Schicksal von Danny und Becky.

Wir sahen Dave, den Sozialarbeiter, danach noch ein paar Mal, und ich fing an, ihn wirklich zu mögen. Er redete mit uns während des ganzen Prozesses und hielt uns auf dem Laufenden, damit wir wussten, was wir zu tun hatten, um das Sorgerecht zu beantragen. Ein brillanter Familienanwalt namens Greg Moss, einer der besten in Bristol, erklärte sich einverstanden, den Fall für die Kinder zu übernehmen. Es war gut zu wissen, dass er auf unserer Seite war.

Wir zogen uns fein an und gingen zu mehreren Anhörungen des Familiengerichts, nur um dort zu erfahren, dass sie auf einen anderen Termin verschoben würden. Es war ärgerlich, da ich jedes Mal einen ganzen Tag frei nehmen musste. Schließlich hatte ich meinen ganzen Urlaubsanspruch für das Jahr dafür aufgebracht, eine Reihe von Sitzungen zu besuchen, die jedes Mal fünf Minuten dauerten.

Die Anhörungen waren nervenaufreibend für Anjie und mich. Wir beide wussten, dass wir mehr als fähig waren, uns Vollzeit um Danny und Becky zu kümmern, aber das mussten wir eben auch dem Familiengericht beweisen. Und dort wurden wir regelrecht durchleuchtet. Alles wurde in Frage gestellt. Sie wollten wissen, warum Nathan während der Woche bei seiner Oma lebte, und Anjie musste in Tränen aufgelöst erklären, dass das eine Entscheidung war, die sie in der Vergangenheit hatte treffen müssen, als sie in einer schwierigen Beziehung lebte und es ihr als das Beste erschienen war, damit er Stabilität hatte. Nachdem Anjie und ich zusammengekommen waren, beschlossen wir alle, dass es das Beste für ihn war, in derselben Schule zu bleiben, was bedeutete, dass er weiter bei seiner Oma wohnte. Dann forderten sie Anjie auf, einen Elternkurs zu machen. Sie schnitt so gut ab, dass sie später von der Stadt Bristol angesprochen wurde, ob sie einen Job wollte, bei dem sie diese Kurse gab! Wir haben laut darüber gelacht.

Ich war glücklich, Anjie während dieser ganzen schwierigen Zeit an meiner Seite zu haben, was ich ihr auch bei vielen Gelegenheiten sagte. »Wenn es mich und meine Familie nicht gäbe, könntest du mit Nathan ein friedliches Leben führen«, sagte ich zu ihr. »Bist du sicher, dass du all das wirklich willst? Du bist nicht dazu verpflichtet, und ich würde dich nicht verurteilen, wenn du aus der Situation herauswolltest.«

Doch Anjie lächelte mich einfach an. »Deine Familie ist meine Familie«, sagte sie und drückte meine Hand. »Ich liebe dich, und natürlich stehe ich zu dir, egal, was passiert.«

Das war nur ein weiteres Beispiel dafür, wie Anjie war – der gütigste Mensch auf der Welt.

Jemand musste dem Sozialamt erzählt haben, ich sei ein schwerer Trinker, denn sie zwangen mich ein paar Mal, wenn ich hinfuhr, um die Kinder abzuholen, einen Atemtest zu machen. Es war ärgerlich. Wie die meisten Kerle war ich als jüngerer Mann ab und zu mal betrunken gewesen, doch in dieser Zeit trank ich kaum etwas. Trotzdem machte ich um des lieben Friedens willen den Test, auch um zu beweisen, dass ich ein verantwortungsbewusster Vater war. Sie befragten mich außerdem über meinen Job, meine Beziehungen zu Anjie und Tanya, und zu den Kindern. Es war anstrengend und verletzend, doch mit Hilfe von Greg Moss tat ich mein Bestes, zu beweisen, dass ich ein hart arbeitender Mann war, der alles tun würde, um seine Familie zu unterstützen.

Wenn die Kinder an den Wochenenden bei uns waren, versuchten Anjie und ich, es für sie so normal wie möglich zu machen, und nahmen sie oft den Tag über mit nach draußen, um sie abzulenken. Ich wollte unbedingt, dass sie wussten, wie sehr sie erwünscht waren, wie sehr sie ein Teil unserer Familie waren. Sie schienen in guter Stimmung, und die Pflegeeltern, bei denen sie lebten, schienen wunderbar zu sein. Daher wusste ich, dass sie gut behandelt wurden, wenn sie nicht bei uns waren. Die eigenen Kinder der Pflegeeltern waren bei den Seekadetten, und sie nahmen Becky und Danny zu einigen der Freiluftaktivitäten mit. Das genossen sie auch, aber es war nicht ihr Zuhause, und Danny wusste es.

»Daddy, warum kann ich nicht bei dir und Anjie leben?«, fragte er, als ich sie eines Sonntagabends wieder vor dem Haus ihrer Pflegeeltern absetzte. Er sah immer verwirrt aus, wenn ich ohne ihn wegfahren musste, und er umarmte mich fest, wenn ich mich verabschiedete. »Ich will nicht, dass du gehst, Daddy«, sagte er und blickte zu mir auf.

Es brach mir das Herz, aber ich versuchte, ihn zu beruhigen. »Anjie und ich tun unser Bestes, um dich und Becky nach Hause zu holen, wo ihr hingehört. Mach dir keine Sorgen, Sohn«, sagte ich. »In der Zwischenzeit werdet ihr bei dieser netten Familie wohnen und viel Spaß haben. Ich sehe dich bald wieder, das verspreche ich dir.«

Doch Danny schaute nur mit traurigem Blick zu mir auf. Von dieser Tür wegzugehen, während ich meinen Kindern zum Abschied winkte, erschien mir manchmal ganz unmöglich. Ich musste mich zwingen, einen Fuß vor den anderen zu setzen. Das machte mich aber nur noch entschlossener, sie ganz zu mir zu holen.

Nathan war zu dieser Zeit vierzehn, alt genug, um das alles zu verstehen. Anjie erklärte ihm, was wir taten und wie wichtig es war, Danny und Becky aus der Pflegefamilie zu holen. Er kam gut mit Danny aus und schien damit einverstanden, mehr von ihm zu sehen, aber als wir davon sprachen, dass Becky bei uns leben würde, rümpfte er angewidert die Nase. »Ich will nicht, dass sie hier bei dir lebt, Mum«, maulte er. »Sie ist so laut und nervig.«

»Sie ist noch ein Baby, Nathan«, erklärte Anjie. »Sie wird das alles bald ablegen.«

Wir schenkten Nathans Haltung gegenüber Becky zu der Zeit nicht viel Aufmerksamkeit. Es lagen elf Jahre zwischen ihnen, und er musste von ihrer fordernden Art zwangsläufig genervt sein. Er neigte außerdem zur Eifersucht und kämpfte um die Zuneigung seiner Mutter. Immer wieder wurde er ärgerlich, wenn Becky nach Anjies Hand griff, aber wir erinnerten ihn daran, dass sie noch klein war und mehr Aufmerksamkeit brauchte. Wir schätzten, dass er wahrscheinlich eifersüchtig werden würde, wenn Becky und Danny Vollzeit bei seiner Mutter lebten, während er nur an den Wochenenden bei uns war, aber wir beschlossen, uns darum zu kümmern, wenn es so weit sein würde.

Es war ein langer Prozess, aber im Januar 2002 gewährte uns das Familiengericht eine einstweilige Pflegeverfügung für Danny und Becky. Bis zur bis zur abschließenden Anhörung durften sie bei uns wohnen. Im März 2002 bekamen wir das volle Sorgerecht für sie zugesprochen. Als wir den Brief geöffnet hatten, warf ich vor Freude meine Arme um Anjie. Es war vorbei, wir hatten gewonnen. Meine Kinder würden bei mir leben. Ich glaube nicht, dass ich jemals in meinem Leben so erleichtert gewesen bin. Ich schwor mir, jede zukünftige Minute zu genießen, die ich mit ihnen verbringen würde.

Als ich sie an diesem Abend in unserem Haus zu Bett brachte, in dem Wissen, dass ich sie nie wieder zum Haus der Pflegefamilie zurückfahren musste, nahm ich mir mehr Zeit als üblich, um sie zuzudecken und ihnen eine Geschichte vorzulesen. Becky war noch zu jung, um es zu verstehen, aber Danny erklärte ich es. »Du wirst jetzt bei Anjie und mir leben«, sagte ich. »Du wirst jede Nacht hier schlafen. Kein Leben in einer Pflegefamilie mehr. Das ist alles vorbei.«

Die Erleichterung stand ihm ins Gesicht geschrieben. Er hatte es auf sich genommen, auf seine jüngere Schwester aufzupassen, während sie in Pflege waren – ihm wurde sogar ein Preis vom sozialen Dienst des Rates von South Gloucestershire verliehen, weil er ein so großartiger älterer Bruder war. Doch das war viel zu viel Verantwortung für einen Fünfjährigen, daher denke ich, er war glücklich, dass er ab jetzt wieder ein richtiges Kind sein konnte.

Eines Freitagabends, nicht lange nach dem wir das Sorgerecht zugesprochen bekommen hatten, fuhren wir mit Becky und Danny zum Haus von Nathans Oma, um Nathan dort abzuholen. Als wir draußen auf ihn warteten, blickte Becky aus dem Autofenster und sah ihn auf uns zukommen. Sie öffnete ihren Mund und sagte unmissverständlich: »Nathan.«

Ich drehte mich ganz erschrocken zu ihr um, und Anjie auch. Es war das erste deutliche Wort, das sie jemals gesprochen hatte.

Nathan sprang in den Wagen und blickte uns an, verwundert über unsere fassungslosen Gesichter. »Was ist los?«, fragte er.

»Becky hat gerade deinen Namen gesagt«, erzählte ich ihm.

»Ja, sicher!«, spottete er. »Becky spricht doch gar nicht. Als ob sie meinen Namen sagen würde!«

»Ernsthaft, Nath, Becky hat deinen Namen gesagt«, sagte Anjie. »Du solltest dich geschmeichelt fühlen. Sie hat vorher noch nie etwas gesagt.«

Nathan drehte sich um und blickte auf Becky in ihrem Kindersitz, offensichtlich überrascht. Wir verbrachten den Rest des Tages damit, sie dazu zu bringen, es noch einmal zu sagen, aber das tat sie nicht.

3

Glückliche Familien

Dienstag, 3. März 2015
Verzweiflung in Beckys Familie nach Entdeckung von zerstückelter Leiche

Die Schockwellen waren heute in ganz Bristol zu spüren, nachdem abgetrennte Körperteile entdeckt wurden, von denen vermutet wird, dass sie zu der vermissten Schülerin Becky Watts gehören. Die Polizei glaubt, dass die Leiche des Teenagers, die man in einem Haus in Barton Court, Barton Hill, etwa zweieinhalb Kilometer entfernt von ihrem Zuhause, fand, zerstückelt wurde. Es heißt, dass Beckys Familie die Hölle durchlebt und völlig gebrochen ist, nachdem sie die grauenvollen Neuigkeiten gehört hat. Sie machen alle Hoffnungen zunichte, die sie noch hatten, Becky lebend wiederzusehen. Beckys Vater Darren Galsworthy und ihre Stiefmutter Anjie beschrieben die neuesten Entwicklungen als »einfach nicht zu ertragen«. Der grausige Fund, der offenbar einem Hinweis von gestern Abend folgte, wurde zwölf Tage nach dem Verschwinden der 16-Jährigen gemacht. Die Leiche wurde in einer privaten Ambulanz weggefahren, bevor ein Team von Spurensicherungsspezialisten das Reihenhaus durchsuchte. Während die Beamten mit ihren Ermittlungen fortfahren, hat die Polizei ein weißes Zelt vor dem Haus aufgestellt. Auch einige weitere Häuser wurden durchsucht. Außerdem wurde ein schwarzer Vauxhall Zafira beschlagnahmt. Heute wurden der Polizei weitere 24 Stunden gewährt, um einen 28 Jahre alten Mann und eine 21 Jahre alte Frau zu befragen, die am Wochenende in Zusammenhang mit

Beckys Verschwinden verhaftet worden sind. Im Anschluss an
die Entdeckung der Leichenteile hat man weitere vier Personen
wegen des Verdachts auf Beihilfe verhaftet.

Von dem Moment an, da wir wussten, dass Becky und
Danny dauerhaft unter unserem Dach leben würden, war
ich überglücklich. Ich weiß, es klingt kitschig, aber ich
liebte es einfach, alle so zusammen zu sehen. An den Wochenenden sprang ich aus dem Bett und eilte nach unten,
um uns allen ein herzhaftes Frühstück zu machen, dann
fuhren wir mit dem Auto irgendwohin.

Sobald wir das Sorgerecht für Danny und Becky hatten,
gingen Anjie und ich los, um ihnen neue Etagenbetten und
Dinge für ihr Zimmer zu kaufen. Ich schnappte mir ein
paar Kuscheltiere für Becky und einige Spiele für Danny,
obwohl ich wusste, dass er wahrscheinlich die meiste Zeit
damit verbringen würde, mit Nathan auf der PlayStation zu
spielen.

Becky hatte ein paar Lieblingsspielzeuge, aber hauptsächlich genoss sie es, mit ihren Puppen zu spielen und zu bas-
teln. Sie kam oft zu mir herübergerannt, um mir etwas zu
zeigen, was sie für mich gebastelt hatte, ein Tonmodell oder
eine Zeichnung. Gelegentlich bat sie mich, mit ihr mit den
Puppen zu spielen. Ich habe es ein oder zwei Mal versucht,
aber ich muss zugeben, dass ich nie gut darin war, also spielten wir am Ende meistens Basketball im rückwärtigen Garten. Schon früh entdeckte sie auch ihre Liebe zu Büchern.
Ihre liebste Gute-Nacht-Geschichte war »Rotkäppchen«,
und sie drängte mich fast jeden Abend, sie ihr vorzulesen.
Sobald sie bei uns lebte, begann sie mehr und mehr zu sprechen, bis sie so viel plapperte, dass wir vergaßen, dass sie
erst so spät damit angefangen hatte.

Zu Beckys viertem Geburtstag im Juni 2002 verbrachte

ich fast eine ganze Woche damit, für sie ein eigenes Spielhaus im Garten zu bauen. Ich musste Becky erzählen, ich würde einen Schuppen bauen, da sie immer wieder durch die Hintertür spähte, um zu sehen, was ich tat. Ich bekam ein paar Aluminiumbleche von der Arbeit und erschuf ein Miniaturhaus mit Fenstern und Türen. Es hatte einen Riegel an der Tür, Fensterkästen voller Blumen und ein Kippfenster im Dach. Drinnen verlegte ich Linoleum und stellte einen kleinen Tisch mit Stühlen, ihre Puppen und einen Spielzeugherd hinein. Ich strich alles in Pink und Lila und stapelte ihre Geschenke drinnen auf, damit sie sie finden konnte, wenn sie am Morgen ihres Geburtstages aufwachte.

Als der Tag kam, trug ich sie in den Garten hinaus und zeigte auf das kleine Haus.

»Das ist deins«, sagte ich. »Das habe ich für dich gebaut.«

Becky runzelte die Stirn und sah mich misstrauisch an. »Nein, Daddy, du hast gesagt, das sei dein neuer Schuppen.«

»Das habe ich gesagt, damit es eine Überraschung ist«, sagte ich lachend. »Es ist viel zu klein für mich – es ist dein ganz persönliches Spielhaus. Das ist dein Geburtstagsgeschenk. Sieh nur – alle deine Geschenke sind da drin!«

Es dauerte einen Augenblick, bis der Groschen fiel, und dann strahlte Becky vor Freude und entwand sich meinen Armen. Sie rannte direkt in das Haus hinein und setzte sich hin, um den Rest ihrer Geschenke zu öffnen. Später an jenem Tag zerrte sie den armen Danny hinein, um stundenlang »Haus« mit ihm zu spielen. Er musste sogar seine Mahlzeit zur Teatime dort mit ihr einnehmen! Er war alles andere als begeistert, aber die Freude in Beckys Gesicht war ein Lohn für seine Mühen.

An diesem Abend, als ich sie ins Bett steckte, lächelte sie in ihrer niedlichen Art zu mir hoch.

»Hat dir dein Geburtstag Spaß gemacht, mein Schatz?«, fragte ich.

Sie nickte schläfrig, bevor sie murmelte: »Ich hab dich lieb, Daddy«, und einnickte. Das waren die Augenblicke für die ich jeden Tag lebte.

Wir hatten unser Leben komplett zurückgestellt, während wir dafür kämpften, dass Becky und Danny bei uns leben konnten, daher wollte ich in jenem Sommer, dass wir so viel Spaß wie möglich hatten. Ich reizte meinen Dispokredit bis ans Limit aus und sammelte auch einiges auf meiner Kreditkartenrechnung an – aber das war egal, denn endlich waren wir alle zusammen. In jenem Juli fuhren wir fünf eine Woche nach Littlesea, Weymouth. Ich kaufte einen gebrauchten Wohnwagen, und wir schlugen unsere Zelte auf einem großen grünen Feld auf, wo wir jede Menge schöne Stunden miteinander verbrachten. Während dieser Tage spielten wir Adventure Golf und Tennis, und ich brachte Becky und Danny das Schwimmen bei. An den Abenden machten wir ein Lagerfeuer und rösteten Marshmallows darüber. Sobald die Kinder eingeschlafen waren, nahmen Anjie und ich einen Drink unter den Sternen.

Eines Abends blickte ich zu ihr herüber und sah, wie sie mich anlächelte. »Tja, so ist es nun, meine Liebe«, sagte ich. »Von jetzt an sind wir fünf zusammen. Jede Menge Erinnerungen, die wir schaffen können.«

Als sie sich zu mir beugte und meine Hand drückte, konnte ich mich nicht daran erinnern, mich jemals glücklicher gefühlt zu haben.

Es gibt wohl immer ein paar Anlaufschwierigkeiten, wenn man drei Kinder mit so großen Altersunterschieden zusammenbringt, aber im Großen und Ganzen war es nicht so übel. Danny und Nathan verstanden sich von Anfang an, doch Becky ging Nathan manchmal immer noch auf die Nerven. Eines seiner Hobbys war Warhammer-Fantasy-Modelle anzumalen. Er saß stundenlang am Couchtisch im Wohnzimmer und malte sorgfältig diese Miniaturkämpfer aus Phantasiewelten mit Pinseln an, die so häufig benutzt wurden, dass sie nur noch zwei oder drei Borsten hatten. Er war brillant darin, und ich war immer von seiner Geduld beeindruckt – er hatte sehr viel mehr Geduld als ich. Manchmal versuchte er, uns alle einzubeziehen, und Anjie, Danny und ich taten unser Bestes, schielten auf die winzigen Figürchen und versucht, die Hand ruhig zu halten. Die vierjährige Becky jedoch war nicht so vorsichtig. Einmal tappte sie herüber, um zu sehen, was wir taten, griff nach einem Modell, tunkte es in einen Farbtopf und hielt es stolz lächelnd Nathan hin. Natürlich hatte sie das Modell damit ruiniert, und Nathan war wütend, aber ihr Eifer, Nathan zu gefallen, war seit einem sehr jungen Alter deutlich sichtbar. Becky bewunderte ihn grenzenlos.

Im Laufe der Zeit hing Becky mehr und mehr an Anjie, und eines Tages, als sie fünf war, wurde uns klar, dass sie die Beziehungen in unserer Patchworkfamilie nicht ganz verstand. Ich hatte mit Tanya telefoniert und ich fürchte, unsere Unterhaltung war ein wenig hitzig geworden. Nachdem ich aufgelegt hatte, blickte Danny mich vom Sofa aus an.

»Wer war das?«, fragte er.

»Oh, das war deine Mutter«, antwortete ich.

»Musst du so mit ihr reden?«, fragte er. Danny nahm seine Mutter immer in Schutz. Er wünschte sich wohl einfach, dass wir alle miteinander auskommen würden.

»Sie benimmt sich wieder einmal unvernünftig«, sagte ich. »Du hättest hören sollen, wie sie mit mir geredet hat.«

Becky, die über Anjies Schoß ausgestreckt lag, grinste

Danny an. »Meine Mum ist besser als deine Mum! Meine Mum ist besser als deine Mum!«, sang sie in dem Versuch, ihn zu reizen.

Danny sah sie ungläubig an. »Meine Mum *ist* deine Mum!«, rief er. »Ach Becky, bist du dämlich. Sie ist auch deine Mum, du Blödi.«

Die arme Becky sah ganz geknickt aus. Sie schaute erst mich an, mit unsicherem Blick, dann Anjie. »Er lügt doch, oder?«, fragte sie.

Anjie sah mich mit einem besorgten Gesichtsausdruck an. Wir hatten immer gewusst, dass der Moment kommen würde, aber wir hatten uns nie wirklich hingesetzt und darüber gesprochen, wie wir das handhaben würden.

»Du bist doch meine Mum, oder?«, fragte Becky weiter Anjie. Sie wollte unbedingt, dass es wahr war. »Hat es wirklich wehgetan, als ich aus deinem Bauch kam?«

Ich wusste, dass wir ihr die Wahrheit sagen mussten, also beschloss ich, den Stier bei den Hörnern zu packen. Ich hockte mich neben Becky hin, während Anjie ihre Arme um sie legte. Becky saß da und hörte schweigend zu, während ich ihr erklärte, dass Tanya ihre Mutter sei, nicht Anjie.

»Du bist nicht aus Anjies Bauch gekommen, Schätzchen«, sagte ich besänftigend. »Danny hat recht, ihr beide habt dieselbe Mutter.«

Da stieß Becky einen ohrenbetäubenden Schrei aus. Sie brach in Tränen aus und sah absolut am Boden zerstört aus. Anjie versuchte sie zu trösten, aber sie wand sich aus ihrem Griff und flüchtete die Treppe zu ihrem Zimmer hinauf.

Sobald die Tür hinter ihr zugeknallt war, brach auch Anjie in Tränen aus. »Ich wünschte, sie *wäre* von mir«, schluchzte sie. »Es fühlt sich an, als wäre sie von mir.«

»Ich weiß, Liebes«, sagte ich und umarmte sie. »Das wird

schon wieder, versprochen.« Ich hasste es, Anjie traurig zu sehen, beinahe so sehr, wie ich es hasste, eines von meinen Kindern traurig zu sehen.

Doch Anjie konnte damit umgehen. Sie ging nach oben und klopfte sanft an Beckys Tür. Ich hörte, wie Becky sie hereinließ – und dort blieben sie den Rest des Tages. Sie kuschelten sich zusammen, redeten, lasen und guckten fern. Ich brachte ihnen an diesem Abend ihr Abendessen auf einem Tablett, und in der Nacht danach schlief Anjie bei Becky im Bett.

Das schien zu helfen, denn am nächsten Morgen ging es ihr wieder richtig gut. Sie kam die Treppe heruntergehüpft und strahlte mich an, wie sie es immer getan hatte. »Ich habe sowohl eine Mum als auch eine Anjie«, zwitscherte sie. »Und ich liebe meine Anjie.«

Manchmal kamen solche Sätze von ihr, die mein Herz zerfließen ließen. Von dem Augenblick an malte sie Bilder von der ganzen Familie, und wenn sie fertig war, hielt sie sie stolz hoch, um sie Anjie und mir zu zeigen. »Sieh mal, Daddy«, sagte sie. »Ich habe zwei Mums, zwei Brüder und einen Dad.«

»Ja, die hast du«, sagte ich und zerzauste ihr das Haar. »Bist du nicht das glücklichste Mädchen auf der ganzen Welt?«

Ihre Beziehung zu Anjie entwickelte sich danach immer stärker und besser. Sie verbrachten viel Zeit zusammen, buken Kuchen, kauften ein und nähten – all die Dinge, die Mütter und Töchter normalerweise tun. Anjie hatte sich immer eine Tochter gewünscht, und jetzt schien es, als hätte sie endlich eine.

2003 kam Becky in die Summerhill-Grundschule, wo Danny bereits Schüler war. Sie lag nur ein paar Straßen entfernt von unserem Haus, und wir hofften, dass sie sich schnell eingewöhnen und ihre Zeit dort genießen würde. Stattdessen schrie sie sich die Seele aus dem Leib, als Anjie versuchte, sie dort zu lassen, mit dem Ergebnis, dass Anjie dort bleiben und den Lehrern helfen musste, nur damit Becky blieb. Zu Hause war sie immer furchtlos gewesen, aber in der Schule, so mussten wir überrascht feststellen, hatte sie Probleme, sich mit den anderen Kindern anzufreunden. Sie hatte eine enge Freundin, Hope, und sie schloss auch enge Freundschaft mit ihrer Cousine Brooke, der Tochter von Anjies Schwester, die drei Jahre älter war als sie. Mehr Freundinnen hatte sie zunächst nicht, aber ihnen gegenüber war sie von Anfang an extrem loyal. Auch diese Eigenschaft teilte sie mit ihrem alten Herrn.

Wenn die Sommerferien kamen, war das immer der Beginn einer chaotischen, aber vergnüglichen Zeit in unserem Haus. Wir hatten nicht viel Geld, daher reisten wir nie ins Ausland, aber wir fuhren immer mit dem Wagen für ein oder zwei Wochen weg. Es begann damit, dass wir Nathan mitsamt seinem wuchtigen Rucksack abholten und dann auf die Autobahn in Richtung unseres gewählten Ziels fuhren, gewöhnlich Brean Sands in Weymouth oder Minehead.

Sobald wir angekommen waren, verschwanden Danny und Nathan, um Unfug anzustellen, wie alle Jungen es tun, und Becky bettelte darum, ins Schwimmbecken gehen zu dürfen. Sie war ein richtiges Wasserkind. Sie liebte das Schwimmen, und als sie fünf war, bewegte sie sich bereits unglaublich sicher im Wasser. Sie konnte problemlos den ganzen Tag im Schwimmbecken auf unserem Campingplatz verbringen, und es war immer ein Albtraum, sie wieder herauszubekommen. Sie liebte es so sehr, dass ich einen siebeneinhalb Meter langen und dreieinhalb Meter breiten Pool in unserem rückwärtigen Garten baute, damit sie darin herumplanschen konnte. Sie konnte mit ihren Füßen den Grund nicht erreichen, aber sie war absolut begeistert und zog sich an jedem Tag, an dem es warm genug war, gleich nach der Schule aus, schlüpfte in ihren Badeanzug und sprang hinein.

Beckys liebster Urlaubsort war definitiv die Ferienanlage Butlin's. Sie liebte es dort, weil es so viele Dinge für Kinder zu tun gab, sodass sie sich nie langweilten. Es war auch für Anjie und mich großartig, weil die Kinder viel Unterhaltung hatten und wir Erwachsene so wertvolle Zeit für uns bekamen.

Als Becky fünf war, war Nathan sechzehn und alt genug, um auf sie und Danny aufzupassen, wenn wir etwas trinken gingen. Er verdiente sich gern ein bisschen Taschengeld dazu und zeigte uns gleichzeitig, wie erwachsen er war. Ich war stolz darauf, was für eine Mühe er sich bei diesen Gelegenheiten mit seinen Geschwistern gab. Er ging mit Becky sogar ein paar Mal freiwillig ins Bällchenbad, um in den bunten Plastikbällen herumzustrampeln, und er nahm Danny oft mit zu den Wasserrutschen. Ich erinnere mich an eine spezielle Gelegenheit, die mich heute noch zum Lachen bringt. Anjie und ich waren mit Becky im Schwimmbecken und warteten darauf, dass die Jungs die Rutsche herunterkamen. Da fiel uns auf, dass sie furchtbar lange brauchten.

»Was um Himmels willen hält sie auf?«, murmelte ich zu Anjie. Dann bemerkte ich, dass Nathan oben am Start lachte –tatsächlich hielt er sich die Seiten vor Lachen –, während der sechsjährige Danny wie vom Donner gerührt aussah. Nach einer Weile kamen sie wieder die Treppe hinunter, und Danny sah aus, als würde er gleich in Tränen ausbrechen.

»Was ist los, Junge?«, fragte ich, weil ich dachte, irgendein Kind hätte ihn drangsaliert. »Warum seid ihr nicht die Rutsche heruntergekommen?«

»Eine fette Frau ist steckengeblieben.« Nathan quietschte vor Lachen. »Sie haben alle wieder die Treppe runtergeschickt. Sie mussten Hilfe rufen, um sie rauszubekommen.«

Wir alle sahen amüsiert zu, wie versucht wurde, die arme Frau an den Füßen die Rutsche herunter zu zerren. Danny war wütend, weil er nicht zum Zug gekommen war, aber am Ende sah er die witzige Seite, und er probierte es später noch einmal. Ich weiß, es klingt merkwürdig, aber das ist eine meiner liebsten Erinnerungen an uns als Familie im Urlaub: wie wir alle fünf dort standen und über etwas sehr Albernes lachten.

Eines der besten Dinge an Bristol ist, dass das ganze Jahr über jede Menge familienfreundliche Veranstaltungen angeboten werden. Eine unsere liebsten Veranstaltungen war die Bristol Ballon Fiesta. Becky liebte es, dabei zuzusehen, wie die Heißluftballons abhoben und den Himmel füllten, und alle drei Kinder liebten den Rummelplatz. Nathan fuhr immer mit Becky und Danny auf den Fahrgeschäften, weil ich viel zu viel Angst hatte. Als Mechaniker konnte ich alles erkennen, was mit der Mechanik des Fahrgeschäfts möglicherweise schiefgehen konnte. Mir wurde schon vom Zusehen schlecht, aber ich wollte ihnen den Spaß nicht verderben.

»Ich werde einfach hier warten, Bex. Nath wird mit dir fahren«, rief ich und winkte ihnen zum Abschied. Dann stand ich die ganzen drei Minuten starr vor Furcht da, während sie durch die Gegend flitzten und sich die Lunge aus dem Leib schrien vor Begeisterung.

Natürlich geht es beim Leben mit Kindern nicht immer nur darum, ihnen Vergnügen zu bereiten – ich musste ihnen auch viel beibringen. Als Becky sechs Jahre alt war, brachte ich ihr das Fahrradfahren bei, indem ich schlau die Stützräder abnahm, bevor sie aufstieg. Ich gab ihr einen Schubs und war begeistert, als sie ohne die Stützräder den Weg hinunterfuhr. Natürlich fiel sie um, sobald ihr klar geworden war, dass sie fehlten. Sie sah mich verwirrt an.

»Meine Räder sind abgefallen, Daddy«, rief sie, aber sie stand bald auf und versuchte es wieder. Sie war immer eine sehr entschlossene Person.

Als sie anfing, in der Schule Multiplikation zu lernen, fragte ich sie ab, während sie auf ihrem Trampolin im Garten war. Sie hüpfte auf und ab, während ich auf der Türschwelle saß und brüllte: »Fünf mal drei? Sechs mal vier?« Das war unsere Art, Hausaufgaben zu machen.

Becky am glücklichsten, wenn sie draußen sein konnte, und wir beide liebten es, lange Spaziergänge zu unternehmen. Obwohl Bristol eine geschäftige Stadt ist, ist sie mit jeder Menge Landschaft drumherum und einigen fantastischen öffentlichen Parks gesegnet. Einer unserer liebsten Orte für einen Spaziergang war der St. George's Park, der nicht weit von unserem Haus entfernt lag. Becky zog ihre Gummistiefel an und trottete neben mir her, ihre kleine Hand in meiner, aber sie bestand darauf, alle fünf Minuten stehen zu bleiben, um jede Blume und alle Käfer zu untersuchen, die sie finden konnte. Sie liebte es, auf Bäume zu klettern und im Teich mit ihrem Kescher nach Kaulquappen zu fischen. Wir sammelten sie in Marmeladengläsern und beobachteten, wie sie sich in Frösche verwandelten. Das hatte mein Vater mit mir auch getan.

Becky war nicht der Typ Mädchen, der Angst vor Insekten hat. Als sie in der Schule Läuse bekam – ein immerwährender Kampf für Anjie und mich, da sich jede neue Läusegeneration bei ihr einnistete –, bat sie mich, ihr die kleinen Viecher zu zeigen, die ich aus den Haaren kämmte. Sie war fasziniert von ihnen, untersuchte sie unter dem Mikroskop und nannte sie sogar »meine kleinen Freunde«. Das sorgte dafür, dass ich mich vor Ekel schüttelte, muss ich sagen.

Als sie älter wurde, wurde ihre Persönlichkeit stärker – gelegentlich gepaart mit Eigensinn! Einmal, als sie sechs Jahre alt war, beendete sie ihr Abendessen und wartete dann ungeduldig am Tisch auf ihren Nachtisch. Mir wurde klar, dass ich nichts mehr für sie hatte, da ich noch nicht einkaufen gewesen war. Ich hoffte, dass sie sich langweilen und mit ihren Spielzeugen spielen würde, wie Nathan und Danny es getan hatten, aber sie blieb am Tisch und starrte mich an.

»Daddy, wo ist mein Pudding?«, fragte sie mit süßer Stimme.

»Tut mir leid, Bex, heute Abend gibt es keinen Pudding«, sagte ich. »Daddy ist noch nicht im Supermarkt gewesen.«

Die Bestürzung auf ihrem Gesicht war beinahe komisch. »Kein Pudding?«, rief sie aus. »Aber ich habe mein ganzes Abendessen aufgegessen!«

»Du bekommst morgen mehr Pudding, weil du ein braves Mädchen warst«, sagte ich glucksend.

Ich hatte nicht erwartet, dass sie so heftig reagieren würde, aber sie warf sich dramatisch von ihrem Sitz, rannte aus dem Zimmer und kam ein paar Sekunden später mit dem Telefon zurück.

»Das ist Kindesmisshandlung«, verkündete sie. »Ich rufe die Kindernotrufstelle an.«

Ich konnte nicht anders, als in Lachen auszubrechen, was Becky nur noch wütender machte. »Ich werde es tun, Daddy!«, rief sie und fuchtelte mit dem Telefon in der Luft herum. »Ich werde sie anrufen und ihnen sagen, dass du mir keinen Pudding gegeben hast.«

Das ließ mich natürlich nur noch mehr losprusten.

Da musste Becky auch grinsen, und bald konnte sie sich vor Lachen nicht mehr halten – so war es einfach bei uns. Selbst wenn einer von uns ernsthaft über etwas sauer war, lachten wir beide am Ende darüber.

Becky genoss es, mich an meine Grenzen zu treiben, wie alle Kinder es tun. Es gefiel ihr besonders, mir Aufgaben zu stellen, womit sie im zarten Alter von vier anfing. Wir waren beide sehr stur, und die Vater-Tochter-Rivalität zwischen uns war für Beobachter urkomisch. Becky stellte mir jede Woche wenigstens eine Aufgabe, und weil ich nicht geschlagen werden wollte, versuchte ich immer mein Bestes, ihre Missionen zu erfüllen, bevor ich ihr auch eine Aufgabe stellte. Anjie verdrehte dann nur die Augen und ließ uns in Ruhe.

Beckys Aufgaben bestanden unter anderem darin, mich Räder schlagen, Salto rückwärts und Handstand machen zu lassen. Zu der Zeit wog ich 89 Kilo und hatte einen ziemlich dicken Bauch, also war mein Anblick, wenn ich versuchte, mich einmal zu drehen und wieder auf den Füßen zu landen, nicht gerade schön. Becky kreischte vor Lachen angesichts meiner Fehlschläge und demonstrierte mir dann anmutig die Übung.

Viel später gehörten zu meinen Aufgaben das Essen eines ganzen scharfen Currys, ohne Luft zu holen (zu der Zeit war sie bereits ein Teenager, möchte ich eilig hinzufügen!). Ich nannte das die »Atomare Curry Challenge«, und Becky war so eifrig bemüht zu gewinnen, dass sie sogar eine ganze rote Chilischote aß, um noch eins draufzusetzen. Danach musste sie ungefähr viereinhalb Liter Milch trinken, um ihren Mund zu kühlen. Ich filmte diese spezielle Aufgabe mit meinem Telefon, während ich mich vor Lachen schüttelte. Dieses Video bedeutet mir heute sehr viel.

Becky liebte Tiere sehr, und wir verbrachten viele Familientage im Zoo und in verschiedenen Tierparks. Egal, welches Tier es war, sie liebte sie alle. Als sie dreizehn war, lebten so viele kleine Tiere in ihrem Zimmer, dass es wie in einem Disney-Film aussah. Sie hatte eine Sumpfschildkröte, ein Kaninchen namens Buster, zwei weiße Ratten, zwei sibirische Zwerghamster und drei normale Hamster.

Becky entwarf ein dreistöckiges Herrenhaus für Buster, für dessen Bau ich eine Woche brauchte. Es hatte einen Raum für sein Futter, einen Sitzbereich, ein Schlafzimmer und eine weitere Ebene darüber mit einem Glasfenster. Außerdem gab es eine Treppe, die ins Erdgeschoss führte, damit er draußen in seinem eigenen kleinen Garten herumlaufen konnte. Niemals hat ein Kaninchen in solch einem Luxus gelebt! Trotzdem beschloss Becky dann, dass Buster hereinkommen und bei ihr und den anderen Tieren in ihrem Zimmer leben sollte. Am Ende war es lächerlich – der Geruch der Käfige wurde penetrant, und wir mussten sie anschreien, damit sie Buster wieder nach draußen brachte. Natürlich hatte sie am Anfang versprochen, dass sie sich um die Tiere kümmern und ihre Käfige saubermachen würde, aber raten Sie mal, wer das am Ende machte. Genau, Anjie und ich.

Schließlich bat uns Becky um ein »richtiges« Haustier, und wir brachten sie zum Hundetierheim in Bristol. Überraschenderweise hatten sie gerade einen Wurf Kätzchen dort, und sie starrte schließlich ein Kätzchen so lange an, dass wir ihr erlaubten, es mitzunehmen. Es war pechschwarz bis auf seine vier weißen Pfoten und das weiße Kinn, und sie nannte es Marley.

Im Tierheim wirkte Marley ganz süß und unschuldig, aber sobald er durch die Tür unseres Hauses kam, fing er an, absolutes Chaos zu machen. Uns wurde bald klar, dass er eine absolute Psychokatze war. Er kletterte an den Wänden und Vorhängen hoch und krallte sich an die Möbel. Natürlich fand Becky das urkomisch. Eines seiner Lieblingsspiele war, sich zu verstecken, bis ich vorbeiging. Dann sprang er hervor und landete auf meinem Rücken, wobei er seine scharfen Krallen in meine Haut grub. Er hielt sich verzweifelt fest, während ich herumrannte und versuchte, ihn abzuschütteln. Es war beinahe so, als hätte Becky ihn darauf trainiert, das zu tun, denn sie bekam Lachkrämpfe und rollte auf dem Boden herum, während ich mich mit ihm auseinandersetzte.

Marley war ganz und gar Beckys Katze. Er zeigte dem Rest von uns nie einen Hauch von Zuneigung, aber er schnurrte und blickte liebevoll zu Becky auf. Er mochte es, während des Tages seine Freiheit zu haben, kam aber abends immer zum Knuddeln in Beckys Zimmer, wo er vermutlich die Hamster terrorisierte, die sich hinter den Gitterstäben ihrer Käfige zusammendrängten.

Während meiner Kindheit war Weihnachten immer eine Enttäuschung, also gab ich mir für meine eigenen Kinder besonders viel Mühe. Anjie und ich zogen alle Register, um das Haus zu schmücken und es so festlich wie möglich zu machen. Anjie buk jede Menge Leckereien, und ich verkleidete mich jeden Heiligabend als Weihnachtsmann. Ich zog ein gepolstertes rotweißes Kostüm an, komplett mit einer kleinen Brille und einem großen weißen Bart, was Anjie und Nathan zum Kichern brachte. Ich wartete, bis Danny und Becky am Einschlafen waren, bevor ich mit ihren Strümpfen, die vor Leckereien überquollen, in ihre Zimmer schlich. Wenn sie bereits schliefen, sang ich leise ein Weihnachtslied und wackelte herum, bis sie sich rührten. Ich beobachtete, wie sie in ihrer Aufregung schneller atmeten und versuchten, so still wie möglich zu halten, wenn ihnen klar wurde, dass der Weihnachtsmann da war.

Nachdem am Weihnachtsmorgen die Geschenke ausgepackt waren, besuchten wir meine Oma May, die weitere Geschenke für alle hatte, und kehrten dann nach Hause zurück, damit ich das Weihnachtsessen kochen konnte. Die Kinder verbrachten den Nachmittag mit ihren neuen Spielsachen; Anjie und ich nahmen einen Drink und stießen auf ein weiteres gutes Jahr an.

Wir redeten viele Male darüber, weitere Kinder zu haben, aber Anjie hatte eine Eileiterschwangerschaft gehabt, und es wollte einfach nicht klappen. Wir zahlten für Fruchtbarkeitstests und zogen in Betracht, eine künstliche Befruchtung machen zu lassen, aber die Kosten waren so hoch, dass wir uns schließlich dagegen entschieden. Daher war es ganz wunderbar, dass Becky die Tochter wurde, die Anjie nie gehabt hatte. Das ist einer der Hauptgründe, warum sie ein so enges Verhältnis hatten. So wie wir das sahen, hatten wir miteinander drei gesunde Kinder, also wussten wir das einfach zu schätzen. Wir waren glücklich, und das war die Hauptsache. Ich fühlte mich wie der reichste Mann der Welt.

4

Mein Junge

Mittwoch, 4. März 2015
Der Stiefbruder der Schülerin Becky wurde des Mordes
an ihr angeklagt

Der Stiefbruder von Becky Watts, der Schülerin aus Bristol, de-
ren zerstückelte Leiche Anfang dieser Woche entdeckt wurde,
wurde des Mordes an ihr angeklagt. Nathan Matthews, 28, lebte
mit seiner Freundin, der 21-jährigen Shauna Hoare, nicht weit
von dem Haus in der Gegend von Barton Hill, wo die Überreste
des Mädchens am Dienstag von der Polizei gefunden wurden,
beinahe zwei Wochen nach ihrem Verschwinden. Das Paar,
beide wohnhaft in der Cotton Mill Lane, wurde in Verbindung
mit dem Fall zum ersten Mal vor vier Tagen verhaftet, bevor sie
am Montag wegen Mordverdachts erneut verhaftet wurden.
Gestern Nachmittag wurden den Ermittlern weitere 24 Stunden
gegeben, um sie zu vernehmen, bevor an diesem Nachmittag An-
klage gegen Mr Matthews erhoben wurde. Mr Matthews ist
Anjie Galsworthys Sohn aus einer früheren Beziehung. Miss
Hoare, die sich in den sozialen Medien Philips nennt, wurde zur
selben Zeit angeklagt. Ein Foto von den beiden, auf dem sie
Maskenkostüme tragen, tauchte heute auf und wurde schnell
von den sozialen Medien verbreitet. Beide wurden in Untersu-
chungshaft genommen und sollen morgen früh zu einer ersten
Anhörung vor dem Gericht in Bristol erscheinen. Der Polizei
wurde außerdem mehr Zeit gegeben, weitere drei Männer und
eine Frau zu befragen, die unter dem Verdacht der Beihilfe zu
einer Straftat verhaftet wurden.

Im Laufe der Zeit blühte meine Beziehung zu Nathan auf und wurde immer mehr zu einer Vater-Sohn-Beziehung. Nathan hatte seinen biologischen Vater nie gekannt, also begann er, sich an mich zu wenden, als er ein Teenager wurde. Ich wusste, dass das eine große Verantwortung war, also gelobte ich mir, mein Bestes zu geben, um ihm ein Gefühl für Richtig und Falsch anzuerziehen und ihn die Bedeutung harter Arbeit zu lehren.

Nathans Hauptinteresse galt Computern. Er war brillant im Umgang mit Technologie, ich war immer erstaunt, wie schnell er auf der Tastatur war. Er brachte immer den Computer für seine Mutter und mich in Ordnung, und er wusste alles über die neuesten technischen Spielereien und Computerspiele, sehr zu Dannys Freude. Trotz des Altersunterschieds von acht Jahren waren Danny und Nathan dicke Freunde. Sie verbrachten beinahe jedes Wochenende in Nathans Zimmer, spielten auf der PlayStation und hatten generell ihren Spaß. Gelegentlich luden sie mich ein, mit ihnen zu spielen, wenn ich an der Zimmertür vorbeikam. Ich lernte jedoch schnell, dass sie mich nur einbezogen, damit sie darüber lachen konnten, wie schlecht ich war. Ich verbiss mich richtig, wenn ich versuchte, Autorennspiele zu spielen, und die beiden lachten jedes Mal hysterisch, wenn ich einen Zusammenstoß produzierte. Sogar Anjie machte mit, stand in der Tür und machte spöttische Bemerkungen. Nathan war sehr ehrgeizig und liebte es, mich in allem zu schlagen. Bei den seltenen Gelegenheiten, wenn ich tatsächlich ein Spiel gegen ihn gewann, war er danach stundenlang beleidigt. Er konnte schon ein schlechter Verlierer sein.

Nathan versuchte nicht nur, mich bei Computerspielen zu schlagen, er hatte auch Spaß daran, mich auf andere Weise zu überflügeln. Er versuchte immer, mich zu übertrumpfen, und neckte mich erbarmungslos, aber ich vergalt Gleiches mit Gleichem. Es war alles nur freundliche Neckerei. Nathan hatte Humor und genoss es, mich als Sparringspartner zu haben. Im Laufe der Zeit stiftete er Danny und Becky dazu an, mitzumachen, und dann verbündeten die drei sich gegen mich. Er genoss es besonders, Nachrichten auf meinen Wagen zu schreiben, wenn er schmutzig war. Ich fand oft Dinge wie »Achtung, blinder alter Trottel am Steuer«, auf meinem Rückfenster, während Danny, Becky und Nathan sich lachend am Boden wälzten.

Nathan war aber nicht immer so übermütig. Ab und zu brauchte er seine Eltern noch. Einmal, als er zwölf Jahre alt war, nahm er den Bus nach Kingswood – das etwa eineinhalb Kilometer von unserem Wohnort entfernt lag –, um sein Geburtstagsgeld für ein Computerspiel auszugeben. Nachdem er das Spiel gekauft hatte, vergaß er, welchen Bus er nach Hause nehmen musste, und brach in Tränen aus. Ich bekam einen verzweifelten Anruf von seiner Mutter und raste von der Arbeit dorthin, um ihn abzuholen. Er sah ein wenig kleinlaut aus, als er mich sah, aber er war sehr erleichtert.

Wenn sie nicht in ihrem Zimmer saßen, fuhren Nathan und Danny gern mit ihren Rädern herum, daher ging die ganze Familie, als Becky alt genug war, auf lange Radtouren auf dem Bristol and Bath Railway Path, der besonders für Wanderer und Radfahrer gedacht ist. Obwohl Nathan nicht auf Mannschaftssport stand, interessierte er sich fürs Schießen und Bogenschießen. Ich hatte ein paar Luftgewehre und eine Ausrüstung zum Bogenschießen, und wir beide verbrachten Stunden im Garten miteinander und hantierten damit herum. Wir forderten uns gegenseitig heraus, diverse Ziele zu treffen, und konkurrierten um das beste Ergebnis. Als er dreizehn war, kaufte ich ihm zum Geburtstag sein eigenes Luftgewehr. Ich habe ihn nie so glücklich gesehen. Er wollte sofort rausgehen und damit schießen, und er wurde bald ziemlich gut darin.

Genau wie Becky war Nathan in der Schule eher ein Einzelgänger. Obwohl er selbstsicher war, schloss er nicht so schnell Freundschaften, daher schrieb ich ihn, als er vierzehn war, bei den Armeekadetten ein. Ich hatte das selbst in diesem auch gemacht und es sehr genossen. Es hatte mich eine Menge Selbstdisziplin gelehrt und mir ein Gefühl von Stolz gegeben, und ich dachte, das würde bei Nathan ähnlich sein. Natürlich war er bereits an Waffen interessiert, daher war er begeistert, als ich es vorschlug. Ich denke, er hoffte, dort einige Freunde zu finden – was er auch tat. Bei den Kadetten zu sein, vermittelte Nathan einen guten Gemeinschaftssinn, da sie immer unterwegs waren, Spenden sammelten und Wohltätigkeitsarbeit leisteten.

Nach ein paar Monaten bekam er die Gelegenheit, mit dem Schwadron in Salisbury Plain, einem militärischen Übungsgelände, zu campen. Er war begeistert und konnte es gar nicht abwarten hinzukommen, also erklärte ich mich einverstanden, ihn hinzubringen.

»Danke fürs Mitnehmen. Bis bald, Dar«, sagte er und sprang mit seinem schweren Rucksack auf dem Rücken aus dem Wagen.

Ich gluckste, als ich ihm zum Abschied winkte, denn ich wusste aus Erfahrung, was er in der vor ihm liegenden Woche würde erdulden müssen. Er konnte sich auf Aufstehen um halb sechs, 15 Kilometer lange Märsche und jede Menge Ausbildungsübungen freuen. Doch ich wusste auch, dass er viel Spaß mit seinen neuen Freunden haben würde. Es würde ihm sehr guttun.

Als ich ihn am Ende der Woche abholte, sah er absolut

erledigt aus. Er plumpste auf den Beifahrersitz, unfähig, die Energie zum Sprechen aufzubringen.

»Du siehst fix und fertig aus, Sohn«, bemerkte ich. Er nickte nur zur Antwort und ging sofort ins Bett, als wir zu Hause waren. Nach ein paar Tagen der Erholung war er aber wieder voller Tatendrang, und ich hörte, dass er Danny erzählte, wie sehr er es genossen habe.

»Es war unglaublich«, sagte er, als er auf seinem Bett saß. »Wir durften mit echten Waffen schießen und so.«

»Wow!«, sagte Danny und hing an seinen Lippen. Danny sah wirklich zu seinem älteren Bruder auf, und ich war stolz, dass Nathan etwas Spaß gemacht hatte, was ich als Kind geliebt hatte. Er blieb drei Jahre bei den Kadetten und schloss sich danach für ein weiteres Jahr den Reservisten an.

In der Schule war Nathan eher durchschnittlich. Unter seinen Mitschülern war er wahrscheinlich hauptsächlich wegen seiner Geschäftemacherei bekannt – er kaufte Computerspiele und Süßigkeiten und verkaufte sie mit Gewinn weiter. Als er das Ende seiner Zeit in der Realschule The Grange in Warmley erreichte, wurden seine Zensuren schlechter. Anjie und ich fingen an, uns Sorgen über seinen Sekundarabschluss zu machen, also bezahlten wir ihm für sechs Wochen Nachhilfe, um ihm zusätzliche Unterstützung zu geben. Es funktionierte – Nathans Zensuren besserten sich dramatisch, und es gelang ihm, sechs seiner Prüfungen zu bestehen.

Als Belohnung für den Umschwung bei seinen Zensuren schenkte die Schule ihm drei Tickets für ein Spiel der Bristol Rovers. Als Familie standen wir nicht wirklich auf Fußball, aber Nathan, Danny und ich gingen zusammen hin, um uns das Spiel anzusehen, und überraschenderweise hatten wir eine schöne Zeit.

»Seht mal her, Jungs«, sagte ich, als wir im Familienbereich des Stadions standen und auf den Beginn des Spiels warteten. »Dieser Mann dort drüben ist der Schiedsrichter, und er wird ständig die falschen Entscheidungen treffen. Wir mögen ihn nicht.«

»Nein, tun wir nicht«, stimmte Nathan zu.

Wir drei verbrachten das ganze Spiel damit, den Schiedsrichter mit farbigen Ausdrücken zu beschimpfen. Es war urkomisch, aber rückblickend ist es ein absolutes Wunder, dass wir nicht rausgeworfen wurden.

Während der Monate vor Nathans sechzehntem Geburtstag nervte er Anjie und mich wegen eines Mopeds, also erklärten wir uns schließlich einverstanden, für den Fahrkurs zu bezahlen. Vorher nahm ich ihn mit, um Lederkleidung und einen Helm zu kaufen. Ich hatte in meinem Leben zahlreiche Motorräder besessen, und mir lag sehr daran, ihm zu vermitteln, dass die Sicherheit vorging.

»Du wirst eines Tages ein Motorrad bekommen«, sagte ich ihm, als er alles anprobierte. »Aber lass uns mit der Schutzausrüstung beginnen, okay?«

An seinem Geburtstag fuhr ich mit zum Fahrkurs und zur Prüfung. Es war ein wirklich kalter Tag im Januar, und als ich ihn absetzte, wünschte ich ihm Glück. Während er geprüft wurde, wartete ich im Wagen. Es fühlte sich an, als dauerte es Stunden, aber ich wollte nicht nach Hause fahren, für den Fall, dass er mich brauchte.

Endlich erschien er und ging auf meinen Wagen zu. Er sah richtig krank aus. Er war kreidebleich, und ich wusste, dass er bis in die Knochen durchgefroren war.

Ich hielt den Atem an, als er seufzend in den Wagen stieg. Ich fürchtete, er könnte nicht bestanden haben, aber er wandte sich mir mit einem breiten Grinsen auf dem Gesicht zu. »Ich habe bestanden!«, rief er.

Ich schlug vor Freude mit der Faust in die Luft. »Gut gemacht, Sohn!«, sagte ich. »Ja! Jetzt lass uns dich nach Hause bringen, damit du dich aufwärmen kannst. Du siehst aus, als wärst du unterkühlt.«

Der Stolz, den ich in diesem Augenblick fühlte, war so immens, er hätte nicht größer sein können, wenn er mein biologischer Sohn gewesen wäre. Ich freute mich einfach für ihn. Als Überraschung hatte ich heimlich um die zweitausend Pfund für ein Moped ausgegeben, das zu Hause auf ihn wartete. Ich rief schnell Anjie an und erzählte ihr die guten Neuigkeiten. Sie wusste, dass es ihre Aufgabe war, das Bike aus dem Schuppen in den Garten zu rollen, damit Nathan es sehen konnte, wenn wir zurückkamen. Es war eingepackt und fahrbereit, schließlich hatten wir gehofft, dass er bestehen würde.

Als wir aus dem Wagen sprangen, grinsten Anjie und ich uns an und warteten darauf, dass Nathan sein Motorrad sah. Zu unserer Enttäuschung ging er daran vorbei.

»Bitte eine heiße Tasse Tee, Mum«, murmelte er Anjie zu. Er sah das Moped nicht einmal an.

»Hier ist dein Moped, Nath«, rief ich. »Es ist alles legal. Du kannst jetzt damit fahren, wenn du willst.«

Er drehte sich um und sah das Moped ein paar Sekunden an, bevor er antwortete: »Nee, ich fahre morgen damit. Danke Dar, danke Mum.«

Der arme Junge war zu durchgefroren, um an etwas anderes denken zu können, als wieder warm zu werden. Ich konnte es ihm nicht verdenken, um ehrlich zu sein. Drinnen setzte er sich für den Rest des Abends vor den Gaskamin und versuchte, wieder Gefühl in seine Hände und Füße zu bekommen.

Am nächsten Tag jedoch zog er sofort nach dem Aufwachen seine Ledersachen an und war bereit, auf sein neues Moped zu springen. Er bat Anjie, ein Foto von ihm zu ma-

chen, während er daneben stand, und er strahlte, als er die
Straße entlangschoss. Er sah glücklich und selbstsicher aus.
Ich war wirklich stolz auf ihn an jenem Tag, und ich wusste,
dass Anjie es auch war.

Danach fuhr Nathan mit seinem Bike überall in Bristol
herum, und er schloss einige neue Freundschaften, als er
andere Mopedbesitzer traf. Ich lachte immer, wenn ich sie
alle zusammen am Haus vorbeifahren sah, als wären sie ein
Rudel.

Nachdem Nathan die Schule verlassen hatte, machte er
eine Ausbildung zum Elektriker am City of Bristol College,
und der Besitz des Mopeds half ihm, einen Abendjob als
Lieferfahrer für einen Pizzadienst zu bekommen. Außerdem arbeitete er an den Wochenenden in einem Supermarkt. Zu diesem Zeitpunkt zeigten sich bei ihm all die
Qualitäten, die ich ihm so gerne vermitteln wollte. Er arbeitete hart, war engagiert und verdiente sein eigenes Geld.

»Er ist wie eine kleine Ausgabe von mir (mini-me)«,
prahlte ich eines Tages gegenüber Anjie, als wir ihm dabei
zusahen, wie er zur Arbeit wegfuhr. Sie hätte nicht stolzer
auf ihren Sohn sein können, und ich war hocherfreut darüber, was für ein Mann aus ihm wurde.

Ein paar Monate später rief Anjie mich in blinder Panik an,
während ich bei der Arbeit war. Sie war so aufgelöst, dass es
zuerst schwer war, einen Sinn in dem zu erkennen, was sie
sagte.

»Nathan hatte einen Unfall«, sagte sie und schluchzte ins
Telefon. »Jemand hat ihm die Vorfahrt genommen und ist
direkt in ihn reingefahren.«

»Geht es ihm gut?«, fragte ich, und mein Herz setzte
einen Schlag aus.

»Ja, aber er ist im Krankenhaus«, sagte sie. »Er wurde im

Krankenwagen hingebracht, aber sein Moped liegt immer noch am Straßenrand. Kannst du hinfahren und es suchen?«

»Klar, in Ordnung, Liebes«, sagte ich. »Versuch, nicht in Panik zu geraten.«

Nathan war mit etwa 56 Stundenkilometern durch Kingswood gefahren, als irgendein Idiot direkt in ihn hineinfuhr. Er wurde nach dem Aufprall über die Haube des Wagens geschleudert, landete angeschlagen auf der Straße und schrie vor Schmerz. Die Lenkstange hatte sich in seinen Magen gebohrt, und er hatte sich bei der Landung sein Handgelenk ausgerenkt, aber abgesehen davon war er okay. Ich dankte im Stillen unserem Glücksstern, dass ich ihm klargemacht hatte, wie wichtig es war, angemessene Schutzkleidung zu tragen, wenn er unterwegs war. Sein Helm und seine Lederkleidung hatten ihm an diesem Tag wahrscheinlich das Leben gerettet.

Ich verließ sofort die Arbeit. Mein Freund Andy Collins fuhr mich in seinem Van hin, um das Moped zu suchen, das wir am Straßenrand entdeckten. Ich war entsetzt, da es in der Mitte zusammengefaltet war. Mir war schlecht, als ich es in den Laderaum des Vans lud und daran dachte, wie viel schlimmer der Unfall hätte ausgehen können.

Später an diesem Tag fuhren wir los, um Nathan im Krankenhaus abzuholen. Er hatte Schmerzen und tat sich sehr leid. »Komm schon, Junge«, sagte ich und legte meinen Arm um seine Schulter. »Lass uns dich nach Hause bringen. Du hattest genug Aufregung für einen Tag.«

»Ich dachte, er würde mich anpflaumen wegen des Zustands meines Mopeds«, erzählte er seiner Mutter, die lachte.

»Du bist ihm viel wichtiger als irgendein Motorrad«, antwortete sie. »Darren mag dich – das Moped ist ihm egal. Das kann ersetzt werden – du nicht.«

»Oh«, antwortete Nathan. »Na, dann ist es ja gut.«

Ich denke, er brauchte dann und wann ein wenig Bestätigung, aber soweit es mich betraf, war er mein Sohn. Danach behandelte er mich eine Weile mit mehr Respekt, bevor wir zu unserer normalen Beziehung mit jeder Menge Neckereien und Sticheleien zurückkehrten.

Als Nathan siebzehn wurde, fragte er, ob er Autofahren lernen dürfte. Ich stand voll dahinter, weil Anjie und ich von dem Mopedvorfall ziemlich erschüttert worden waren. Ich schätzte, dass er in einem Auto sehr viel sicherer sein würde. Wir bezahlten die Fahrstunden, weil ich wusste, dass ich nie die Geduld haben würde, es ihm beizubringen. Vor vielen Monaten hatte ich einmal versucht, Anjie eine Fahrstunde zu geben. Die Stunde, die ich mit ihr im Auto verbrachte, zeichnete uns fürs Leben!

Nathan war so begierig darauf, dass er das Fahren lernte wie eine Ente das Schwimmen. Er hatte absolut keine Probleme. Als seine praktische Prüfung anstand, fuhr ich ihn zum Testcenter und wartete auf ihn, und wieder einmal kam er heraus und grinste wie ein Honigkuchenpferd.

»Lass mich raten: Du hast bestanden«, fragte ich.

Er nickte zur Antwort.

»Gut gemacht, Sohn«, sagte ich und ließ den Motor an. »Ich bin stolz auf dich. Du machst deine Sache wirklich gut, aber *meinen* Wagen fährst du trotzdem nicht!«

Nathan spielte seine Erfolge immer herunter und hätte nie zugegeben, dass er sich über meinen Stolz freute, aber man konnte es in seinem Gesicht sehen. Er konnte auf der ganzen Fahrt nach Hause nicht aufhören zu lächeln. Innerhalb weniger Wochen rannte er los und kaufte sich sein erstes Auto – einen sportlich aussehenden weißen Renault Clio – mit dem Geld, das er mit seinen drei Jobs verdiente. Ich war von seinem Kauf wenig beeindruckt, da ich schon bei der Probefahrt wusste, dass der Wagen nicht lange halten würde. Das Getriebegehäuse war dabei, herauszufallen, die Kupplung bewegte sich nur, wenn mein Fuß wenige Zentimeter vom Boden entfernt war, und es drang Regenwasser ein, was dazu führte, dass die Elektronik versagte.

»Dieser Wagen ist Schrott«, sagte ich Nathan, aber er verschränkte nur die Arme und blickte mich eingeschnappt an.

»Mir gefällt er. Er sieht cool aus«, antwortete er. Es stellte sich als eine der Sachen heraus, die er selbst herausfinden musste. Nach ein paar Tagen fing er an, darüber zu schimpfen, dass der Wagen nicht richtig lief.

»Das passiert, wenn du nicht auf deinen alten Herrn hörst«, sagte ich ihm, wodurch ich alles noch verschlimmerte.

Nathan hatte ein paar Wagen nach diesem. Sein ganzer Stolz war ein schwarzer Vauxhall Astra, der ihn sechstausend Pfund kostete. Er war total in ihn vernarrt. Er verbrachte Stunden damit, ihn vor unserem Haus zu polieren und an ihm herumzubasteln. Und dann, an einem glühend heißen Tag, als er ihn erst zwei Monate hatte, tat ich versehentlich etwas, worauf ich nicht stolz bin.

Der Pollenflug war ungewöhnlich stark, sodass mein Heuschnupfen richtig schlimm war. Ich fuhr nach Hause, nachdem ich einige Erledigungen gemacht hatte, als ich von einem Sonnenstrahl geblendet wurde und einen Niesanfall bekam. Ich versuchte, in unsere Auffahrt zu fahren, doch statt auf die Bremse zu treten, trat ich mit dem Fuß auf das Gaspedal und knallte direkt auf die Vorderseite von Nathans neuem Wagen. Es war mir äußerst peinlich.

Nathan gelang es dank seiner Versicherung, den Schaden reparieren zu lassen, aber ich war für eine Weile nicht mehr sein Lieblingsvater, und ich kann es ihm nicht verdenken.

Die Arbeit an Autos stellte sich jedoch letztendlich als eine verbindende Erfahrung für uns beide heraus. Nathan war seit dem ersten Augenblick hinter dem Steuer völlig von ihnen besessen. Ich wusste eine ganze Menge über die Motoren von Motorrädern, daher war ich ziemlich schnell in der Lage, auch mit Automotoren klarzukommen, und wir verbrachten an Sonntagen eine Menge Zeit damit, an unseren jeweiligen Wagen herumzubasteln. Es war nicht ungewöhnlich für uns, den ganzen Tag an einem Wagen zu arbeiten, während Anjie uns Getränke und Imbisse herausbrachte. Es waren diese Sonntage, die ich in Bezug auf Nathan wirklich schätzte. Kurz bevor er achtzehn wurde, war unsere Verbindung viel enger geworden. In vielerlei Hinsicht hatte ich mit ihm mehr gemeinsam als mit Danny. Danny war ein so problemloses Kind, dass er kaum auffiel, aber er zog es vor, mit seinen Freunden herumzuhängen, statt mit seinem Vater.

Als er erwachsen wurde, blieb Nathan immer noch mit Danny befreundet, und er fing an, sich mehr Mühe mit Becky zu geben. Wenn ich ihn beobachtete, dachte ich, Anjie, seine Oma und ich, wir alle hätten unsere Sache bei seiner Erziehung gut gemacht. Ich freute mich darauf, zu sehen, was er aus seinem Leben machen würde.

An dem Tag, als er achtzehn wurde, klopfte ich am Morgen an seine Zimmertür, um ihm eine Karte zu geben. »Herzlichen Glückwunsch zum Geburtstag, Sohn. Ich nehme dich mit auf ein Glas Bier heute Abend«, sagte ich zu ihm.

Nathan hatte als Teenager nie getrunken oder Drogen genommen – keines unserer Kinder tat das, da wir diese Art von Benehmen nicht tolerierten –, daher sah er wirklich begeistert aus bei der Aussicht, auszugehen und sein erstes Glas Bier zu trinken.

Unsere erste Station war *The Pied Horse,* mein übliches Stammlokal, und sobald wir dort angekommen waren, bestellte ich ein Glas Bier und stellte es vor ihn hin.

»Ein großer Moment – dein erstes erlaubtes alkoholisches Getränk.« Ich zwinkerte ihm zu, während er einen Schluck nahm. »Herzlichen Glückwunsch zum Geburtstag, Junge.«

Wir verbrachten die nächsten Stunden damit, Darts und Poolbillard zu spielen, nur er und ich. Ich nahm ihn noch in drei weitere Pubs vor Ort mit, bevor wir nach Hause gingen, und er hatte viel Spaß, zeigte sich aber ein bisschen überfordert. Nach etwa acht Gläsern war er völlig betrunken, und er torkelte, als wir zusammen nach Hause gingen. Wir versuchten leise zu sein, als wir hereinkamen, aber wir weckten beinahe das ganze Haus, als wir durch die Vordertür polterten.

Als ich ins Bett kam, setzte Anjie sich auf und flüsterte: »Was hast du meinem Sohn angetan, Darren?«

Ich lachte. »Er hat es sich selbst angetan, Anj. Er wird am Morgen leiden.«

Und natürlich hatte ich recht. Ich wachte früh und gut gelaunt auf und fing an, für die Familie ein deftiges Frühstück zu machen, als ein übernächtigt aussehender Nathan die Treppe hinunterkam.

»Alles klar, Junge?«, fragte ich ihn glucksend. »Leicht lädiert – oder?«

»Ich sterbe, Dar«, krächzte er, als er auf das Sofa plumpste.

»Ich habe genau das Richtige für dich. Das bringt dich wieder auf Vordermann«, sagte ich und reichte ihm einen mit Essen beladenen Teller.

Nathan warf einen Blick auf das fettige Pfannengericht vor sich und wurde grün im Gesicht. Er sah mich beunruhigt an, reichte mir den Teller zurück und flüchtete die

Treppe hinauf, um sich zu übergeben. Ich lachte so heftig, dass ich beinahe sein Frühstück auf den Boden fallen ließ. Er brauchte drei Tage, um sich völlig zu erholen, und ich erwähnte den Vorfall bei unseren Neckereien noch Jahre danach. Ich hatte nicht die Absicht gehabt, ihn krank zu machen, aber soweit es mich betraf, war es eine wertvolle Lektion, die er da gelernt hatte.

Obwohl er jetzt offiziell ein Erwachsener war, brauchte Nathan gelegentlich noch seinen alten Herrn, damit er ihm aus der Klemme half. Ein paar Monate nach seinem achtzehnten Geburtstag fuhr ich hinüber nach Warmley, um ihn abzuholen, als ich ihn entdeckte, wie er vor einem der Läden stand und auf mich wartete. Ich wollte gerade die Hupe betätigen, um seine Aufmerksamkeit zu erringen, als ein eins dreiundachtzig großer Kerl ihn am Hals packte und ihn gegen eine Mauer schubste. Ich musste nicht darüber nachdenken: Ich fuhr den Wagen an den Bordstein und stellte den Motor aus, bevor ich über die Straße sprintete.

In der Nähe stand ein Mädchen und schrie: »Das ist er nicht! Lass ihn los!«

»Was zur Hölle denken Sie, tun Sie da mit meinem Sohn?«, brüllte ich, bevor ich all meine Kraft einsetzte, um den Kerl von ihm wegzureißen und ihn kräftig mit der Faust auf das Kinn zu schlagen. Er fiel auf den Boden, und ich drehte mich zu Nathan um. »Steig ins Auto«, brüllte ich, und wir nahmen die Beine in die Hand. Der Kerl war größer als wir beide zusammen, und ich wollte nicht riskieren, herauszufinden, was er tun würde, wenn er wieder aufgestanden war.

Nachdem ich weit genug weggefahren war, wandte ich meine Aufmerksamkeit Nathan zu. Er war sichtlich erschüttert.

»Alles in Ordnung, Sohn?«, fragte ich. »Worum ging es denn da überhaupt?«

»Keine Ahnung«, antwortete er. »Ich kenne den Kerl nicht einmal.«

Ich war wütend, dass jemand es wagte, ihn anzurühren, obwohl er nichts anderes getan hatte, als unschuldig auf der Straße zu stehen.

Als wir zurückfuhren, wandte sich Nathan an mich. »Danke, Dar«, murmelte er.

»Du musst mir nicht danken«, antwortete ich. »Ich habe nur meinen Jungen verteidigt.«

Das war genau das, was Nathan für mich war – mein Junge. Für ihn war ich die einzige Vaterfigur, die er jemals gekannt hatte. Wir hatten unsere Höhen und Tiefen gehabt, aber im Großen und Ganzen dachte ich, wir hätten eine gute Vater-Sohn-Beziehung. Unsere Patchwork-Familie zeigte immer wieder, dass DNA nichts bedeutete. Wir unterstützten einander und passten aufeinander auf, egal was passierte.

Obwohl wir während Nathans Teenagerjahren grundsätzlich gut miteinander auskamen, maßen wir auch manchmal unsere Kräfte. Alle Teenager neigen dazu, sich von Zeit zu Zeit furchtbar zu benehmen, und Nathan war keine Ausnahme. Einer dieser Vorfälle ereignete sich, als seine Oma Margaret und sein Opa Christopher für ein paar Tage wegfuhren. Ohne dass wir davon wussten, beschloss Nathan, eine große Party in ihrem Haus zu geben, zu der er alle seine Freunde einlud.

Anjie bekam am nächsten Tag einen verzweifelten Anruf von ihm.

»Werd nicht böse, Mum, aber ich habe gestern Abend eine Party geschmissen, und sie ist außer Kontrolle geraten«, platzte er heraus. »Du musst mir helfen, es wieder in Ordnung zu bringen.«

Anjie legte den Hörer auf und sah mich an, wobei sie vor Verzweiflung den Kopf schüttelte. »Wir fahren zum Haus meiner Mutter hinüber«, sagte sie. »Schnapp dir ein paar Müllsäcke.«

Als wir dort ankamen, konnte ich nicht glauben, was ich sah. Es war wie der Schauplatz einer Bombenexplosion. Die Innentüren waren alle komplett aus den Angeln gerissen, die Sofas aufgeschlitzt, es lagen Bilderrahmen auf dem Boden, und Zigarettenkippen waren in den Teppich getreten worden. Überall roch es verdächtig nach verschüttetem Alkohol, und es gab Pfützen von Erbrochenem. Mir wurde schon vom Hinsehen schlecht. Das Schlimmste an der Sache war, dass Nathans Oma an diesem Abend nach Hause kommen sollte.

»Wir haben nicht genug Zeit!«, brüllte ich. »Was zum Teufel hast du dir dabei gedacht?«

»Bitte!«, flehte er verzweifelt. »Ich muss es in Ordnung bringen. *Bitte* helft mir.«

Es war offensichtlich, dass Nathan extrem besorgt war, daher bekam ich Mitleid mit ihm, und wir erklärten uns einverstanden, ihm zu helfen. Glücklicherweise hatte ich meinen Werkzeugkasten im Wagen, daher gelang es mir, ein paar von den Türen zu reparieren, während Anjie und Nathan mit dem Putzen anfingen. Wir verbrachten geschlagene neun Stunden in dem Haus und versuchten, alles in Ordnung zu bringen. Ich schmuggelte ein Dutzend Säcke mit beschädigten Gegenständen und Müll im Gepäckraum meines Wagens weg. Wir leisteten ziemlich gute Arbeit, doch Nathan musste trotzdem dafür geradestehen, als seine Großeltern nach Hause kamen. Es gab zu viele kaputte Gegenstände, wir konnten nicht so tun, als wäre nichts passiert.

»Tut mir leid, Junge, aber du musst dich alleine mit ihnen auseinandersetzen«, sagte ich, als wir alles getan hatten, was wir konnten. »Der Rest liegt jetzt in deiner Verantwortung.«

Natürlich sagten Nathans Großeltern ihm gehörig die Meinung, als sie zurückkamen. Und Anjie und ich nahmen danach nie mehr sein Angebot an, auf unser Haus aufzupassen, wenn wir weg waren!

Nathan war achtzehn, als er seine erste Freundin hatte, aber die Beziehung hielt nur ein paar Monate. Er beklagte sich oft bei uns, dass alle ihre Freunde männlich waren. Trotz seiner Selbstsicherheit im Kreis seiner Familie und enger Freunde denke ich, dass er ziemlich unsicher war, wenn es um Mädchen ging. Er schien auf jeden Fall sehr schnell eifersüchtig zu werden.

Nachdem er und seine Freundin sich getrennt hatten, begann Nathan sich seltsam zu benehmen. Er bestand darauf, dass sie ihm Geld schuldete, und er hing in seinem Wagen vor ihrem Haus herum. Anjie und ich waren entsetzt, als wir hörten, dass er von der Polizei weggebracht worden war.

»Hör auf, sie zu stalken, Junge«, sagte ich wütend, als er nach Hause kam. »Du benimmst dich gruselig. Lass es einfach hinter dir, Nathan. Krieg dich in den Griff.«

»Sie schuldet mir vierhundert Pfund, Dar«, murmelte er.

Um ehrlich zu sein, dachte ich, das Geld sei nur eine Ausrede. Ich denke, er wäre sonst auch dort gewesen und hätte sie gestalkt. Es endete damit, dass seine Oma Margaret zu seiner Mum kam, um mit ihr darüber zu reden, da seine frühere Freundin anfing, sich wegen Nathans Verhalten zu fürchten. Auch wir waren besorgt, obwohl wir dachten, es wäre nur eine Phase, die er hinter sich lassen würde.

Größtenteils schien er das seltsame Verhalten im Umgang mit Mädchen hinter sich gelassen zu haben, aber keine seiner Freundinnen blieb lange mit ihm zusammen. Ich denke nicht, dass das ungewöhnlich ist für Jungen in dem Alter, aber es gab einen weiteren Vorfall, als Nathan neunzehn war, der mich zu der Zeit sowohl verärgerte als auch besorgt machte.

Eines Tages arbeitete ich in der Auffahrt an meinem Wagen, als er vor dem Haus vorfuhr. Ich blickte in sein Auto und sah darin vier junge Mädchen sitzen. Mit einem Blick konnte ich erkennen, dass sie nicht älter als zwölf waren. Sie kicherten alle.

»Wer zum Teufel ist das?«, fragte ich Nathan, da ich dachte, es wäre ein Streich und er würde nur versuchen, mich wütend zu machen.

Er sah mich verständnislos an. »Oh, nur ein paar Mädchen, die mitfahren wollten.«

Ich konnte nicht glauben, dass er irgendwelche Mädchen von der Straße aufgegabelt hatte und mit ihnen weggefahren war. »Was für ein Spiel ist das, Junge?«, wollte ich wissen. »Ich weiß nicht, was hier los ist, aber das sind Kinder. Steig ins Auto und bring sie wieder dorthin, wo du sie gefunden hast. Bring sie zurück zu ihren Eltern.«

Meine Reaktion brachte Nathan zuerst zum Lachen, aber als ihm klar wurde, dass ich keine Witze machte, zuckte er die Achseln, stieg wieder in den Wagen und fuhr weg. Ich nehme an, dass er die Mädchen nach Hause brachte, aber wir sahen ihn danach ein paar Tage nicht, da er wieder bei seiner Oma war. Und danach weigerte er sich, darüber zu reden.

Es ging mir nicht in den Kopf, warum er dachte, es wäre eine gute Idee, diese Mädchen in seinem Wagen herumzufahren, und ich entschied schließlich, dass er es getan hatte, um mich wütend zu machen. Ein kleiner, nagender Zweifel blieb dennoch. Hatte er irgendwelche merkwürdigen Vorstellungen in Bezug auf Mädchen? Schließlich beschloss ich, dass er nur ein normaler Teenager war, der versuchte, in der komplizierten Welt der Beziehungen mit dem anderen Geschlecht seinen Weg zu finden.

5

Becky als Teenager

Freitag, 17. April 2015
Hunderte versammeln sich zum Abschied von Becky Watts, dem Engel von Bristol

Hunderte erschienen an diesem Morgen zur Beerdigung des Teenagers Becky Watts aus Bristol. Beinahe zwei Monate, nachdem das Verschwinden und der brutale Tod der Schülerin die Stadt entsetzten, kamen die Menschen zusammen, um das junge Leben des »schüchternen aber großherzigen« Teenagers mit einem angemessenen Abschied zu feiern – was zum Teil den Spenden in Höhe von 11.000 Pfund von fern und nah zu verdanken ist. Trauernde und Unterstützer – manche trugen T-Shirts mit dem Foto 16-Jährigen darauf – säumten die Straßen vor der St. Ambrose-Kirche und bewarfen die von Kutsche, die ihren Sarg trug, mit rosafarbenen Rosen. Die Kirche war bis zu den Dachbalken voll, und viele Weitere sahen die Vorgänge draußen auf einem großen Bildschirm. In dem bewegenden Gottesdienst kamen auch Geschichten aus Beckys jüngeren Tagen und ihre große Freundlichkeit zur Sprache. Ihr Vater Darren Galsworthy entrichtete seiner Tochter mit Hilfe von Pfarrer David James einen emotionalen Tribut. Er sagte: »Wenn du vom Himmel hinabblickst, sieh dir nur an, was du in deinem kurzen Leben erreicht hast – nicht schlecht für ein schüchternes Mädchen. Du wirst immer in unseren Herzen und Gedanken sein. Ruhe in Frieden, Engel von Bristol.« Nach dem Gottesdienst weinten und klatschten die Leute, als Mr Galsworthy eine

Taube in den Himmel über ihrem Sarg entließ, bevor die Familie zur Beisetzung im engsten Kreis auf dem Avonview-Friedhof aufbrach.

Der Beginn der Realschule war eine harte Zeit für Becky. Hope, ihre einzige Freundin aus der Summerhill-Grundschule, ging auf eine andere Schule, und sie hatte Probleme, überhaupt Freundschaften zu schließen. Zu Hause war sie selbstsicher, aber unter anderen Kindern war sie schrecklich schüchtern. Selbst wenn wir irgendwo im Urlaub waren und eine Menge andere Kinder herumliefen, hatte sie keinen Umgang mit ihnen. Sie war nie sehr gut darin, sich in Kindergruppen zu integrieren und die Körpersprache anderer Kinder zu lesen, daher wurde sie oft ausgeschlossen. Sie verbrachte einfach viel Zeit alleine oder mit ihrer Familie.

Anjie und ich hatten uns deswegen nicht allzu große Sorgen gemacht, als sie in der Grundschule war, denn sie hatte Hope, und sie hatte außerdem eine enge Beziehung zu ihrer Cousine Brooke, aber von dem Moment an, als sie mit der Realschule anfing, wurde Becky zum Gegenstand der Hänseleien. Ich schätze, ihr Mangel an Selbstvertrauen machte sie zu einem leichten Opfer.

Erst einige Monaten nach Beginn des Schuljahrs erfuhr ich davon. Als sie eines Nachmittags von der Schule nach Hause kam, warf Becky ihre Tasche auf das Sofa und ließ sich neben Anjie fallen, so wie sie es immer tat.

»Hallo Liebes«, wagte ich mich vor. »Hattest du einen guten Tag?«

Sie zuckte die Achseln als Antwort.

»Warum bringst du nie deine neuen Freunde mit nach Hause?«, fragte ich. Zu meiner Überraschung brach Becky in Tränen aus.

Anjie und ich sahen uns argwöhnisch an. »O nein«, sagte sie und legte ihren Arm um Becky. »Was ist los?«

»Ich habe keine Freunde«, schluchzte Becky. »Niemand mag mich.«

Sie tat mir sehr leid. Ich hatte gehofft, dass sie, nachdem sie jahrelang in der Grundschule ein bisschen die Außenseiterin gewesen war, mehr aus sich herausgehen würde, wenn sie in die Realschule kam. Aber so einfach war es wohl nicht. Wir redeten an diesem Abend eine Ewigkeit mit ihr darüber, versuchten, ihr Selbstvertrauen zu stärken, sagten ihr, sie sei ein wunderbares Mädchen und es werde nicht lange dauern, bis andere das auch erkannten.

Danny war in derselben Schule, daher bat ich ihn heimlich, gemeinsam mit seinen Freunden aufzupassen, ob es Ärger gäbe, wenn sie sie auf den Fluren sahen. Wir kreuzten die Finger und hofften, dass es mit der Zeit besser würde.

Doch das wurde es nicht. Eines Abends kam ich nach Hause und fand Anjie und Becky wieder auf dem Sofa zusammengekuschelt. Beckys Augen waren rot vom Weinen.

»Was ist passiert?«, wollte ich entsetzt wissen. Anjie warf mir einen besorgten Blick zu.

»Wir reden später darüber«, sagte sie bestimmt. Ich nickte und ließ die beiden allein. Anjie war viel besser als ich darin, solche Sachen zu regeln.

Sobald sie sich beruhigt hatte, ging Becky nach oben in ihr Zimmer, und Anjie kam in die Küche, um sich mit mir zu unterhalten.

»Becky wird immer noch schikaniert«, sagte sie. »Sie lästern über ihr Aussehen, ihr Gewicht, alles. Heute wurde ihr die neue Jacke vom Leib gerissen.«

»Ich nehme morgen einen Tag frei und gehe zur Schule«, sagte ich. Ich wollte die Übeltäter finden und ihnen die Meinung sagen, aber Anjie schüttelte den Kopf.

»Ich werde hingehen und mit der Schule sprechen«, sagte sie. »Und falls das nicht funktioniert, werde ich dich später vorbeischicken.«

So funktionierte das mit uns. Anjie war der ruhige, gelassene Elternteil, während ich dazu neigte, mich mehr wie ein Elefant im Porzellanladen zu verhalten. Ich muss zugeben, dass ihre Herangehensweise oft besser funktionierte als meine, aber ich konnte den Gedanken nicht ertragen, dass irgendjemand Becky so behandelte. Mir wurde schlecht davon.

Anjie sprach mit dem Personal in der Schule, und man versprach ihr, die Angelegenheit zu untersuchen, aber Becky kam trotzdem noch beinahe jeden Tag in Tränen aufgelöst nach Hause. »Warum mögen die Leute mich nicht, Dad?«, sagte sie immer wieder weinend.

So etwas zu hören, bricht einem Vater das Herz. Wir alle wollen, dass unsere Kinder draußen in der Welt beliebt sind, aber es ist schwer, Ratschläge zu geben, wie man die Dinge in Ordnung bringt, wenn es einen schlechten Start gibt. Ich fühlte mich frustriert und machtlos, weil ich keinen Zauberstab schwingen und alles wieder gut machen konnte. Ich wusste nicht, wie ich ihre immer verzweifelter werdenden Fragen beantworten sollte, außer indem ich ihr versicherte, sie sei ein wundervoller Mensch und die Probleme würden sich schließlich lösen.

»Warum bin ich so fett und hässlich?«, murmelte sie jedes Mal, wenn sie sich im Spiegel sah. Ich wusste nicht, woher das kam. Becky war extrem hübsch und keinesfalls übergewichtig. Mit elf Jahren hatte sie den normalen Babyspeck für ein Mädchen ihres Alters.

»Du bist absolut perfekt«, sagte ich ihr und blickte ihr direkt in die Augen, aber ich konnte sehen, dass meine Worte keine große Bedeutung hatten. Ich war nicht derjenige, nach dessen Akzeptanz sie sich sehnte.

Anjie und ich fuhren mehrere Male zur Schule, um mit dem Personal zu reden, aber wenn überhaupt, dann machte unser Eingreifen die Dinge nur noch schlimmer. Als die Lehrer mit einbezogen wurden, schworen die Mädchen, die Becky schikanierten, ihr das Leben zur Hölle zu machen. Es dauerte nicht lange, bis ihre gemeinen Bemerkungen über ihr Gewicht anfingen, ihren Tribut zu fordern.

Eines Samstagsnachmittags machte ich mich bereit, den wöchentlichen Lebensmitteleinkauf zu erledigen, als Becky die Treppe heruntergesprungen kam und mir eine Einkaufsliste reichte.

»Was ist das, Bex?«, fragte ich.

»Es ist eine Liste mit den Nahrungsmitteln, die ich von jetzt an essen will«, sagte sie. Ich blickte auf die Liste und sah, dass es nur fettarme Fertiggerichte waren.

»Okay, Liebes«, sagte ich zweifelnd. »Aber das ist verrückt. Du bist überhaupt nicht fett, und diese Gerichte sind nicht besonders gut für dich.«

Ich muss zugeben, dass das für mich als Mann unsicheres Terrain war. Ich habe nie wirklich verstanden, warum Frauen ihr Gewicht mit ihrem Selbstwertgefühl verknüpfen, und ich stellte fest, dass ich Probleme hatte, das Richtige zu sagen, damit sich Becky besser fühlte.

»Dad, ich will nur ein bisschen abnehmen«, sagte sie. »Dann werde ich nicht mehr schikaniert.«

Ich dachte, es könnte nicht schaden, ihr für eine Weile ihren Willen zu lassen. Wenn sie das Gefühl brauchte, wieder die Kontrolle über die Situation zu gewinnen, indem sie ein paar Kilo Babyspeck verlor, dann sollte es so sein – obwohl der Kauf der Fertiggerichte unsere Lebensmittelrechnung praktisch verdoppelte. Ich versuchte, sie dazu zu ermutigen, einfach gesunde Nahrungsmittel zu essen, aber nach ein paar Wochen bemerkte ich, dass sie nicht einmal die Fertiggerichte aufaß, die ich für sie kaufte. Eines Abends kam ich in die Küche und sah, wie sie die Reste ihres Hühnercurrygerichts in den Müll kratzte.

»Was tust du da, Bex?«, fragte ich. »Diese Gerichte kosten Geld.«

»Ich bin nur satt, Dad«, sagte sie schnell, bevor sie sich an mir vorbeischob und die Treppe zu ihrem Schlafzimmer hinaufrannte.

Anjie erzählte mir später, Becky habe ihr anvertraut, dass sie nicht so schnell Gewicht verliere, wie sie wollte. Offensichtlich dachte sie, es würde schneller gehen, wenn sie ein paar Löffel weniger aß.

»Hoffentlich ist das bloß eine alberne Phase«, sagte ich zu Anjie, aber tief im Innern begann ich mir große Sorgen zu machen. Sie war erst elf. War das nicht ein bisschen jung, um sich so viel Stress wegen ihres Gewichts zu machen?

Bald wurde offensichtlich, dass Becky davon besessen war, sich selbst im Spiegel anstarrte, sich wog und jeden Tag weniger aß. »Ich nehme nicht genug ab«, jammerte sie eines Abends, nachdem sie die letzte halbe Stunde damit verbracht hatte, mürrisch das Essen auf ihrem Teller herumzuschieben.

»Du siehst gut aus, Liebes«, versicherte Anjie ihr, aber Becky schüttelte nur den Kopf.

»Ich muss Sport machen«, verkündete sie. »Dad, wirst du mir helfen?«

»Das ist keine schlechte Idee, Darren«, sagte Anjie fröhlich.

Ich hatte eine Kraftstation und einen Sandsack in meiner Werkstatt, die ich regelmäßig benutzte, und ich dachte, ein wenig Muskeltonus aufzubauen könnte Becky helfen, sich mit sich selbst wohler zu fühlen.

»Wir werden dir ein paar Boxhandschuhe kaufen, Bex«,

sagte ich. »Aber die goldene Regel ist, dass du tatsächlich etwas essen musst, damit du in der Lage bist, zu trainieren. Essen ist Kraftstoff.«

Ein paar Monate lang verbesserte sich Beckys Einstellung zu ihrem Gewicht. Sie verbrachte ein paar Stunden die Woche damit, mit mir Boxen zu üben, und bei den Mahlzeiten aß sie alles bis auf den letzten Löffel auf. Sie begann Muskeln aufzubauen, und ich konnte sehen, dass sie auch selbstsicherer wurde. Dieser Fortschritt freute mich – ich wollte, dass sie verstand, dass es besser war, fit und stark zu sein, als Magergröße Null zu haben – aber offensichtlich hatten die Mädchen in ihrer Schule ihre eigenen Vorstellungen, da sie sie genauso viel quälten wie vorher.

Ein paar Monate nachdem Becky zwölf geworden war, kam ich nach Hause und fand Anjie in der Küche, wo sie auf mich gewartet hatte. Sie sah wütend aus. »Ich hatte einen Anruf von der Schule«, sagte sie. »Sie wollten wissen, warum wir Becky aus der Schule nehmen, um ihr Hausunterricht zu geben. Sie fragten, ob es irgendetwas gäbe, was unsere Meinung ändern könnte.«

Ich war entgeistert. Wir hatten keine solche Entscheidung getroffen – wir hatten es noch nicht einmal in Betracht gezogen. Becky hatte offensichtlich ihre Lehrer angelogen, um nicht mehr zur Schule gehen zu müssen.

Als wir sie zur Rede stellten, brach Becky in Tränen aus. »Es tut mir leid, dass ich gelogen habe, aber ich habe dort keine Freunde. Niemand mag mich«, schluchzte sie. »Kann ich bitte Hausunterricht bekommen? Ich will nicht wieder dorthin zurück.«

»Komm schon, Bex«, sagte ich sanft. »Du musst zur Schule gehen. Wir können es uns nicht leisten, dich zu Hause unterrichten zu lassen. Du wirst darüber hinwegkommen, das verspreche ich dir. Die Tyrannen werden sich bald langweilen, und dann werden sie ihre Aufmerksamkeit auf jemand anderen richten.«

Doch das war nicht die Antwort, die Becky hören wollte. Sie drehte sich um, floh in ihr Zimmer und knallte die Tür hinter sich zu. Anjie und ich sahen uns verzweifelt an. Wir waren mit unserer Weisheit als Eltern am Ende. Was konnten wir noch tun? Wir redeten bis lange in den Abend und versuchten, eine Lösung zu finden. Sie in eine andere Schule geben? War das keine Kapitulation? Und was war, wenn dasselbe einfach wieder passierte?

Von da an bekamen wir von der Schule einen Brief nach dem anderen, in denen stand, dass Becky nicht zum Unterricht erschienen war. Sie drohten mir sogar mit gerichtlichen Schritten, weil es mir nicht gelang, sie zum Hingehen zu bewegen.

»Dafür könnte ich ins Gefängnis kommen«, brüllte ich und wedelte mit einem der Briefe vor Beckys Nase herum, als sie eines Abends hereinkam. Sie zuckte nur die Achseln. Ich war völlig ratlos, was ich tun sollte. Ich hatte einen Job, bei dem ich erscheinen musste, also konnte ich nicht mit ihr in die Schule marschieren und sie körperlich dazu bringen, den ganzen Tag dort zu bleiben.

Nach einer Weile stimmte die Schule zu, Becky von den anderen Schülern zu trennen und sie im Einzelunterricht zu unterrichten, in einer Einrichtung, die sie »die Gruppe« nannten – einer Unterrichtshütte, wo sie Schüler unterrichteten, die Probleme hatten, sich einzufügen. Sie schien mit dieser Lehrmethode viel besser klarzukommen.

In der Zwischenzeit geriet ihre Besessenheit vom Abnehmen außer Kontrolle. Sie fing an, wieder in ihre alten Gewohnheiten zu verfallen, und bald brachte sie Ausreden hervor, um Mahlzeiten ganz ausfallen zu lassen. Sie drängte mich weiter, ihr Boxstunden zu geben, sobald ich von der Arbeit nach Hause kam, aber es brauchte nicht viel, bis ihr plötzlich schwindelig wurde oder sie sogar in Ohnmacht fiel, weil sie keine Nahrung zu sich genommen hatte. Sie musste das Training aufgeben, und bald schien selbst das Aufstehen von einem Stuhl zu anstrengend für sie zu sein. Sie sah krank und schrecklich dünn aus, und ich wurde immer verzweifelter.

Jedes Mal, wenn Becky aussah, als würde sie gleich ohnmächtig, sprangen Anjie und ich in Panik auf. Meine Nerven schleiften am Boden.

Nathan, der eher höhnisch auf Beckys Besessenheit in Bezug auf das Abnehmen reagierte, lachte über unser Verhalten. »Sie macht das doch nur, um Aufmerksamkeit zu bekommen«, spottete er. »Hört auf damit, dann hat das bald ein Ende. Seht sie euch an, sie genießt das.«

Er machte die Dinge gelegentlich noch schlimmer, indem er Becky verhöhnte und sagte, sie sei fett. Und natürlich brachten seine Bemerkungen sie noch mehr auf. Es machte mich wirklich wütend, wenn er diese Sachen von sich gab, aber ich schrieb es einfach der Geschwisterrivalität und der Eifersucht zu, weil Anjie und ich uns Sorgen um Becky machten. Obwohl Nathan dreiundzwanzig war, während Becky erst zwölf war, konnte er immer noch unreif reagieren, wenn seine Mutter ihr Zuneigung zeigte.

Ich musste ihn ein paar Mal zur Seite nehmen, um in Ruhe mit ihm zu reden. »Becky ist ernsthaft krank«, erklärte ich ihm, »und dein Verhalten ist nicht hilfreich. Ein wenig Unterstützung wäre nett, Nathan.« Aber er zuckte nur die Achseln und verdrückte sich.

Beinahe jeden Tag hatten Becky und ich beim Abendessen Auseinandersetzungen, weil ich versuchte, sie zum Essen zu bewegen. Ich schob Essen in ihre Richtung, aber sie schüttelte den Kopf und versuchte, den Tisch zu verlassen und hinauf in ihr Zimmer zu gehen.

»Hör mal, Bex«, sagte ich. »Es ist Zeit, damit aufzuhören. Du hast genug abgenommen. Es ist mir egal, ob ich drei Tage lang hier sitzen muss, du wirst diese Mahlzeit essen.«

Doch Becky schüttelte nur wieder den Kopf. Nichts erreichte sie. Ich schäme mich zuzugeben, dass ich schließlich bei vielen Gelegenheiten aus schierer Frustration die Beherrschung verlor.

»Du machst mich fett!«, schrie sie.

»Ich mache dich nicht fett – ich halte dich am Leben!«, brüllte ich zurück, woraufhin Becky in Tränen ausbrach und in ihr Zimmer rannte.

Besonders Anjie setzte es sehr zu, und sie fing oft an zu weinen, wenn Becky außer Sichtweite war. »Ich denke, mir müssen akzeptieren, dass das nicht nur eine Phase ist«, schluchzte sie, und ich nickte zustimmend.

Am nächsten Tag weckte ich Becky und sagte ihr, wir würden zum Arzt gehen. »Ich fürchte, du hast keine Wahl«, sagte ich, bevor sie den Mund öffnete, um zu protestieren. Ich zog ihr die Bettdecke weg und befahl ihr, sich anzuziehen.

Als wir dort ankamen, versuchte der Arzt, vernünftig mit ihr zu reden. »Du bist untergewichtig für deine Größe und dein Alter«, sagte er zu ihr. »Wenn du nicht anfängst, mehr zu essen, werden wir dich in eine Spezialklinik einweisen müssen.«

»Ich werde essen«, versprach Becky, aber ich kannte meine Tochter gut genug, um mir darüber klar zu sein, dass sie es nicht ernst meinte. In den nächsten Wochen war es immer wieder die alte Leier. Ich saß ihr am Tisch gegenüber und versuchte sie dazu zu bringen, dass sie ordentlich zu Abend aß. Gelegentlich tat sie mir den Gefallen, indem sie ein paar Löffel Essen hinunterschluckte, aber nie genug, um mich glauben zu lassen, dass wir Fortschritte machten.

Weder Anjie noch ich konnten zu ihr durchdringen. Die Situation brachte mich an meine Belastungsgrenze.

»Kannst du nicht sehen, dass du dich damit umbringst?«, brüllte ich sie an, als sie auf das Essen auf ihrem Teller starrte. Doch es brachte überhaupt nichts. Es schien sie nicht mehr zu kümmern. Sie behauptete, beim Anblick von Essen würde ihr schlecht. Ich wurde immer verzweifelter, während ich zusah, wie sie dahinsiechte, ihre Wangen hohl wurden und ihre Glieder zu Haut und Knochen schrumpften. Sie war zu schwach, um in die Schule zu gehen. Sie hätte jederzeit zusammenbrechen können.

Wir riefen wieder den Arzt an, und er schickte Beckys Unterlagen an einen Spezialisten im Riverside Adolescent Unit – einer Einrichtung für junge Leute mit Essstörungen und psychischen Problemen. Da Becky früher in Pflege gewesen war, musste das Sozialamt einbezogen werden, was mir gar nicht gefiel.

Während Beckys erster Begutachtung wogen und maßen sie sie, und als ich die Zahlen auf der Waage sah, blieb mir vor Schreck der Mund offen stehen. Sie wog nur noch 33 Kilo. Wir erfuhren, dass der Durchschnitt für Mädchen ihrer Größe und ihres Alters bei 42 Kilo lag.

Anjie und ich starrten uns bestürzt an, aber als ich zu Becky hinüberblickte, stellte ich verärgert fest, dass sie beinahe glücklich darüber zu sein schien, wie wenig sie wog. In diesem Augenblick wurde mir klar, wie sehr diese Besessenheit ihren Verstand beeinflusste.

Bei dem Termin diagnostizierten die Ärzte bei Becky offiziell Anorexie. Mir sank der Mut. Sie war erst zwölf Jahre alt! Ihr Körper hatte noch nicht einmal seine Entwicklung abgeschlossen, und sie hungerte.

Es war schwer, den Spezialisten zuzuhören. Wir erzählten ihnen, dass ihre Periode – die sie erst seit einem Jahr hatte –

völlig aufgehört hatte. Sie erklärten, der Grund dafür sei, dass ihr Körper sich in einer Art Stilllegungsmodus befand. Ihr war immer eiskalt, weil sie nicht genug Fleisch auf den Knochen hatte, um sich warmzuhalten.

Anjie und ich schwiegen, als wir nach Hause fuhren, weil wir immer noch den Schock verdauen mussten, wie wenig Becky wog.

»Ich wusste, dass sie viel abgenommen hat, aber ich dachte nie, dass es so viel wäre«, flüsterte Anjie mir zu. »Wie konnten wir zulassen, dass sie so dünn geworden ist? Ich habe furchtbare Angst, Dar.«

Ich muss zugeben, die hatte ich auch.

Als Teil ihres Behandlungsplans musste Becky jede Woche zwei Stunden Therapie bei einem Kinderpsychologen absolvieren. Anjie und ich gingen mit ihr zu diesen Sitzungen, wo sie ermutigt wurde, über ihre Gefühle in Bezug auf ihren Körper und das Essen zu sprechen. Sie hatte zuerst Probleme, sich einem Fremden zu öffnen, und es war schwer, nicht einzugreifen und für sie zu sprechen, aber schließlich begann Becky zu reden. Sie erzählte dem Therapeuten von den Schikanen, die sie in der Schule erdulden musste, und dass sie sich wünschte, so dünn zu sein, dass sie dazugehörte.

Als Becky nach ihrer Familie gefragt wurde, kuschelte sie sich sofort an mich, und ich legte einen Arm um sie.

»Zu Hause fühle ich mich sicher«, sagte Becky. »Da fühle ich mich auch selbstbewusst. Aber nur, wenn Anjie und Dad da sind. Alleine oder mit meinem älteren Bruder Nathan fühle ich mich nicht sicher.«

Ich sah sie an und verstand nicht, was sie meinte. Nathan und Becky kamen meistens einigermaßen miteinander aus, obwohl eine große Rivalität zwischen ihnen bestand. Wir wussten, dass Nathan eifersüchtig auf Beckys Beziehung zu seiner Mutter war und sie oft beschuldigte, alle Aufmerksamkeit für sich zu beanspruchen, aber wir hatten gehofft, diese Einstellung würde sich geben, da er bereits über zwanzig war.

»Du musst keine Angst vor Nathan haben, Schatz«, sagte ich. »Er ist dein Bruder! Er wird dir niemals wehtun. Außerdem würde ich dich beschützen, wenn er es jemals versuchen würde.«

»Wie könntest du das, Dad?«, fragte Becky mit einem seltsamen kleinen Lächeln auf den Lippen. »Du wirst allmählich älter.«

»Du freches Ding«, gluckste ich.

Um ehrlich zu sein, dachte ich, Becky würde sich einfach albern benehmen, als sie so von Nathan sprach. Er konnte arrogant und manchmal ein bisschen unangenehm sein, aber ich wusste, dass er niemals Becky oder Danny wehtun würde. Wir waren eine Familie!

Nach ein paar Wochen, in denen sich bei Becky keine Verbesserung zeigte, kamen ein Sozialarbeiter und eine Spezialistin aus der Klinik sie zu Hause besuchen. »Becky, wir würden dir gerne morgen die Anlage zeigen und einen richtigen Rundgang durch die Einrichtung mit dir machen«, sagte die Spezialistin und lächelte sie an. »Da es mit dir nicht besser wird, werden wir dich stationär aufnehmen müssen. Du wirst bei uns bleiben, bis du dich erholt hast.«

Becky riss die Augen auf und sah Anjie und mich entsetzt an.

»Ich bleibe nicht in Riverside«, platzte sie heraus. »Ich will da nicht hin. Sie können mich nicht von zu Hause wegholen. Mein Dad wird das nicht zulassen.«

»Deine Eltern können nichts dagegen tun. Es tut mir leid, aber du hast keine Wahl. Wenn du nicht isst, wirst du eine Weile in der Klinik bleiben müssen«, erklärte die Spezialistin. »Du bekommst dort die angemessene Unterstützung. Wir können dir helfen.«

Becky sah mich an und wartete darauf, dass ich etwas sagte.

Ich seufzte. »Bex, ich kann sie nicht davon abhalten, dich mitzunehmen«, sagte ich sanft zu ihr. »Wir haben alles versucht, was wir konnten, damit es dir besser geht, aber es funktioniert einfach nicht, Schatz. Wenn du nicht isst, ist Riverside der beste Ort für dich.«

»Ich werde essen! Ich verspreche es!« Beckys Augen füllten sich mit Tränen. »Ich will nicht von dir und Anjie getrennt sein. Bitte, lass das nicht zu. Ich werde anfangen, richtig zu essen, das schwöre ich.«

Obwohl der Sozialarbeiter und die Spezialistin nicht völlig überzeugt zu sein schienen, brachte Beckys extreme Reaktion sie dazu, es sich noch einmal zu überlegen und sie noch kurze Zeit zu Hause zu lassen. »Wir werden zurückkommen, falls es in den nächsten Wochen keine Verbesserung gibt«, sagte uns die Spezialistin, bevor sie ging. »Es hängt jetzt allein von dir ab, Becky.«

Becky nickte heftig. Sie sah entsetzt aus bei dem Gedanken daran, von zu Hause weg zu müssen. Ich sah, dass sie zitterte.

An diesem Abend schrieb sie eine weitere ihrer Einkaufslisten, die ich am nächsten Tag mit in den Supermarkt nehmen sollte. Zu einigen Mikrowellengerichten fügte sie Pizzas und Pasta hinzu, Sachen, die sie seit Monaten nicht angerührt hatte. Als ich mit den Einkäufen nach Hause kam, schnappte sie sich sofort eine Fertig-Lasagne und packte sie in die Mikrowelle.

»Das ist die richtige Einstellung, Bex«, sagte ich und fühlte, wie sich ein schweres Gewicht langsam von meinen Schultern hob. Vielleicht ist das der Wendepunkt, vielleicht wird es jetzt besser, dachte ich. Ihre Essstörung hatte sowohl Anjie, als auch mich in den letzten Monaten stark belastet. Als Eltern hat man die Aufgabe, seine Kinder zu ernähren, und wenn man das nicht schafft, aus welchem Grund auch immer, hat man das Gefühl, zu versagen. Wir hatten angefangen, die Mahlzeiten zu fürchten, wegen des Stresses beim Anblick von Becky, die ihr Essen auf dem Teller herumschob, statt es zum Mund zu führen. Doch zu unserer Freude aß sie die Lasagne bis auf den letzten Krümel auf. Es war ein Kampf für sie. Da ihr Körper so lange ausgehungert worden war, muss ihr Magen geschrumpft sein, aber sie zwang sich, alles aufzuessen. Die Drohung, von ihrer Familie getrennt zu werden, hatte unser Mädchen auf Trab gebracht. Von da an aß sie wieder drei ordentliche Mahlzeiten am Tag und dazu noch Snacks.

Becky hatte die Aufgabe bekommen, ein paar Pfund die Woche zuzunehmen, und sie wurde regelmäßig gewogen, damit die Einrichtung ihren Fortschritt überwachen konnte. Innerhalb von acht Monaten – kurz vor ihrem dreizehnten Geburtstag – hatte sie wieder ein gesundes Gewicht. Sobald sie genug Energie hatte, um zu trainieren, fingen wir wieder mit dem Boxen an, damit sie fit wurde. Obwohl es ein langer, langsamer Prozess war, wurde ihre Einstellung zu ihrem Gewicht und ihre Beziehung zu Essen viel besser.

Ihr dreizehnter Geburtstag markierte das Ende zweier qualvoller Jahre. Zur Feier des Tages kauften wir ihr eine riesige Schokoladentorte, und hatte ich Tränen des Stolzes in den Augen, als sie sich ein großes Stück abschnitt. Ich kann kaum beschreiben, wie groß die Erleichterung war, die Anjie und ich fühlten, da wir wussten, dass es unserem Mädchen schließlich doch wieder gut gehen würde. Wir hofften, dass sie von jetzt an wie ein normaler Teenager würde leben können.

Beckys Selbstvertrauen war immer gering gewesen, und der Therapeut sagte uns, dass sie um die Zeit herum, als sie in der Schule schikaniert wurde, anscheinend eine soziale Phobie entwickelt hatte. Sie war zu schüchtern, um alleine in einen Bus zu steigen oder einkaufen zu gehen, aber nachdem sie ihre Anorexie im Griff hatte, wuchs ihr Selbstvertrauen langsam wieder. Als sie im dritten Jahr der Realschule war – der neunten Klasse –, fing sie an, jüngere Kinder aus der siebten Klasse zu betreuen. Normalerweise übernahmen die älteren Kids im letzten Schuljahr eine Mentorentätigkeit, aber Becky war so übel schikaniert worden, dass sie sich unbedingt um die jüngeren Schüler kümmern wollte.

Wenn sie im Korridor ein jüngeres Kind bemerkte, das traurig oder verloren aussah, eilte sie hinüber, um zu sehen, ob es Hilfe brauchte. Sie verbrachte sogar Zeit mit einigen von ihnen in den Pausen und zur Mittagszeit, damit sie nicht allein sein mussten. Die Schule verlieh ihr einen Preis für ihre Mentorentätigkeit und dafür, dass sie die gutherzigste Schülerin war. Sie wusste aus Erfahrung, wie schwer es war, sich einzufügen, daher wollte sie alles tun, um anderen in derselben Lage zu helfen. Ich war sehr stolz, als ich hörte, was sie tat, und ich war erfreut darüber, dass sie ihre eigenen Probleme in einer so positiven Art nutzte.

Leider hatte Becky wegen der Schikanen und der Anorexie so viel Unterricht verpasst, dass sie weit hinter ihrem Jahrgang zurücklag. Nach einem Gespräch mit ihren Lehrern beschlossen wir, dass wir keine Wahl hatten, als sie aus dem allgemeinen Unterricht zu nehmen und sie in einer Einrichtung für Schüler unterzubringen, die aufgrund ernsthafter Gesundheitsprobleme Unterricht verpasst hatten. Sie fing im Bildungsdienst des Bristol Hospital an, als sie vierzehn war. Ich saß wie auf glühenden Kohlen, während ich darauf wartete, zu hören, wie ihr erster Tag gelaufen war, da ich wusste, wie problematisch eine neue Umgebung und neue Leute für sie waren. Das Letzte, was wir an einem so entscheidenden Zeitpunkt ihrer Ausbildung wollten, war, dass sie in einer weiteren Schule Probleme hatte, dazuzugehören.

Als ich an diesem Abend von der Arbeit zurückkam, sah Becky fern.

»Wie war dein erster Tag denn so, Bex?«, fragte ich vorsichtig.

»Tatsächlich war er ziemlich gut«, sagte sie lächelnd, und ich seufzte vor Erleichterung.

Es wurde bald von »ziemlich gut« zu »großartig«. Becky gewöhnte sich gut in ihrer neuen Schule ein und hatte sogar zwei neue Freunde – Adam und Courtney. Die drei schienen sich auf Anhieb zu verstehen, und bald hingen sie ständig in unserem Haus herum. Sie waren richtig gute Freunde. Die drei achteten aufeinander, und ich hätte mir ehrlich keine netteren zwei Menschen wünschen können, mit denen sie Zeit verbrachte.

Sobald es ihr besser ging, musste ich Becky nicht mehr mit Samthandschuhen anfassen, und manchmal hatten wir auch heftigen Streit. Sie war ein typischer Teenager, und ab und zu reizte sie mich bis zu dem Punkt, an dem ich meine Beherrschung verlor und sie wegen etwas Grundlegendem wie dem Aufräumen ihres Zimmers anbrüllte. Sie brüllte zurück, und wenn wir erst einmal aneinandergeraten waren, war keiner gewillt, nachzugeben. Während Anjie mit Becky immer auf gelassene Art fertig wurde, entwickelte ich mich zurück auf die Stufe eines Teenagers, und wir brüllten einander Ewigkeiten an. Für alle anderen war das lustig, weil wir uns so ähnlich waren, aber keiner von uns wollte das zugeben. Anjie lachte sich kaputt, wenn sie uns beiden dabei zusah.

»Ihr seid wie Spiegelbilder«, sagte sie glucksend eines Abends mitten im Chaos.

»Ich bin nicht wie sie!«, brüllte ich, und zur selben Zeit bestand Becky darauf: »Ich bin nicht wie er!«

Das brachte uns sofort zum Lachen, und das war die Art wie unsere Auseinandersetzungen normalerweise endeten. Sie flammten plötzlich auf und endeten genauso schnell unter prustendem Lachen.

Becky fing frühzeitig mit Jungs an, und ich machte kein Geheimnis daraus, dass ich es hasste, wenn sie Verabredungen hatte. In meinen Augen war sie viel zu jung, und ich war ein typischer überfürsorglicher Vater. Immer, wenn sie einen Freund mit nach Hause brachte und uns vorstellte, schnauzte ich ihn praktisch an, sodass die Jungs schließlich Angst vor mir hatten. Als sie fünfzehn war, fing sie an, mit einem wunderbaren Jungen namens Luke auszugehen – der einzige ihrer Freunde, den ich tatsächlich mochte. Er war blond, blauäugig und ein perfekter Gentleman, sowohl fürsorglich gegenüber Becky, als auch höflich mir gegenüber.

Als sie sechzehn wurde, gestand Becky Anjie, dass sie daran dachte, zum ersten Mal Sex zu haben. Die beiden verschwanden für Ewigkeiten in Beckys Zimmer, um darüber zu reden. Als ausgesprochen misstrauischer Vater lehnte ich mich an die Tür und versuchte mein Bestes, um zu lauschen.

»Das Wichtigste ist, dass du so weit bist«, hörte ich Anjie sagen. »Wenn jemand versucht, dich dazu zu drängen, wenn du nicht bereit bist, dann ist er nicht gut genug für dich. Wenn jemand dich wirklich mag, wird er warten.«

»Ja, okay«, antwortete Becky, und ich wusste, dass sie verlegen war. »Du musst mir diese Sachen nicht wirklich sagen, Anjie.«

»Doch, das muss ich!«, antwortete Anjie. »Das gehört alles zum Job dazu. Weißt du denn, wie alles vor sich geht?«

»Natürlich«, sagte Becky beleidigt.

Doch Anjie wusste genau wie ich, dass Becky emotional noch unreif war. Ihr fehlender Unterricht bedeutete, dass man ihr manchmal die Dinge ausführlich erklären musste, also startete Anjie eine umfassende Einführung in das Thema Sex.

Als sie fertig war, herrschte Schweigen. »Ich wusste nicht, dass er es *in* mich tun soll«, sagte Becky schließlich und klang entsetzt. »Ich dachte, er würde es einfach nur *auf* mich legen.«

Ich schlug die Hände vor den Mund, damit ich nicht laut loslachte. Ich bewegte mich so schnell ich konnte auf die andere Seite des Hauses. Natürlich hatte Becky, denke ich, an diesem Tag einen leichten Schock bekommen und entschieden, dass Sex doch noch nicht das Richtige für sie war.

Als ihr Sekundarabschluss herannahte, begann sie, ihre Möglichkeiten für die Zukunft zu bedenken. Ihre stärksten Fächer waren Englisch und Kunst, aber eine Weile war sie wegen ihrer Tierliebe fest entschlossen, Tierärztin zu werden. Als die Zeit verging, entschied sie jedoch, dass Innenarchitektur ihr eher lag. Beckys Talent fürs Zeichnen hatte sie von mir. Sie verbrachte Stunden damit, ihr ideales Haus zu entwerfen, einschließlich der Ausstattung und der Möbel. Sie schaute sich auch gewissenhaft Fernsehsendungen wie *Wohnen nach Wunsch* an.

Ich unterstützte ihre Bestrebungen voll, da ich dachte, sie wäre gut in Design, und ich sagte ihr, dass ich gern jede wache Stunde arbeiten würde, damit sie zur Universität oder aufs College gehen konnte, um ihren Traum zu verwirklichen. Von klein auf hatten Anjie und ich den Kindern gesagt, dass sie mit harter Arbeit und Entschlossenheit alles sein könnten, was sie wollten.

6

Shauna

Freitag, 13. November 2015
Nathan Matthews und Shauna Hoare wegen des Mordes an Schülerin Becky Watts inhaftiert

Der kaltblütige Mörder Nathan Matthews wurde heute zu mindestens 33 Jahren Gefängnis für den brutalen Mord an seiner Stiefschwester Becky Watts verurteilt. Seine Freundin und Komplizin Shauna Hoare bekam 17 Jahre wegen Verschwörung zur Entführung und Totschlags. Der das Urteil verkündende Richter Dingemans sagte dem 28-jährigen Matthews, er könne frühestens im Alter von 61 Jahren einen Antrag auf vorzeitige Entlassung stellen, und kämpfte während der Urteilsverkündung mit den Tränen, als er der Würde von Beckys Familie angesichts des erlebten Horrors Respekt zollte. Es war das außergewöhnliche Ende eines dramatischen und emotionalen fünfwöchigen Prozesses, in dessen Verlauf bekannt wurde, wie Matthews Becky im Zuge eines – wie es die Anklage beschrieb – sexuell motivierten Entführungsplans während eines gewalttätigen Kampfes in ihrem Zimmer erstickte. Er zerstückelte ihre Leiche, verpackte die acht Teile in Taschen und Koffer, die er später in einem Gartenschuppen zu verstecken versuchte. Bevor dem perversen Paar das Urteil verkündet wurde, hörte das Gericht eindringliche Statements von Beckys Familie. Um es mit den Worten von Beckys Vater Darren Galsworthy zu sagen: »Den herzlosen, kalten und berechnenden Tätern dieses verabscheuungswürdigen Aktes der Niedertracht kann niemals vergeben werden. Diese Familienmitglieder saßen in unserem

Haus, wussten, was sie getan hatten und beobachteten mein öffentliches Abgleiten in den Wahnsinn und die Verzweiflung. Sie sagten nichts und taten weiter so, als würden sie uns helfen, ohne irgendwelche Gefühle zu zeigen.«

Im Juni 2011 wachte Anjie eines Morgens auf und sagte etwas, was den Beginn einer schwierigen neuen Phase in unserem Leben ankündigte: »Darren, ich kann nichts sehen.«

Ich öffnete benommen meine Augen und sah, wie sie kerzengerade auf ihrer Seite des Bettes saß, blinzelte und wild mit ihren Armen herumfuchtelte.

»Ich kann überhaupt nichts sehen – ich bin blind!«, schrie sie und klang sehr erschrocken. Ich sprang aus dem Bett, kniete mich neben sie und wedelte mit meiner Hand vor ihrem Gesicht herum. Ihre Augen sahen leer aus, während sie starr geradeaus blickte.

»Sind meine Augen offen?«, kreischte Anjie. Ich musste schlucken, während mich Panik ergriff.

»Ja, Liebes, das sind sie. Versuch, dir keine Sorgen zu machen. Wir bringen dich zu einem Arzt.«

Ich versuchte, meine Stimme um Anjies willen ruhig klingen zu lassen, aber ich war total verwirrt. Wie kann es sein, dass jemand mit voller Sehkraft zu Bett geht und am Morgen blind aufwacht?

Ich half ihr beim Anziehen, und wir fuhren zum Krankenhaus. Auf dem ganzen Weg arbeitete mein Gehirn auf Hochtouren und versuchte herauszufinden was passiert sein könnte, aber nach außen hin blieb ich ruhig und praktisch und sagte ihr, es müsse eine einfache Erklärung geben.

Die Ärzte in der Notaufnahme waren genauso ratlos wie wir. Sie sagten uns, Anjies Augen sähen gesund aus, und sie machten jede Menge Bluttests, um herauszufinden, was los war.

Während wir im Behandlungsraum warteten, umklammerte ich ganz fest Anjies Hand. Was, wenn sie auf Dauer blind war? Was würde das für unsere Familie bedeuten? Ich war der Alleinverdiener in unserem Haushalt, und falls ich meinen Job aufgeben müsste, um Anjie zu pflegen, würde ich nicht wissen, wie ich die Hypothek abbezahlen sollte.

Nach einer Weile kam ein Arzt zurück und sprach mit uns. »Ich fürchte, wir kennen die Ursache immer noch nicht«, sagte er. »Alle Bluttest waren normal. Wir müssen das noch näher untersuchen, doch in der Zwischenzeit ist es wichtig, dass Sie nach Hause fahren und versuchen, sich ein wenig auszuruhen.«

Das verblüffte uns. Wenn die Ärzte nicht wussten, was sie tun sollten, bedeutete das, es gab keine Behandlung. Und das bedeutete, es würde vielleicht nicht besser werden. Ich hatte noch nie von etwas Ähnlichem gehört, und wir wussten einfach nicht, was wir tun sollten, außer uns durch die Tage zu kämpfen. Ich half Anjie so viel wie möglich und wartete darauf, dass die Ärzte eine Antwort fanden.

Glücklicherweise konnte Anjie ein paar Tage später, als sie aufwachte, schattenhafte Konturen erkennen, und allmählich kehrte ihre normale Sehkraft zurück. Jeden Tag konnte sie ein wenig deutlicher sehen als am Tag zuvor, und innerhalb von sechs Wochen war ihre Sehkraft so gut wie früher. Ich fragte mich, ob der Verlust der Sehkraft eine Reaktion auf den Stress sein könnte, unter dem wir standen, während wir uns mit Beckys Magersucht auseinandersetzen mussten. Man sagt ja, dass psychologische Traumata körperliche Symptome verursachen. Doch ich lag falsch. Es stellte sich heraus, dass es nur der Anfang von etwas sehr viel Schlimmerem war.

Sobald Anjies Sehkraft vollständig zurückgekehrt war, fingen andere Teile ihres Körpers an, Ärger zu machen. Sie war körperlich erschöpft und musste doppelt so viel schlafen wie vorher. Dann, etwa sechs Monate später, wurden ihre Beine schwach. Wenn sie versuchte, von einem Stuhl aufzustehen, gaben sie manchmal unter ihr nach und sie fiel auf den Stuhl zurück. Sie wurde wackelig, wenn sie im Haus herumlief, und fing an, nervös zu werden, wenn sie alleine nach draußen gehen musste, weil sie befürchtete, irgendwo zusammenzubrechen. Wir fuhren jede Woche zu den Ärzten, auf der Suche nach Antworten, aber sie konnten uns immer noch nicht sagen, was los war. Ich war in Panik. Warum konnte uns nicht wenigstens jemand eine Diagnose nennen?

Nach neun Monaten wurden wir hereingerufen, um mit einem Spezialisten zu sprechen, der uns sagte, Anjie habe Multiple Sklerose – eine Krankheit, die die Nerven im Gehirn und der Wirbelsäule beeinträchtigt und so Probleme mit den Muskelbewegungen, dem Gleichgewicht und der Sehkraft verursacht.

»Wie wird das behandelt?«, fragte ich sofort.

»Leider gibt es keine Heilung dafür«, sagte er uns. »Aber Menschen, die unter MS leiden, reagieren auf verschiedene Weise. Die Symptome können besser oder schlechter werden, es hängt davon ab, wie Ihr Körper mit der Krankheit umgeht.«

Wir waren am Boden zerstört. Anjie war immer die Fitte und Gesunde in der Familie gewesen. Sie war diejenige, die uns alle auf lange Radtouren schleppte, und sie ging früher jeden Tag viele Kilometer zu Fuß. Es erschien furchtbar unfair, dass ausgerechnet sie von dieser schrecklichen Krankheit niedergestreckt werden sollte und einer ungewissen Zukunft entgegensah.

Wir versuchten, so positiv wie möglich zu denken, aber die Symptome verschlimmerten sich weiter. Sie schleppte sich im Haus herum, indem sie sich an Türen und Möbeln festhielt, aber jeder Gegenstand, der auf dem Boden lag, brachte sie zum Stolpern. Nathan machte sich große Sorgen um seine Mutter und brüllte Becky an, wenn sie etwas von ihrem Kram auf dem Boden oder der Treppe liegen ließ. Das war heuchlerisch von ihm, da er seine eigenen Sachen oft überall auf dem Wohnzimmerboden herumliegen ließ.

Es war für alle unsere Kinder beunruhigend. Anjie war ihr Schild gewesen, die Person, die sie beschützte, aber jetzt war die Situation umgekehrt, und sie musste beschützt werden.

Anjie gab ihr Bestes, um normal weiterzuleben, aber es war deutlich zu erkennen, dass sie mit den Einschränkungen sehr zu kämpfen hatte. Sie war schnell frustriert und brach oft in Tränen aus, wenn sie etwas nicht bewältigen konnte, was sie früher mit Leichtigkeit geschafft hätte, beispielsweise einen Teller von einem Regal zu holen oder eine Mahlzeit zu kochen. Wenn wir ausgingen, konnte sie nicht weit laufen, also schafften wir uns einen Rollstuhl an und wechselten uns damit ab, sie durch den Park oder die Geschäfte zu schieben.

Jedes Mal, wenn Anjie sich aufregte, musste ich mich bemühen, nicht selbst in Tränen auszubrechen. Die Frau, die ich liebte – eine Frau, die immer eine Kraft gewesen war, mit der man rechnen musste –, verfiel langsam, und es gab nichts, was ich tun konnte, um diesen Verfall aufzuhalten. Alles, was ich tun konnte, war, mich um sie zu kümmern. Ich ging immer noch fast jeden Tag zur Arbeit, aber ich hastete nach Hause, sobald ich konnte, um das Abendessen vorzubereiten und zu sehen, was Anjie brauchte.

Becky war großartig darin, ihr eine Tasse Tee zu holen oder ihr in oder aus ihrem Rollstuhl zu helfen, aber Danny war Anfang 2011 ausgezogen, gleich nach seinem sechzehnten Geburtstag, um wieder bei seiner Mutter Tanya zu leben. In dieser Zeit kämpften wir mit Beckys Essstörung, und ich denke, das war hart für ihn. Ich lag ihm ständig in den Ohren, weil er sich nicht entschließen konnte, aufs College zu gehen oder sich einen Job zu suchen; auch damit hatte es sicher zu tun. Er hatte immer eine Beschützerhaltung gegenüber Tanya angenommen und eine Beziehung zu ihr aufrechterhalten. Mich verletzte seine Entscheidung natürlich. Jetzt bedeutete sie außerdem, dass der Druck allein auf Becky und mir lag, uns um Anjie zu kümmern. Und angesichts der Tatsache, dass Becky sich gerade erst von ihrer eigenen Krankheit erholt hatte, blieb es hauptsächlich an mir hängen – mit Hilfe von Nathan, wenn er mal vorbeischaute.

»Du musst dir keine Sorgen machen, Liebes«, sagte ich zu Anjie, als ich ihr eines Abends ins Bett half. »Ich werde immer an deiner Seite sein.« Und ich meinte es ernst. Anjie war viele Jahre lang mein Fels in der Brandung gewesen, und jetzt war es an der Zeit, dass ich zu ihr stand.

Im Jahr 2008, als Nathan einundzwanzig war, hatte er angekündigt, eine neue Freundin mit nach Hause zu bringen, die wir kennenlernen sollten. Er sagte uns nichts darüber, wie sie sich getroffen hatten oder wie sie war, sondern er sagte einfach nur, ihr Name sei Shauna.

Ich war draußen in der Auffahrt und arbeitete an meinem Wagen, als er vor dem Haus vorfuhr. Als ich mir die Hände abwischte und aufblickte, war mein erster Gedanke, dass Nathan versuchte, mich wütend zu machen. Auf dem Beifahrersitz saß ein junges Mädchen, das keinen Tag älter als vierzehn aussah. Mir fiel blitzartig die Zeit ein, als ich ihm sagen musste, er solle diese zwölfjährigen Mädchen nach Hause zu ihren Eltern bringen. Und als ich Nathan dabei zusah, wie er aus dem Wagen stieg, wartete ich darauf, dass er in Lachen auf meine Kosten ausbrechen würde. Das Mädchen war so jung, dass es ein Witz sein musste, aber Nathan sah mich nur direkt an, während sie aus dem Wagen stieg. Sie trug einen kurzen schwarzen Rock und ein offenherziges Top. Der Stil war sehr provokativ für jemanden, der so jung war, und ich fühlte mich sofort von ihrer Erscheinung beunruhigt.

Ich gebe Menschen eine Chance. Ich mag beinahe jeden, es sei denn, er gibt mir einen Grund, es nicht zu tun, und ich denke nicht, dass ich in der Position bin, andere aufgrund ihrer Erscheinung zu beurteilen. Aber da war etwas am Aussehen dieses Mädchen, das mich misstrauisch machte.

»Wer ist das?«, fragte ich Nathan, als er auf mich zuging.

»Oh, das ist Shauna – meine neue Freundin«, antwortete er lässig.

»Versuchst du, ins Gefängnis zu kommen?«, fragte ich ihn wütend.

Nathan sah verblüfft aus über meine Reaktion. »Entspann dich, Dar. Sie ist neunzehn …«, begann er, aber ich hob eine Hand, um ihn zu stoppen.

»Ich sehe genau, dass sie nicht neunzehn ist, Junge. Ich bin nicht dumm. Lass sie wieder einsteigen und hau ab.«

»Was? Du kannst mich ja wohl nicht davon abhalten, in das Haus meiner Mutter zu gehen«, antwortete er und wurde rot vor Verlegenheit.

»Deine Mum bezahlt nicht die Hypothek, ich schon. Also denke ich, du wirst feststellen, dass ich das kann«, antwortete ich und behauptete mich. »Ernsthaft, Nathan, komm in die Gänge!«

Er starrte mich einen Augenblick an und musste dann entschieden haben, dass es nicht wert war, sich deswegen zu streiten, denn er drehte sich um und ging zurück zum Wagen.

Ich war verärgert darüber, dass Nathan mir so ins Gesicht gelogen hatte. Ich konnte aufgrund ihrer kindlichen Gesichtszüge und der schmalen Figur erkennen, dass das Mädchen von neunzehn noch weit entfernt war. Ich sah zu, wie Nathan ihr sagte, sie würden wieder wegfahren. Ich konnte nicht hören, was sie sagten, aber sie war offensichtlich aufgebracht darüber und sah einem verdrießlichen Teenager sehr ähnlich.

Ich war fest entschlossen, Nathan niemals zu erlauben, minderjährige Mädchen mit in mein Haus zu bringen. Anjie und ich hatten hart darum gekämpft, Becky und Danny aus der Pflegefamilie zu bekommen, und ich hatte nicht vor, das aufs Spiel zu setzen, weil Nathan unter meinem Dache eine unangemessene Beziehung führte. Meine Kinder hatten endlich ein normales, geregeltes Familienleben, und ich wollte dem Sozialamt keinen Grund geben, die Art in Frage zu stellen, wie ich sie großzog.

Ich funkelte Nathan an, bis er und Shauna wieder ins Auto gestiegen und weggefahren waren, dann ging ich hinein, um mir die Hände zu waschen.

»Hast du das Mädchen gesehen, dass dieser idiotische Junge gerade versucht hat, hier hereinzubringen?«, beklagte ich mich bei Anjie. »Er hat versucht, mir weiszumachen, sie sei neunzehn, aber dieses Mädchen ist auf keinen Fall neunzehn. Was zum Teufel stimmt nicht mit ihm, dass er immer mit kleinen Mädchen herumhängt? Ich habe ihm gesagt, er solle Leine ziehen.«

»Ist ja schon gut, Dar. Beruhige dich«, fing Anjie an, aber ich unterbrach sie.

»Sie ist falsch«, sagte ich. »Ich weiß, dass sie Ärger bedeutet.«

»Vielleicht bist du nur ein überfürsorglicher Vater«, antwortete sie. »Du kennst du sie doch noch nicht einmal.«

Anjie versuchte immer, das Gute in allen zu sehen. Manchmal bis hin zur Naivität.

»Sie hat etwas an sich, was ich nicht mag, Anj«, antwortete ich. »Vor allem ist sie viel zu jung für ihn. Sie ist noch ein Kind.«

Anjie war besorgt, weil sie Nathan nicht aufregen wollte, falls es ihm mit diesem Mädchen ernst war, aber sie stellte meine Einschätzung nicht in Frage.

Wir sahen Nathan ein paar Tage nicht, aber als er dann schließlich herüberkam, um seine Mutter zu sehen, war er mir gegenüber launisch und verdrießlich.

»Hat deine miese Laune etwas mit deiner neuen Freundin zu tun?«, fragte ich ihn.

Er funkelte mich wütend an. »Warum kann ich sie nicht mitbringen?«, fragte er.

»Wenn du mir Shaunas Geburtsurkunde zeigen kannst, die beweist, dass sie mündig ist, werde ich ihr eine Chance geben«, antwortete ich. »Aber ich werde es nicht riskieren, ein minderjähriges Mädchen in mein Haus zu lassen, obwohl wir wissen, dass das Sozialamt ein Auge auf Becky und Danny hat.«

Er zuckte die Achseln und drehte mir den Rücken zu. Er traf sich das ganze nächste Jahr mit ihr, aber es gab keinen weiteren Versuch, sie in unser Haus zu bringen, bis Nathan eines Tages im Jahr 2010 vor der Tür stand und mit einer Geburtsurkunde wedelte. Ich blickte darauf und sah, dass Shauna gerade sechzehn geworden war. Ich hatte recht gehabt, als ich sie bei ihrem ersten Besuch für minderjährig gehalten hatte. Nathan war sage und schreibe sieben Jahre älter, was mir ein zu großer Altersunterschied in dieser Phase ihres Lebens zu sein schien, aber ich konnte mich jetzt, da Shauna sechzehn war, nicht mehr weigern, sie ins Haus zu lassen.

Ein paar Tage später kam ich von der Arbeit nach Hause und fand Anjie, Nathan und Shauna im Wohnzimmer vor, wo sie eine Tasse Tee tranken und sich unterhielten. Ich war nicht gerade in großartiger Stimmung, muss ich zugeben. Bei der Arbeit wurden Kündigungen verteilt, und ich wartete darauf, was mit mir passieren würde.

Shauna lächelte mich an, als ich in das Zimmer kam, und sprang auf, um sich vorzustellen. »Hallo, ich bin Shauna. Ich freue mich wirklich, Sie kennenzulernen.«

Ich war überrascht, wie höflich sie war, verglichen mit dem pampigen Teenager, den ich an dem Tag gesehen hatte, als Nathan sie zum ersten Mal herbrachte.

Ich nickte zur Antwort und fühlte mich sofort unbehaglich. Ich bin kein Mann, der Geplauder genießt. Das war Anjies Spezialgebiet.

Nach ein paar Minuten beschloss ich, sie sich selbst zu überlassen und beschäftigte mich damit, den Kaninchenstall auszumisten und allgemein ein wenig aufzuräumen. Ich ging nach oben, um mit Danny und Becky zu reden, aber nach einer Weile entschied ich, dass ich wieder nach unten gehen und gesellig sein musste.

Als ich zurückkam, bestellte Nathan am Telefon etwas vom Lieferservice und Anjie und Shauna guckten fern. Sie schienen gut miteinander auszukommen.

»Kommst du und hilfst mir in der Küche, Darren?«, fragte Anjie, als sie mich in der Tür stehen sah.

»Sie ist ein nettes Mädchen«, flüsterte Anjie, sobald wir außer Hörweite waren.

Ich knurrte etwas zur Erwiderung. Mir gefiel die Vorstellung von den beiden als Paar immer noch nicht. Sie flüsterten und kicherten miteinander, wenn wir im Zimmer waren, was für mich einfach unmöglich war. Insgesamt war etwas Unheimliches an Nathan, wenn sie in seiner Nähe war.

»Komm schon, du hast gesagt, du würdest ihr eine Chance geben«, erinnerte mich Anjie.

Sie hatte recht – ich hatte es versprochen, und um fair zu sein, Shauna war bisher sehr höflich gewesen. Doch ich war immer noch unsicher, als ich zurück ins Wohnzimmer kam und sie und Nathan auf dem Sofa zusammengekuschelt sah. Ich hatte so ein Bauchgefühl, dass sie nicht gut füreinander waren.

Den Rest des Abends verbrachte ich damit, reserviert zu sein und Abstand zu halten, aber mit der Zeit gewöhnte ich mich daran, Shauna im Haus zu sehen, und schließlich begann ich, mit ihr warm zu werden. Sie gab mir keinen Grund, es nicht zu tun. Sie hatte gute Manieren, und Nathan himmelte sie eindeutig an. Ich konnte sie wegen eines albernen Bauchgefühls nicht völlig ablehnen.

Einmal fragte ich sie nach ihrer Beziehung mit Nathan. »Du bist sehr jung, Shauna«, sagte ich. »Warum siehst du überhaupt Kerle in Nathans Alter an?«

Sie schien schockiert von meiner Direktheit, aber sie zuckte die Achseln. »Ich mag ihn«, sagte sie.

Wir erfuhren, dass sie bereits als kleines Kind in Pflege genommen und dann von Pflegefamilie zu Pflegefamilie geschoben worden war. Sie hatte niemanden gehabt, der für sie gekämpft hatte, wie Becky und Danny, als ich darum gekämpft hatte, sie aus der Pflege zu holen. Das weckte mein Mitgefühl. Im Alter von dreizehn Jahren war sie zu ihrer Mutter gezogen, bei der sie immer noch lebte.

Anjie hieß Shauna sofort in der Familie willkommen, wie sie es immer mit allen Freunden der Kinder tat. Danny störte ihre Anwesenheit nicht, da er gewöhnlich mit seinen

Kumpels unterwegs war, und Becky, die zu der Zeit zwölf war und sich gerade von ihrem Kampf mit der Magersucht erholte, sah Shauna als eine potenzielle Freundin.

Ich wusste, dass Becky zu Shauna aufblickte und hoffte, sie für sich zu gewinnen. Das Problem war, dass Shauna anscheinend nicht mit jemandem befreundet sein wollte, der so viel jünger war. Sie konnte ziemlich abweisend sein. Doch je kühler und gleichgültiger sie sich Becky gegenüber verhielt, desto eifriger war Becky darum bemüht, sich mit ihr anzufreunden. Sie tendierte dazu, Leute, mit denen sie befreundet sein wollte, zu verfolgen, selbst wenn sie furchtbar zu ihr waren. Wir vermuteten, dass es etwas mit der Zeit in der Pflegefamilie zu tun hatte.

Nachdem Becky ihre Essstörung besiegt hatte, entdeckte sie die Mode. Ich gab ihr einen monatlichen Betrag für Kleider, aber sie zog es vor, ihre Kleider online zu kaufen, weil sie nicht das Selbstvertrauen hatte, in Läden zu gehen. Boohoo.com war ihre Lieblingsseite. Der einzige Nachteil beim Onlinekauf von Kleidern war, dass sie sie nicht vorher anprobieren konnte, daher bestellte sie oft ein Top oder Schuhe, nur um festzustellen, dass sie nicht passten oder ihr nicht gefielen. Frustrierender Weise schickte sie sie nicht zurück, um sich den Betrag erstatten zu lassen. Stattdessen bot sie sie Shauna an.

»Möchtest du die?«, hörte ich sie einmal fragen, während sie ihr ein Paar Jeans hinhielt. »Sie sehen bei mir nicht wirklich gut aus. Du kannst sie haben, wenn du willst.«

Shauna schnappte sich die Jeans von Becky und inspizierte sie, bevor sie sie auf das Sofa neben ihrer Handtasche warf. »Ich nehme sie dir ab, wenn du willst«, sagte sie kühl.

Ich war baff darüber, dass jemand, der so höflich zu Anjie und mir war, so undankbar sein konnte, wenn er ein Geschenk bekam. Bei dieser Gelegenheit biss ich mir auf die Zunge und hoffte, dass Becky ihre Lektion gelernt hatte.

Doch das hatte sie nicht. Ein paar Wochen später war ich gerade erst von der Arbeit nach Hause gekommen und hatte meine Tasche auf den Boden neben der Tür geworfen, als ich hörte, wie Becky mit Shauna in der Küche redete.

»Ich habe einen Ledermantel, den kannst du haben, wenn du willst, Shauna«, sagte Becky.

Ich sog scharf den Atem ein und lauschte. Ich würde es nicht tolerieren, wenn Shauna wieder unhöflich zu Becky war.

»Okay, ich nehme ihn – aber nur, um dir einen Gefallen zu tun«, antwortete Shauna.

Ich schob mich durch die Küchentür und sah, dass Shauna den Mantel in den Händen hielt.

»Das habe ich gehört«, sagte ich. »Bex, bring den Mantel wieder nach oben. Er gehört Shauna nicht. Ich habe ihn bezahlt, und du gibst ihn nicht weg.«

Becky sah peinlich berührt aus, als sie den Mantel zurückbrachte, und Shauna funkelte mich nur wütend an.

»Wenn du mich so ansiehst, Shauna, kannst du gehen«, blaffte ich. »Du hast fünf Sekunden. Mach schon – raus mit dir.«

Nathan und Shauna stürmten aus dem Haus, und Anjie kam in die Küche, um zu sehen, was los war. Ich wandte mich an Becky.

»Bex, du musst damit aufhören, Sachen wegzugeben«, sagte ich. »Shauna ist so unhöflich, sie bedankt sich nicht einmal bei dir. Sie bekommt all diese Sachen von dir, und sie benimmt sich wie eine Zicke.«

Becky zuckte die Achseln. »Ich will nur, dass wir miteinander auskommen«, antwortete sie. »Ich möchte, dass sie meine Freundin ist.«

Es brach mir das Herz, Becky so reden zu hören. Ihr verzweifeltes Bedürfnis nach Freunden machte mich wirklich traurig. Ich blickte zu Anjie, die eindeutig dasselbe dachte wie ich und liebevoll ihren Arm um Beckys Schulter legte.

»Komm schon, Bex«, sagte sie. »Lass uns zusammen einen Film ansehen.«

Wir sahen Nathan und Shauna ungefähr eine Woche nicht, und nachdem ich gesehen hatte, wie kurzangebunden Shauna gegenüber Becky sein konnte, war ich ihr gegenüber sehr viel kühler. In dieser Zeit war ich hauptsächlich damit beschäftigt, mich um Anjie zu kümmern, da ihr Beine schwächer wurden und sie Mühe hatte, im Haus klarzukommen, aber mir fiel doch eine Veränderung in der Beziehung zwischen Nathan und Shauna auf. Er fing an, ihr gegenüber bissig zu werden, und ich wusste, dass er jedes Mal eifersüchtig war, wenn sie Zeit mit ihren Freunden verbrachte – besonders, wenn es Männer waren. Es erinnerte mich daran, wie er mit seiner ersten Freundin gewesen war, damals, als er achtzehn war. Ich denke, Shauna verunsicherte ihn. Sie spielte mit seiner eifersüchtigen Seite, reizte ihn, indem sie ihm sagte, sie ging ohne ihn aus, und flirtete vor seinen Augen mit anderen Männern. Ich hielt das für ein weiteres Zeichen ihrer Unreife.

Das Ergebnis war, dass Nathan anfing, besitzergreifend und kontrollsüchtig zu werden. Er wollte kontrollieren, wie viel sie rauchte, befahl ihr, ihm jedes Mal Geld zu geben, wenn sie eine Zigarette rauchte, angeblich, weil er ihr beim Aufhören helfen wollte. Er kontrollierte auch ihr Geld – nicht, dass die beiden welches gehabt hätten. Er wurde unwirsch, wenn sie da war, und wir sahen ihn nie mehr alleine. Wo auch immer er hinging, war Shauna ebenfalls, wie ein Schatten.

Als Nathan siebzehn war, musste er seine Ausbildung zum Elektriker abbrechen, weil die Firma schloss, aber er beschäftigte sich mit diversen Lieferservicejobs. Er suchte nicht nach einem Vollzeitjob, weil er einen kaputten Rücken hatte. Er ging zu Ärzten, und es wurde schließlich festgestellt, dass er Fibromyalgie hatte. Das ist eine Krankheit, bei der abnorme Mengen von bestimmten Chemikalien im Gehirn dafür sorgen, dass das Nervensystem Schmerzsignale im ganzen Körper auslöst. Nathan behauptete, er habe bereits in seiner Schulzeit Schmerzen gehabt, aber jetzt sei es so schlimm geworden, dass er nicht mehr in der Lage sei, zu arbeiten.

Ich war enttäuscht und ehrlich gesagt auch ein wenig skeptisch, denn es schien mir, als wäre es ihm gut gegangen, bis Shauna kam. Vorher war Nathan auf dem richtigen Weg gewesen mit seiner Einstellung zur Arbeit und dem Wunsch, sein eigenes Geld zu verdienen, aber bald tat er so gut wie gar nichts mehr. Nachdem er nicht mehr Vollzeit arbeitete, musste ich ihm immer wieder Geld leihen, um ihm auszuhelfen. Ich missgönnte es ihm nie, wenn er es brauchte, aber ich bemerkte, dass seine Einstellung anfing, sich zum Schlechteren zu verändern. Je weniger er zu tun hatte, desto weniger wollte er tun.

Nathan und Shauna schienen immer in unserem Haus zu sein, und meistens mussten wir sie mit durchfüttern. Ich arbeitete von 7 Uhr morgens bis 7 Uhr abends, damit wir über die Runden kamen, daher bekam ich den Eindruck, dass sie uns ausnutzten. Gelegentlich erwähnte ich es Nathan gegenüber, aber es schien ihm egal zu sein.

»Warum suchst du dir nicht einen richtigen Job, Nath?«, fragte ich ihn. »Auf diese Weise könntest du dir etwas zu essen für dich und deine Freundin leisten, statt die ganze Zeit bei mir und deiner Mutter zu schnorren.«

»Ich kann nicht arbeiten, Dar. Ich habe einen kaputten Rücken«, jammerte er.

Erstaunlich. Innerhalb von Monaten hatte sich Nathan von einen hart arbeitenden Jungen, dem die Welt zu Füßen lag, in einen nutzlosen Klotz am Bein verwandelt und lag anderen Menschen auf der Tasche. Er hörte auf, sich zu rasieren, und manchmal sah er aus (und roch), als hätte er sich seit Tagen nicht gewaschen oder seine Kleidung gewechselt. Die Veränderung war unglaublich. Becky schloss sich meiner Kritik oft an, nannte ihn einen faulen Schmarotzer, und das kam nicht allzu gut an. Ich vermutete, der wahre Grund, warum er nicht zur Arbeit gehen wollte, war, dass er Shauna nicht aus den Augen lassen wollte. Aber das konnte ich nicht beweisen.

Nathan wurde außerdem jedes Mal, wenn ich ihn sah, unhöflicher und arroganter – sogar gegenüber seiner eigenen Mutter. Er hatte Anjie immer heiß und innig geliebt, daher war diese Veränderung seiner Einstellung zu einer Zeit, als sie darum kämpfte, mit ihrer MS klarzukommen, eine echte Sorge.

Einmal hörte ich, als ich im Nebenzimmer war, wie er Shauna sagte, Anjie sei eine »verdammte Idiotin«. Das brachte mein Blut zum Kochen, daher stürmte ich hinein, um ihn zur Rede zu stellen.

»Wie kannst du so etwas über deine Mutter sagen, die immer gut zu dir gewesen ist, die sich immer überschlagen hat, um dir zu helfen? Was in aller Welt ist mit dir passiert, Nath?«

Er zuckte die Achseln, mit einem höhnischen Lächeln im Gesicht, als wäre es ihm völlig egal. Und ich hatte das Gefühl, Anjie und ich würden die Verbindung zu dem Jungen verlieren, auf den wir so stolz gewesen waren.

Sie blieben nicht oft über Nacht bei uns. Meistens schliefen sie im Haus von Shaunas Mum, da sie an einer Seite des Hauses eine Einliegerwohnung hatte, wo sie ein wenig Privatsphäre haben konnten. Dann wurde Shauna schwanger, und sie kamen auf die Liste für Sozialwohnungen. Als sie uns die Neuigkeit erzählten, veränderte sich meine Einstellung ihr gegenüber. Sie erwartete mein Enkelkind, was bedeutete, dass sie Teil meiner Familie war. Egal, was ich bisher von ihr gedacht hatte, ich war entschlossen, den beiden zu helfen und sie zu unterstützen, so gut ich konnte.

Ich hoffte, dass die Vaterschaft Nathan zwingen würde, erwachsen zu werden und sich eine reguläre Arbeit zu suchen, bevor das Baby kam. Aber wie gewöhnlich schien er nicht daran interessiert zu sein. Es war enttäuschend, dass er die große Verantwortung nicht erkannte, die er haben würde, sobald er Vater war, aber ich musste einfach hoffen, dass es ihm schließlich klar werden würde – vielleicht, wenn er sein Kleines zum ersten Mal sah und die starke Liebe erlebte, die ich gefühlt hatte, als ich Danny und Becky als Neugeborene gesehen hatte.

Anjie und ich freuten uns darauf, Großeltern zu werden, und auch Becky war erfreut, als wir ihr sagten, sie würde Tante. Nathans Haltung Becky gegenüber wurde jedoch immer aggressiver. Er schien überhaupt nicht mehr in der Lage, sie zu tolerieren. Einmal, als Becky begeistert mit Anjie über das Baby redete, machte er sie plötzlich an.

»*Du*«, schnauzte er und zeigte auf sie, »wirst nicht in die Nähe unseres Babys kommen.«

Wir schwiegen alle entsetzt, und Beckys Augen füllten sich mit Tränen. Ich fühlte, wie mein Herz in meiner Brust hämmerte, und ich reagierte vollkommen impulsiv, riss ihn am Kragen hoch und zerrte ihn in die Küche.

»Was stimmt nicht mit dir, Junge?«, brüllte ich. »Wie kannst du so mit Becky sprechen? Sie hat dir nichts getan. Sie ist nur ein Kind.«

Nathan funkelte mich zur Antwort nur wütend an. Ich blickte in sein mürrisches Gesicht, und mir wurde klar, dass ich keine Ahnung hatte, welcher Teufel ihn ritt. Er hatte sich weit von dem Jungen entfernt, den ich aufgezogen hatte. Etwas in ihm hatte sich verändert, und ich wusste nicht, was ich tun sollte, um das wieder in Ordnung zu bringen. Ich konnte nur hoffen, dass die Lektionen, die wir ihm eingetrichtert hatten, als er jünger war, am Ende gewinnen würden und er wieder zu einem anständigen Menschen würde.

Shauna bekam Wehen, und das erste, was Nathan tat, als ihre Fruchtblase platzte, war, sie zu unserem Haus zu fahren. Anjie und ich waren gerade mit dem Frühstück fertig, als er durch die Tür stürmte. Sobald wir sein panisches Gesicht sahen, wussten wir, dass es Zeit war.

»Sie hat Wehen«, sagte er keuchend.

Anjie ging zu Shauna, während ich meinen Chef anrief und ihm sagte, dass ich an diesem Tag nicht zur Arbeit kommen würde, weil mein Enkelkind geboren wurde.

Shauna hatte alle zehn Minuten Wehen, wir stoppten jede einzelne.

»Du hast noch Ewigkeiten Zeit, Liebes«, sagte ich beruhigend. »Nur keine Eile.«

Shauna nickte und akzeptierte, dass ich wusste, wovon ich sprach, aber Nathan funkelte mich an. »Woher zur Hölle willst *du* wissen, dass wir uns nicht zu beeilen brauchen?«, wollte er wissen. Der Druck machte ihm eindeutig zu schaffen. Er sah verzweifelt aus.

»Weil es ihr erstes Baby ist, du Idiot«, antwortete ich. »Entspann dich doch mal. Ich habe auch Kinder, weißt du. Vertrau mir – sie hat noch massenhaft Zeit.«

Wir stoppten die Wehen den ganzen Tag lang bis zum Abend, und als sie bei vier Minuten zwischen den Wehen angekommen war, fuhr ich Anjie, Nathan und Shauna zur Bristol Royal Infirmary. Anjie hielt während der sechsstündigen Entbindung Shaunas Hand; danach durfte ich mein Enkelkind zum ersten Mal sehen. Wegen der nachfolgenden Ereignisse kann ich den Namen des Babys hier nicht nennen oder Einzelheiten über Geschlecht oder Aussehen angeben, aber natürlich war es eine sehr kostbare Zeit für Anjie und mich. Nathan sah absolut fassungslos aus. Ich hoffte, das würde bedeuten, dass ihm die Realität seiner neuen Rolle als Vater zu dämmern begann.

Zwei Tage später wurde Shauna und dem Baby erlaubt, das Krankenhaus zu verlassen. Sie sah fix und fertig aus, als ich kam, um sie abzuholen, aber sie bedankte sich höflich für mein Kommen und sagte, Anjie und ich seien die Familie, die sie niemals gehabt hatte.

»Mach dir keine Sorgen, Liebes«, sagte ich. »Steig ein – du hast deine Arbeit getan.« Ich hatte in diesem Augenblick herzliche Gefühle für sie, muss ich zugeben. Sie hatte die Wehen und die Geburt wirklich gut ertragen und eine Menge Mut gezeigt für jemanden, der noch so jung war.

Es war ein Tag voller Freude, alle begrüßten den Neuankömmling. Wir blieben im Haus, reichten das Baby herum und machten gurrende Geräusche. Großvater zu werden, das war, als würde ich noch einmal Vater. Die Liebe, die ich für Nathans und Shaunas Kind empfand, traf mich wie eine Flutwelle, und meine Familie so glücklich zusammen zu sehen erfüllte mich mit Zufriedenheit.

Von da an war Shauna eine von uns, und zu meiner großen Überraschung gewöhnte sich Nathan gut an die Vaterrolle. Das Kind schien seinem Leben wieder mehr Sinn zu geben. Er war total in sein Baby vernarrt und verbrachte eine Menge Zeit damit, es anzuziehen, zu füttern und mit ihm zu spielen. Während der Schwangerschaft hatte das Sozialamt ihnen ein Haus in Barton Hill zugewiesen, nicht weit von uns entfernt, und ich half ihnen, es auszustatten, indem ich ihnen ein Sofa, ein Bett und viele andere notwendige Dinge schenkte.

Dass Nathan und Shauna ein Baby hatten, ließ mich mehr über die Bedeutung von Familie nachdenken. Jetzt wurde mir klar, wie sehr ich wollte, dass Anjie meine Frau war. Jahrelang hatten wir vorgehabt zu heiraten, aber wegen der knappen Finanzen und der Beschäftigung mit den Kindern hatten wir irgendwie nie den richtigen Zeitpunkt dafür gefunden. Als sie krank wurde, schienen die Chance sogar noch schlechter, aber ich wollte wirklich eine Feier schmeißen, um die ganze Familie zusammenzubringen, einschließlich Danny, Becky, Nathan und Shauna.

Im August 2013 entschied ich schließlich, dass ich es wahr machen würde. Ich verkaufte meine drei Motorräder und brachte das Überstundengehalt von sechs Monaten auf die Bank, dann stattete ich der örtlichen Kirche St. Ambrose einen Besuch ab und fragte den Pfarrer nach dem nächsten freien Termin. Als er mir sagte, sie hätten Ende des Monats eine Stornierung, war ich begeistert, aber auch nervös. Ich hatte Anjie nichts von meinen Plänen erzählt, und jetzt blieben mir nur drei Wochen, um die Hochzeit zu planen. Ich händigte ihm einen Scheck aus, um den Termin zu reservieren und hetzte so schnell wie möglich nach Hause zurück.

Als ich hereinkam, war Becky die erste Person, die ich sah.

»Bex, ich habe aufregende Neuigkeiten«, sagte ich und grinste sie an. »Anjie und ich heiraten in drei Wochen – aber sie weiß es noch nicht.«

Becky riss überrascht die Augen auf und strahlte mich an. »Das sind wunderbare Neuigkeiten! Gut gemacht, Dad«, sagte sie. »Was kann ich tun, um zu helfen? Ich habe ein paar großartige Ideen zur Farbwahl.«

»Das Wichtigste zuerst«, gluckste ich. »Ich schätze, ich muss Anjie erst mal fragen.«

Als ich Anjie erzählte, dass ich die Kirche für unsere Hochzeit gebucht hatte, lächelte sie zu mir hoch.

»Ich hoffe nur, dass ich zum Altar laufen kann«, sagte sie und blickte auf ihren Rollstuhl hinunter.

Ich ergriff ihre beiden Hände. »Es ist mir egal, wie du zum Altar kommst, meine Liebe«, sagte ich. »Ich will, dass du meine Frau wirst.«

Wir entschieden, dass Becky, ihre Cousine Brooke und Shauna unsere Brautjungfern sein sollten, während Nathan und Danny Trauzeugen sein würden. Da Nathan und Danny so unterschiedliche Charaktere hatten, teilte ich ihnen an dem Tag unterschiedliche Aufgaben zu. Danny war der Ruhigere, also würde er der Ringträger sein, während Nathan selbstsicherer war, also würde er die Rede halten. Beide Jungen waren hocherfreut, als ich sie fragte. Es war meine Art, ihnen zu zeigen, wie wichtig sie mir waren. Wir einigten uns auch darauf, ein Blumenmädchen und einen Pagenjungen zu haben, um ein paar von Anjies kleinen Nichten und Neffen einzubeziehen.

Da Becky ein Auge für Mode hatte, entschieden wir, dass sie Anjies Hochzeitskleid, die Kleider der Brautjungfern, die Westen der Männer und die Outfits für das Blumenmädchen und den Pagenjungen aussuchen würde. Sie bekam außerdem die Verantwortung für die Blumen. Sie war begeistert und fing gleich mit der Arbeit an, indem sie ein paar schöne Kleider in ihrer Lieblingsfarbe, Hellblau, aussuchte und Girlanden aus frischen Blumen für die Brautjungfern bestellte. Sie bestellte auch ein maßgeschneidertes Brautkleid inklusive einer kleinen Spitzenjacke für Anjie.

Es war umwerfend, und ich war wirklich stolz auf ihren Blick fürs Detail.

Am Samstag, dem 31. August 2013 ging Anjie langsam aber mit festem Schritt vor zweihundert Gästen zum Altar, während sie sich am Arm ihres Stiefvaters Christopher festhielt. Ich musste mich umdrehen und einen Blick riskieren, als sie auf mich zukam, und ich hatte einen dicken Kloß im Hals, weil sie absolut atemberaubend aussah.

Als wir einander unsere Gelübde sagten, überwältigten mich die Gefühle. Ich war erstaunt, dass es mir gelungen war, mir ein Leben mit jemandem aufzubauen, der so gutherzig und wundervoll war wie Anjie. Wir sagten einander, dass wir immer füreinander da sein würden, umgeben von unseren Kindern und allen, die wir liebten. Aus dem Augenwinkel konnte ich sehen, wie Becky uns anstrahlte. Es klingt vielleicht kitschig, aber es war wirklich der beste Augenblick meines Lebens.

An diesem Abend, vor der Feier, schlichen wir nach Hause, zogen unsere formelle Hochzeitskleidung aus und Shrek- und Prinzessin-Fiona-Kostüme an und komplettierten das Ganze mit hellgrüner Körperbemalung. Keiner wusste von unserem Plan, daher schnappten, als wir zurück in den Saal kamen, alle erschrocken nach Luft und brachen dann in brüllendes Gelächter aus. Ich erinnere mich, dass ich dachte, ich hätte noch nie vorher so viel Gelächter auf einer Hochzeit gehört.

Anjie war in großartiger Stimmung an diesem Tag; sie schaffte es sogar, zu unserem ersten Tanz aufzustehen. Ich hielt sie fest, während wir zu »How Deep Is Your Love« von den Bee Gees tanzten, dann spielte der DJ »I'm a Believer« von Smash Mouth aus dem Film *Shrek*, passend zu unseren Kostümen. Als wir tanzten, blickte ich in die Ecke des Raumes hinüber, wo Becky mit ein paar Freunden einschließlich Brooke saß. Nathan, Danny und Shauna saßen auch bei ihnen, alle in einer Gruppe. Es war fantastisch, alle zusammen und fröhlich zu sehen. Man konnte an ihren Gesichtern ablesen, dass sie Spaß hatten, und das bedeutete viel für mich. Solange meine Familie glücklich war, war ich auch glücklich.

»Das ist es jetzt, Liebes«, flüsterte ich Anjie zu, die auch zu unserer Brut hinüberblickte. »Jetzt ist mein Leben endlich komplett.«

»Der beste Tag unseres Lebens«, sagte Anjie und lächelte zurück. Und das war er.

Das Leben verlief ziemlich schnell nach der Hochzeit wieder in den normalen Bahnen. Anjies Zustand wurde nicht besser, also erklärte Shauna sich im März 2014 bereit, ihre Pflegerin zu werden. Wegen des Babys konnte sie keinen normalen Job annehmen, aber auf diese Weise konnte sie Anjie helfen, während ich bei der Arbeit war, und sie konnte ein bisschen Geld verdienen und auch noch das Baby mitbringen. Ich empfand es als ermüdend, einen Job zu haben und auch noch Anjies Pfleger zu sein, also erschien es mir als die ideale Lösung. Nur stellte sich heraus, dass es das nicht war. Shauna putzte ein bisschen und wusch ein wenig Geschirr ab, aber sonst war sie keine große Hilfe für Anjie. Wir dachten uns bald, dass sie es nur tat, um den Pflegezuschuss zu bekommen.

Nathans Haltung gegenüber Becky kehrte nach der Hochzeit wieder zu der üblichen Geschwisterrivalität zurück. Je mehr Selbstvertrauen sie gewann, desto mehr versuchte er, es zu zerstören. Ich sagte ihm oft, er sei viel zu alt, um sich so zu benehmen, aber es wurde immer extremer.

Eine seiner Taktiken, um Becky aufzuziehen, war, hervorzuspringen und sie zu erschrecken. Es fing als harmloser

Spaß an, aber bald machte er es ständig. Er ergriff sie auch bei den Schultern und schrie ihr laut ins Gesicht. Becky beschwerte sich immer wieder darüber, aber ich nahm es zuerst nicht so ernst.

Als ich einmal dabei war, als er es tat, war ich überrascht, wie bedrohlich er sich ihr gegenüber benahm. Becky fuhr beinahe aus der Haut und sah erschrocken aus. Mir war nicht klar gewesen, wie viel Angst er ihr machte, bis ich an jenem Tag ihr Gesicht sah.

»Hör auf damit, Nathan. Du machst ihr Angst«, sagte ich, aber Nathan schüttete sich nur vor Lachen aus.

»Ich zieh sie doch nur auf«, antwortete er.

Doch etwas an dem Glitzern in seinen Augen beunruhigte mich – und ein Blick auf Becky zeigte, dass sie die Situation alles andere als lustig fand.

7

Der Tag, der alles veränderte

Ich werde nie das letzte Mal vergessen, als ich Becky lebend sah – es waren nur ein paar ganz normale Stunden, die jetzt im Rückblick solche heftigen Gefühle heraufbeschwören. Es war am Dienstag, dem 17. Februar 2015, und ich kam von meiner Arbeit als Vorgesetzter bei Power Electrics in Warmley nach Hause, wo ich Becky und Anjie vorfand. Becky lungerte in einem blauen Overall aus Fleece herum, weil Ferien waren und sie nicht zur Schule gehen musste. Das Mädchen hatte etwa sieben solche Einteiler, einen für jeden Tag der Woche. Wenn sie das Haus verließ, sah sie immer tadellos aus – sie hatte ein echtes Talent für Make-up und Haarstyling –, aber wenn sie im Haus bei uns war, machte sie sich nicht die Mühe, solch einen Aufwand zu betreiben. Sie zog es vor, leger zu faulenzen.

Es war kalt und dunkel, als ich durch die Vordertür stapfte. Ich sah Becky flüchtig, als sie nach oben in ihr Zimmer ging.

»Hi Dad«, sagte sie und lächelte, als sie an mir vorbeiging.

»Hallo, mein Mädchen«, antwortete ich, ließ meine Tasche auf den Boden fallen und ging ins Wohnzimmer, um nach Anjie zu sehen.

Jeden Abend hatte ich dasselbe Programm. Ich kam von der Arbeit nach Hause und kochte Tee für die Anwesenden, gefolgt vom Abwaschen – Shauna hatte vor langer Zeit aufgehört, sich die Mühe zu machen. Dann sortierte ich Anjies und mein verpacktes Mittagessen für den kommenden Tag, half Anjie zu duschen und sah schließlich meine E-Mails durch und plante meinen nächsten Arbeitstag. Ich beendete das Ganze gewöhnlich, indem ich eine Zigarette rauchte und eine halbe Stunde lang fernsah, bevor ich ins Bett ging.

Becky verbrachte die meiste Zeit in ihrem Zimmer, wie jeder andere Teenager. Sie hatte einen Flachbildfernseher, und sie sah fern, während sie mit einem ihrer vielen Haustiere kuschelte. Ich versuchte immer, sie nicht zu stören, wenn sie in ihrem Zimmer war. Ich wusste, dass Sechzehnjährige ihre Privatsphäre brauchen, und Becky brauchte ihren Freiraum mehr als alle anderen, die ich kannte. Nach Jahren, in denen sie es mit Danny teilen musste, genoss sie es, ihr eigenes Zimmer zu haben, und es wurde ihr Zufluchtsort. Es war der eine Ort, an dem sie sich völlig sicher fühlte.

Um etwa zehn Uhr abends kam Becky nach unten, während ich im Gartenzimmer eine Zigarette rauchte.

»Dad, kannst du mir eine Pizza machen?«, fragte sie.

Ich stöhnte. Becky hob sich das Essen immer bis spät am Abend auf, wenn ich mich bereitmachte, ins Bett zu gehen.

»Du suchst dir immer genau den Augenblick aus, wenn ich mich in die Falle hauen will, Bex«, murmelte ich, als ich zum Gefrierschrank hinüberging. »Was für eine Essenszeit ist das eigentlich?«

»Danke, Dad«, sagte sie grinsend. »Kann ich bitte auch ein bisschen Knoblauchbrot haben?«

Becky wusste, dass ich ihr immer ihren Willen lassen würde, wenn es ums Essen ging. Wir hatten einen Gefrierschrank speziell für sie, gefüllt mit all dem Zeug, das sie mochte, und wegen der Jahre mit der Magersucht weigerte ich mich nie, ihr zu kochen, was immer sie wollte. Ich war einfach froh, wenn sie aß und nicht in ihre alten Gewohnheiten zurückfiel.

»Du hast mich ganz schön um den Finger gewickelt, oder? Geh schon nach oben. Ich bringe sie dir, wenn sie fertig ist.«

Sie lächelte mich an, bevor sie wieder die Treppe hinaufflüchtete.

Als ihre Pizza fertig war, trug ich sie auf einem Tablett mit ihrem Besteck nach oben und legte ein Geschirrtuch über meinen Arm, damit ich wie ein Kellner aussah.

»Ihr Zimmerservice, Madam«, sagte ich laut vor ihrer Tür.

Ich konnte Becky kichern hören, als sie die Tür öffnete. »Vielen Dank, lieber Herr«, sagte sie ironisch, als sie mir das Tablett abnahm.

»Ich gehe ins Bett«, sagte ich. »Genieß deine Pizza. Gute Nacht, Bex.«

»Nacht, Dad.« Sie lächelte mich an und schloss die Tür, aber ich bemerkte noch, dass sie dabei war, *Jackass* zu gucken. Es war ihre absolute Lieblingsserie, und sie sah sie sich stundenlang an, wobei sie unkontrolliert kicherte.

Ich verschwand ins Bett, aber ich schlief nicht gut in dieser Nacht. Um etwa drei Uhr morgens wachte ich vom Geräusch von Beckys Fernseher am Ende des Flurs auf. Sie war offensichtlich bei laufendem Fernseher eingeschlafen. Ich kroch vorsichtig aus dem Bett, um Anjie nicht zu wecken, und schlich auf Zehenspitzen zu Beckys Tür. Sie schlief tief und fest, eingekuschelt auf ihrem Bett. Sie trug ihren Overall und einen grünen Pullover von Anjie. Becky borgte sich immer Kleidungsstücke von Anjie aus; sie stibitzte sogar Sachen aus meinem Kleiderschrank. Sie mochte besonders meine weiten Baseballhemden, von denen sie sagte, sie seien sehr bequem.

»Wie in aller Welt kannst du schlafen, während dieses verdammte Ding vor sich hin plärrt?«, murmelte ich, als ich ihr sanft die Fernbedienung aus der Hand nahm und den Fernseher ausstellte.

Wenn ich gewusst hätte, dass es die letzte Gelegenheit war, zu der ich mein schönes Mädchen lebend sah, hätte ich viel mehr getan. Ich hätte ihr übers Haar gestrichen, ihr gesagt, wie sehr ich sie liebte und wie schön sie sei. Ich hätte mich die ganze Nacht an sie gekuschelt und ihr beim Schlafen zugesehen.

Stattdessen schloss ich leise die Tür ihres Zimmers hinter mir, bevor ich zurück ins Bett ging und in einen tiefen Schlaf fiel.

Am nächsten Morgen stand ich um sechs Uhr auf, damit ich duschen und mich für die Arbeit fertig machen konnte. Ich fing gewöhnlich um 7.30 Uhr an, daher war ich immer schon aus dem Haus, bevor die anderen erwachten. Dieser Tag war keine Ausnahme – es war ein normaler Arbeitstag. Als ich an diesem Abend nach Hause kam, erzählte mir Anjie, Becky würde im Haus ihres Freundes Adam übernachten. Wir ließen Becky oft bei Freunden schlafen, weil sie nur so wenige enge Freunde hatte und wir sie und ihre Eltern ziemlich gut kannten. Ihre Freunde übernachteten auch oft bei uns. Wir Mütter und Väter nannten das »Kinder-Sharing«, weil wir uns abwechselnd um sie kümmerten.

Donnerstag, der 19. Februar war genau wie jeder andere Tag. Es war Dannys Geburtstag, aber wir bekamen ihn nicht zu sehen, weil er zu einer Party ging. Wir hatten am vorigen Wochenende mit ihm gefeiert, und ich hatte ihm ein wenig Geburtstagsgeld zugesteckt. Ich ging früh zur Arbeit, und Anjie hatte am späten Vormittag einen Termin im Krankenhaus. Sie erinnert sich daran, dass Becky um 8.30 Uhr an die Haustür klopfte, um hereingelassen zu werden.

»Tut mir leid, Anjie«, erklärte sie, als Anjie die Tür öffnete. »Mein Schlüssel funktioniert immer noch nicht.« Sie ging sofort in ihr Zimmer hinauf. Sie hatte sich darüber beklagt, dass ihr Schlüssel für die Haustür seit ein paar Tagen nicht mehr funktionierte, und ich war noch nicht dazu gekommen, ihn mir anzusehen.

Ungefähr um 11 Uhr holte Anjies Mutter Anjie ab, um sie zu ihrem Termin zu bringen. Als Anjie um 12.45 Uhr zum Haus zurückkehrte, bemerkte sie Nathans Wagen in der Auffahrt. Er und Shauna waren im Wohnzimmer, sahen fern und spielten mit ihren Handys. Sie hatten den Schlüssel benutzt, den Anjie für sie an der Recyclingtonne deponiert hatte.

Soweit Anjie das sagen konnte, war Becky nicht im Haus. Das war nicht ungewöhnlich. Sie war eine typische Sechzehnjährige, und wenn sie nicht zu Hause war, dann hieß das in der Regel, dass sie mit einem ihrer Freunde unterwegs war. Shauna bestätigte, sie hätte vorher gehört, wie die Vordertür zuschlug, während sie eine Zigarette im Garten rauchte.

Ein paar Stunden später kam Beckys Freund Luke vorbei, auf der Suche nach ihr, und Shauna machte die Tür auf. Sie ging nach oben, um in Beckys Zimmer nachzusehen, und als sie zurückkam, schüttelte sie den Kopf.

»Nein, sie ist nicht in ihrem Zimmer«, sagte sie ihm. »Sie hat vorhin das Haus verlassen, denke ich.«

Luke wandte sich an Anjie. Er schien verwirrt. »Das ist seltsam. Sie hat auf keine meiner SMS geantwortet. Das sieht Becky gar nicht ähnlich. Wir wollten uns treffen.«

»Ich werde ihr sagen, dass sie sich melden soll, sobald sie hereinkommt«, versprach Anjie.

»Okay, danke, Anjie«, antwortete Luke, bevor er wegging.

Als Becky an diesem Abend nicht nach Hause kam, nahmen wir alle an, sie würde bei Freunden übernachten, wie sie es in der Nacht zuvor getan hatte, und dachten nicht mehr daran. Becky entschied sich oft spontan, bei Freunden zu übernachten. Manchmal machte sie sich nicht einmal die Mühe, Sachen zum Wechseln mitzunehmen.

Shauna und Nathan blieben bis etwa sieben Uhr in unserem Haus, guckten fern und plauderten mit Anjie.

Am folgenden Tag, Freitag, dem 20. Februar, klingelte mein Wecker und ich ging zur Arbeit. Um etwa 14.30 Uhr rief Anjie mich an. Sie klang besorgt.

»Ich will dich nicht beunruhigen«, begann sie, »aber Beckys Freunde sind alle hier, und niemand hat sie seit Donnerstag früh gesehen. Ich kann sie nicht mit dem Telefon erreichen, und keiner weiß, wo sie sein könnte. Ich habe Tanya und Danny angerufen, aber sie wissen es auch nicht. Hast du von ihr gehört? Weißt *du*, wo sie ist?«

Ich schwieg einen Moment und zerbrach mir den Kopf über das letzte Mal, als ich Becky gesehen hatte. Es war Dienstagabend gewesen, als sie in ihrem Overall in ihr Bett gekuschelt lag. Alarmglocken begannen in meinem Kopf zu klingeln.

»Nein, keine Ahnung. Ich komme nach Hause, sobald ich kann«, sagte ich, bevor ich auflegte.

Ich rannte in das Büro meines Chefs Lee Zanelli.

»Ich hatte gerade einen überaus seltsamen Anruf«, platzte ich heraus. »Meine Tochter ist verschwunden. Alle ihre Freunde sitzen auf meinem Sofa, und es scheint, als hätte sie seit Tagen niemand mehr gesehen.«

Einen Augenblick sah Lee mich fassungslos an, bevor er sagte: »Willst du dir ihre Facebook-Seite ansehen und feststellen, ob du da etwas finden kannst?«, schlug er vor.

Ich loggte mich in meinen Facebook-Account ein, um ihre Seite zu überprüfen, sah aber nichts, was einen Hinweis darauf gab, wo sie sein könnte. Außerdem versuchte ich, Beckys Mobiltelefon anzurufen, aber es war ausgeschaltet, also hinterließ ich ihr eine Nachricht.

»Becky, kannst du mich zurückrufen und mich wissen lassen, wo du bist? Danke, Liebes.«

Ich wandte mich an Lee. »Es tut mir leid, aber ich muss gehen«, sagte ich. Ich konnte fühlen, wie mein Blutdruck stieg, mein Herz in meiner Brust hämmerte.

»Kein Problem, Dar – geh einfach«, drängte mich Lee. »Mach dir keine Sorgen über die Dinge hier. Geh und kläre das. Ich werde allen Bescheid sagen. Geh nur und finde deine Tochter.«

Ich raste nach Hause, fuhr so schnell ich konnte, und innerhalb von dreißig Minuten hielt ich vor dem Haus an.

Als ich ins Wohnzimmer kam, war es voller Leute: Anjie, Nathan und Shauna, Beckys Freunde Adam, Courtney und Teela – eine neue Freundin aus der Schule – und auch Luke, ihr Freund. Alle Gesichter hatten denselben Ausdruck: ängstlich und verwirrt.

Luke erklärte, er sei sehr in Sorge, weil Becky sich den ganzen Donnerstag nicht gemeldet hatte, also habe er sich entschlossen, am nächsten Morgen Anjie anzurufen. Ihre Freunde hatten auch keine Ahnung, wo sie war, und alle waren zu uns gekommen, um zu sehen, ob sie da war.

Ich wusste nicht, was ich denken sollte, als ich sie alle betrachtete. Becky verbrachte ihre Zeit immer mit denselben Leuten – und alle diese Leute saßen in meinem Haus.

»Okay, lasst uns gemeinsam nachdenken«, sagte ich. »Wann haben wir sie zum letzten Mal gesehen?«

»Ich habe sie am Donnerstagmorgen gesehen, als sie unser Haus verließ«, machte Adam den Anfang, und Luke sagte, er habe später an diesem Morgen per SMS mit ihr kommuniziert, und fügte hinzu: »Sie wollte sich gestern Nachmittag mit mir treffen, aber dann habe ich nichts mehr von ihr gehört.«

»Ich habe sie gesehen, bevor ich zum Krankenhaus fuhr, aber als ich nach Hause kam, war sie weg«, sagte Anjie.

Shauna meldete sich zu Wort: »Sie hat das Haus verlassen, als du im Krankenhaus warst. Ich habe gehört, wie sie auf dem Weg nach draußen die Tür zuknallte.«

Wir stellten zusammen fest, dass Becky das Haus gegen 11.15 Uhr verlassen haben musste, bevor Anjie um 12.45 Uhr von ihrem Termin zurückkehrte.

Als ich wieder auf ihrem Telefon anrief, bemerkte ich, dass meine Hand zitterte. »Becky, hier ist dein Dad«, sagte ich. »Wir fangen jetzt an, uns Sorgen um dich zu machen. Alle deine Freunde sind hier. Kannst du bitte anrufen oder jemandem von uns eine SMS schicken, damit wir wissen, dass du in Sicherheit bist?«

Ich legte auf und wandte mich dann an Courtney. »Kannst du mit mir hoch in ihr Zimmer kommen?«, fragte ich. »Und mich wissen lassen, ob irgendwelche Kleidungsstücke fehlen?«

Sie nickte und sprang auf. Ich wusste, dass Courtney und Becky so eng befreundet waren, dass sie sofort würde sagen können, ob Becky irgendetwas von Bedeutung mitgenommen hatte. Courtney sah den Kleiderschrank durch, und ich blickte mich im Rest des Raumes um. Es sah für mich alles ziemlich normal aus. Courtney stellte fest, dass Beckys blaue Steppjacke fehlte. Sie bemerkte außerdem, dass Becky ihr Make-up zurückgelassen hatte.

»Sie geht nie irgendwohin ohne ihr Make-up, Dar«, sagte sie und sah besorgt aus. »Alle ihre Taschen sich auch hier, und sie hat immer eine Tasche bei sich.«

Der Overall, den sie getragen hatte, fehlte, und auch Anjies grüner Pullover. Uns wurde außerdem klar, dass ihr Telefon und ihr Laptop fehlten, aber Becky nahm ihren Laptop nie mit aus dem Haus. Das ergab alles keinen Sinn.

Ich ging zurück ins Wohnzimmer, setzte mich hin und atmete tief durch. Es war vier Uhr nachmittags, und sie war seit mehr als vierundzwanzig Stunden nicht mehr gesehen worden.

»Ich denke, es ist Zeit, die Polizei anzurufen«, sagte ich. Ich griff nach meinem Mobiltelefon und wählte 911.

»Hallo, mein Name ist Darren Galsworthy, und ich muss eine vermisste Person melden«, sagte ich, sobald ich durchkam. Es fühlte sich ganz unnatürlich an, als diese Worte aus meinem Mund kamen. »Es geht um meine Tochter. Ihr Name ist Rebecca Watts, sie ist sechzehn Jahre alt. Sie wurde zuletzt gestern Morgen gesehen. Sie ist eins siebenundfünfzig groß und hat lange rötlich braune Haare. Sie ist besonders gefährdet, weil es ihr schwerfällt, die Körpersprache anderer Menschen zu lesen. Sie geht nie alleine irgendwohin. Sie ist furchtbar schüchtern – sie steigt nicht mal allein in einen Bus.«

»Könnte sie im Haus eines Freundes sein?«, fragte der Polizeibeamte.

»Sie hat nicht viele Freunde, und die, die sie hat, sitzen gerade alle auf meinem Sofa«, sagte ich. »Sie ist in der Schule immer mit ihren Freunden zusammen, oder zu Hause mit uns. Sie geht nie irgendwo anders hin. Niemand weiß, wo sie ist. Das sieht ihr gar nicht ähnlich. Bitte helfen Sie uns.«

Ich fühlte, wie meine Stimme brach. Anjie streckte die Hand nach mir aus.

»Okay, Mr Galsworthy, danke für die Information. Wir

werden jemanden zu ihrer Adresse schicken, sobald wir können«, sagte er, bevor er den Anruf beendete.

Ich fühlte mich hilflos. Das Einzige, was ich versuchen konnte, war, noch einmal Beckys Mobiltelefon anzurufen.

»Bitte, Becky«, flehte ich, »ich mache mir solche Sorgen um dich. Bitte, komm nach Hause. Bitte, ruf mich an.«

Als ich auflegte, sahen die anderen einander ängstlich an. Es gab nichts zu sagen. Wir konnten jetzt nur noch warten. Anjie fing leise an zu weinen.

»Ihr solltet besser nach Hause gehen«, sagte ich zu Beckys Freunden. »Ich will nicht, dass eure Eltern sich auch noch Sorgen machen. Danke, dass ihr gekommen seid, und lasst uns wissen, wenn ihr irgendetwas hört. Becky hat großes Glück, euch als Freunde zu haben.«

Sie nickten düster und verließen nacheinander den Raum. Ich lief im Zimmer auf und ab, voller nervöser Energie. Ich konnte mich nicht entspannen. Ich brauchte das Gefühl, etwas zu tun, nützlich zu sein, also zog ich meine Schuhe an und ging hinaus, um an alle Türen in unserer Straße zu klopfen, und fragte, ob jemand von den Nachbarn Becky gesehen hätte oder ob sie vorbeigegangen sei. Als ich zurückkam, war Shauna im Gartenzimmer, rauchte eine Zigarette und spielte mit ihrem Telefon, und Nathan hockte auf dem Boden und beobachtete, wie sein Kind im Wohnzimmer herumrannte.

Ich wandte mich an ihn. »Nathan, ich will etwas über Becky auf Facebook posten.« Er blickte zu mir auf, als ich ergänzte: »Kannst du mir helfen?«

Ich war hilflos, wenn es um Facebook und die sozialen Medien im Allgemeinen ging. Ich brauchte sie für die Arbeit nicht, und kaum jemand von den Leuten in meinem Alter nutzte sie, um Kontakt zu halten, daher verstand ich nicht ganz, wie das Ganze funktionierte. Wenn ich Facebook benutzen musste, bat ich immer Nathan und Shauna, mir zu helfen.

Nathan stand langsam auf. »Kein Problem«, sagte er und setzte sich an den Computer. »Wir werden ein Foto von ihr brauchen, das wir hochladen können, und dann können wir einen Appell posten.«

Zusammengedrängt durchsuchten wir Facebook und unsere Telefone, um ein gutes Foto von Becky zu finden, das wir benutzen konnten.

»Wie wäre es mit diesem?«, schlug Nathan vor und zeigte mir eine Aufnahme im Selfie-Stil, das er von ihrer Facebookseite hatte. »Es dürfte deutlich genug sein.«

»Ja, gute Idee. Nimm das«, sagte ich. Aus dem Augenwinkel sah ich Shauna ins Zimmer kommen und sich aufs Sofa setzen. Sie spielte immer noch mit ihrem Telefon herum. Ich fragte mich, ob sie vielleicht auch nach einem guten Foto suchte, aber sie sagte nichts.

»Gut, es ist hochgeladen«, sagte Nathan. »Jetzt haben wir ein Bild von ihr, wir müssen nur etwas oben drüber schreiben, Dar. Was willst du schreiben?«

Ich beugte mich herüber und sagte ihm, was er tippen sollte: »BITTE TEILEN. Vermisstes sechzehnjähriges Mädchen. Bitte hinterlassen Sie eine private Nachricht, falls Sie sie gesehen haben oder etwas wissen.«

»Danke, Nath«, sagte ich.

»Kein Problem«, antwortete er und ging zum Sofa hinüber, um sich neben Shauna zu setzen.

Um etwa 18.30 Uhr kamen zwei Polizeibeamte, um mit uns zu reden. Wir erzählten ihnen alles, was wir wussten: dass Anjie Becky gesehen hatte, bevor sie zum Krankenhaus gefahren war, und dass Shauna und Nathan Musik in ihrem Zimmer gehört hatten, als sie im Haus ankamen.

»Ich hörte, wie die Musik abgestellt und die Haustür zugeschlagen wurde«, ergänzte Shauna. »Aber ich habe sie nicht wirklich das Haus verlassen sehen.«

»Hatten sie einen Streit mit Becky in den Stunden vor ihrem Verschwinden?«, fragte mich einer der Beamten.

Ich schüttelte den Kopf. »Überhaupt nicht«, antwortete ich. »Das letzte Mal habe ich sie am Dienstagabend gesehen. Ich kam von der Arbeit nach Hause, sie sah fern und ich machte ihr eine Pizza. Ich ging am nächsten Tag zur Arbeit, und sie schlief in der folgenden Nacht im Haus eines Freundes. Alles war ruhig und völlig normal.«

Sie wandten ihre Aufmerksamkeit Anjie zu. »In was für einer Stimmung war Becky, als sie nach Hause zurückkehrte, nachdem sie im Haus ihres Freundes geschlafen hatte?«, fragten sie.

»Es schien ihr gut zu gehen«, sagte Anjie. »Sie war ein bisschen missmutig, weil ihr Türschlüssel nicht funktionierte, aber das war alles. Sie kam nach Hause und ging direkt in ihr Zimmer. Das war nicht ungewöhnlich.«

Ich wollte, dass die Polizei Suchmannschaften zusammenstellte und die ganze Truppe rausschickte, um sie zu suchen, aber sie schienen zu denken, dass sie vermutlich mit irgendeinem neuen Freund weggegangen war, von dem wir nichts wussten, und bald zurück sein würde. Diesen Eindruck hatte ich jedenfalls. Ich schätze, das konnte bei den meisten vermissten Teenagern durchaus der Fall sein, aber ich kannte meine Tochter, und ich wusste mit Sicherheit, dass das nicht sein konnte.

Nachdem die Polizei gegangen war, brachten Nathan und Shauna ihr Kleines nach Hause, und ich setzte mich vor den Computer und starrte angestrengt auf den Bildschirm, als könnte die Antwort jeden Moment dort auftauchen. Tanya und Danny riefen an und fragten nach Neuigkeiten, aber wir hatten nichts, was wir ihnen sagen konnten. Von Zeit zu Zeit bot mir Anjie eine Tasse Tee an, aber ich lehnte alles ab. Ich konnte mich auf nichts anderes konzentrieren als auf die Frage, wo Becky war.

Die Tatsache, dass sie vermisst wurde, begann sich in Bristol zu verbreiten. Familie und Freunde fingen an, meinen Facebook-Post überallhin zu teilen, und jede Menge Leute fingen an zu simsen oder anzurufen, um festzustellen, ob es irgendetwas gab, womit sie helfen konnten. Insgesamt wurde der Post 887 Mal geteilt. Ich wusste zu schätzen, dass sie alle helfen wollten, aber ich wusste nicht, was ich ihnen sagen sollte. *Bitte findet sie einfach!,* war mein einziger Gedanke.

Als die Nacht voranschritt, schwirrten wirre Vorstellungen in meinem Kopf herum, und ich fing an, mir all die unterschiedlichen Szenarien vorzustellen, in denen Becky sich befunden haben könnte. Vielleicht war sie hinübergegangen, um Luke zu treffen, war überfallen, geschlagen und für tot gehalten worden. Vielleicht war sie vergewaltigt worden. Vielleicht war meine schöne Tochter von einer Gang entführt worden. Vielleicht war sie am Straßenrand abgelegt oder aus einem Auto geworfen worden. Vielleicht war sie gefesselt und nicht in der Lage, um Hilfe zu rufen. Sie konnte dort draußen sein, frierend und verängstigt, und ihren Dad brauchen. Mein Herz fühlte sich an, als würde es gleich in meiner Brust explodieren. Ich musste mein Mädchen finden.

Während ich mich mehr und mehr aufregte und hineinsteigerte, wurden die Nachrichten, die ich auf Beckys Telefon hinterließ, immer wilder. Ich stellte mir vor, ich würde Nachrichten für jemanden hinterlassen, der sie entführt hatte.

»Wenn Sie meine Tochter haben, dann lassen Sie sie gehen, oder ich werde Sie töten«, sagte ich wütend ins Telefon. »Lassen Sie meine Tochter gehen. Ich will mein Mädchen in einem Stück zurück. Ich werde jeden töten, der meiner Tochter wehtut. Ich verspreche Ihnen, ich werde Sie erwischen, und dann sind Sie tot.«

Als Anjie hörte, wie ich Drohungen gegenüber den imaginären Entführern meiner Tochter ausstieß, brach sie in Tränen aus. Ich legte auf und fuhr mit den Fingern verzweifelt durch mein Haar. Ich wusste, dass ich mich verrückt benahm, aber das Schlimmste an der Situation war, nicht zu wissen, ob mein Mädchen in Sicherheit war oder nicht.

»Falls sie verletzt oder wütend zurückkäme oder etwas nicht in Ordnung wäre«, sagte ich zu Anjie, »dann könnten wir damit umgehen. Wir könnten es in Ordnung bringen. Als Familie können wir alles schaffen, und ich weiß, wir könnten uns um sie kümmern. Ich will sie einfach nur zurück, Anj.«

»Ich weiß, mein Lieber«, sagte sie und legte die Arme um mich. »Wir alle wollen sie zurück.«

In dieser Nacht schlief ich keine Minute. Anjie ging hinauf ins Bett, da sich durch den Stress ihre MS-Symptome verschlimmerten. Sie war so erschöpft, dass es ihr sogar schwerfiel zu sprechen. Ich legte mich nicht zu ihr, da mein Geist zu beschäftigt war, um Schlaf auch nur in Betracht zu ziehen. Ich blieb die ganze Nacht auf, suchte auf Facebook und bemühte mich, ein paar Antworten zu finden, aber vergeblich. Beckys Freunde schickten mir ständig Nachrichten, fragten nach Updates, und ich fühlte mich furchtbar, wenn ich ihnen immer wieder sagen musste, dass ich keine Neuigkeiten hatte.

Ich ging immer wieder in Beckys Zimmer, suchte nach Hinweisen, wohin sie gegangen sein könnte, und starrte auf ihre Sachen.

»Wo bist du, Bex?«, fragte ich laut und versuchte angestrengt, mich zu konzentrieren und mich in ihre Lage zu versetzen. Doch es half nicht. Mir fiel kein Ort ein, wo sie alleine hingehen würde.

Am nächsten Morgen postete ich wieder auf Facebook: »Bitte, falls jemand meine Tochter gesehen oder von ihr gehört hat, lassen Sie mich einfach wissen, dass sie in Sicherheit ist. Sie ist am Donnerstag, dem 19. Februar gegen 11.15 Uhr verschwunden. Sie wurde von keinem ihrer Freunde gesehen. Ich habe jetzt wirklich Angst. Ich will, dass sie nach Hause kommt.«

Wieder wurde die Nachricht schnell von Freunden und Familie – einschließlich Shauna – geteilt. Alle wollten dabei helfen, Becky zu finden.

An jenem Tag fühlte ich mich zu sehr von Furcht gelähmt, um mich zu waschen oder etwas zu essen oder zu trinken. Alles, was ich tun konnte, war auf den Computerbildschirm starren und Freunde und Familie anrufen – jeden, der mir einfiel, der Becky jemals kennengelernt hatte. Jede Menge Freunde klopften an unsere Tür, wollten wissen, ob sie helfen konnten, und sehen, ob es Anjie und mir gut ging. Doch jeder, der das Haus betrat, wirkte auf mich wie ein vorüberziehender, verschwommener Fleck. Wenn sie nicht Becky waren, war ich nicht an ihnen interessiert.

Ich fühlte mich, als würde ich eine außerkörperliche Erfahrung durchmachen und auf all die Bedrängnis, den Herzschmerz und die Verzweiflung herabblicken. Es war, als würde ich jemand anderem dabei zusehen, wie er mein Leben durchspielte – beinahe, als würde ich einen Film sehen. Ich fühlte mich erstickt von dicken, schweren schwarzen Wolken. Wellen der Verzweiflung hüllten mich unerbittlich ein. Sobald ich es schaffte, wieder zu atmen und klar zu denken, brach eine neue Welle über mich herein.

Doch egal, wie hilflos ich mich fühlte, hatte ich doch noch Hoffnung, dass Becky unverletzt nach Hause kommen würde.

Immer wieder stellte ich mir vor, wie sie durch die Tür ging, mich umarmte und sich entschuldigte, weil sie alle in Sorge versetzt hatte. Es mit einem Lachen abtat und sagte, es sei nur ein großes Missverständnis gewesen.

»Wenn sie nach Hause kommt, weiche ich ihr nie mehr von der Seite«, sagte ich in dieser Nacht zu Anjie. »Wir können etwas Besonderes machen, als Familie. Ich will, dass sie immer genau weiß, wie sehr wir sie lieben.«

»Sie weiß, wie sehr wir sie lieben, Dar«, antwortete Anjie. »Das hat sie immer gewusst.«

»Ich werde sie nie wieder ausschimpfen, weil sie ihr Zeug herumliegen lässt. Wenn sie nur zu uns zurückkommt, Anj«, sagte ich, während ich die Tränen unterdrückte. »Ich werde den Rest meines Lebens damit verbringen, sie glücklich zu machen.«

Das öffnete die Schleusen, und ich fing an zu schluchzen. Anjie legte ihre Arme um mich, aber es gab keinen Trost für mich. Das Schluchzen schmerzte in meiner Brust und brachte keinerlei Erleichterung, aber sobald ich angefangen hatte, war es schwer, wieder aufzuhören.

Schließlich gingen wir nach oben ins Bett und deckten uns zu. Anjie schlief ein, aber für mich schien es unmöglich. Ich glitt für ein paar Minuten in die Bewusstlosigkeit, wachte dann plötzlich auf und erkannte, dass der Albtraum, den ich gehabt hatte, überhaupt kein Albtraum war – es war die Wirklichkeit. Ich bezweifelte, ob ich jemals wieder schlafen würde. Wie konnte ich schlafen, wenn meine Tochter irgendwo da draußen war und mich brauchte?

Ich bin kein religiöser Mensch, aber ich stand auf, ging in Beckys Zimmer und kniete mich vor ihrem Bett hin. Ich faltete die Hände, so fest ich konnte, und begann zu beten. »Bitte«, sagte ich, »bring mein Mädchen nach Hause. Es ist egal, ob sie verletzt wurde. Bring sie einfach nach Hause. Ich werde sie wieder in Ordnung bringen, und ich verspreche, dass ich mich den Rest meines Lebens um sie kümmern werde. *Bitte*.«

Ich war mir nicht einmal sicher, zu welchem Gott ich da betete, aber ich betete so angestrengt, wie ich konnte.

Je mehr Zeit verging, desto mehr hatte ich das Gefühl, in der Schwebe zu hängen. Da ich nicht wusste, ob meine Tochter am Leben oder tot war, wurde mein Bedürfnis, es herauszufinden immer dringender.

8

Die Suche

Am Samstag, dem 21. Februar besuchten zwei Polizeibeamte unser Haus und stellte sich als Detective Constable Russ Jones und Major Crime Investigation Officer Jo Marks vor. Sie sagten uns, sie seien die uns zugeordneten Verbindungsbeamten. Als sie sich vorstellten, bemerkte ich, dass Jo etwas zurückhaltender war als Russ, der ziemlich offen über die Situation sprach und uns genau sagte, was als Nächstes passieren würde.

Ich war so angespannt durch die Sorge über Beckys Verschwinden und die Wut, sie nicht finden zu können, dass ich Probleme hatte, etwas aufzunehmen. Aber Anjie nickte ruhig. Sie schien sehr viel aufmerksamer zuzuhören als ich.

»Wir werden heute Proben von ihrer DNA nehmen«, sagte Russ. »Wir nehmen sie von Gegenständen wie ihrer Zahnbürste. Das wird uns bei den Ermittlungen helfen. Wir müssen uns außerdem im Haus umschauen, wenn das in Ordnung für Sie ist, nur für den Fall, dass wir etwas finden, was uns helfen könnte.«

Alles, was ich tun konnte, war hilflos nicken. Anjie drückte meine Hand. Ich fühlte mich, als wäre ich in einem Albtraum gefangen, und könnte nur zusehen, wie er sich vor meinen Augen abspielte.

Ein paar Minuten später kamen etwa acht Beamte an, um DNA-Proben zu nehmen und nach Hinweisen zu suchen. Ich öffnete ihnen mit grimmigem Gesicht die Tür.

»Sie können hereinkommen, sich alles ansehen, was Sie wollen, und mitnehmen, was immer Sie möchten«, sagte ich. »Doch die wahre Suche sollte da draußen stattfinden, nicht hier drin. Wir wissen mit Bestimmtheit, dass Becky das Haus verlassen hat und nicht zurückgekommen ist. Sie ist irgendwo da draußen, und Sie müssen rausgehen und sie finden.«

Jo blickte mich mitfühlend an. »Es könnte hier wichtige Hinweise geben, warum sie nicht zurückgekommen ist, Mr Galsworthy. Ich weiß, dass das hart für Sie ist, aber versuchen Sie, sich keine Sorgen zu machen. Wir wissen, was wir tun.«

Jos Mitgefühl entwaffnete mich ein wenig, und ich winkte die Beamten durch die Tür, damit sie tun konnten, was sie tun mussten.

Es stellte sich heraus, dass Becky das Haus mit ihrem Laptop und ihrem Telefon verlassen hatte, aber weder Kleidung, noch Make-up oder eine Zahnbürste mitgenommen hatte. Das ergab für mich überhaupt keinen Sinn. Falls Becky hatte weglaufen wollen – nicht, dass sie das jemals getan hätte –, hätte sie darauf geachtet, diese Sachen mitzunehmen. Die Rechnung ging einfach nicht auf.

Am folgenden Tag gab die Polizei von Avon und Somerset einen öffentlichen Aufruf um Hilfe bei der Suche nach Becky heraus. Sie sagten außerdem, sie planten, in den nächsten Tagen eine Suche zu organisieren.

Ich saß mit Anjie auf dem Sofa und sah die Nachrichten über Beckys Verschwinden mit einem Knoten im Magen. Mir wurde schlecht, als ich hörte, wie die Reporter über den »vermissten Teenager Becky Watts aus Bristol« sprachen. Ich stellte mir vor, dass es für alle, die zu Hause zusahen, so klang, als wäre ein weiterer dummer Teenager weggelaufen, um seine Eltern zu erschrecken. Doch das war meine Tochter, über die sie da sprachen, und sie war ein Mädchen, das viel zu viel Angst vor der Außenwelt hatte, um jemals von zu Hause wegzulaufen. Sie würde uns niemals wissentlich so viel Sorge und Leid bereiten. Man kennt seine Kinder, und sie war einfach nicht diese Art von Mädchen.

Jede Zeitung in der Gegend und auch einige nationale Blätter begannen, den Polizeiaufruf aufzugreifen. Beckys Gesicht erschien überall auf ihren Websites, und der Aufruf wurde über Facebook geteilt. Nutzer von sozialen Medien fingen an, den Hashtag #FindBecky zu verwenden, um auf die Kampagne zu verweisen. Ich konnte nicht umhin, mich zu fragen, was ich in meinem Leben verbrochen hatte, um diese furchtbare, herzzerreißende Verzweiflung zu verdienen.

Jede Stunde, die verging, fühlte sich wie ein ganzes Leben an. Meine Familie fiel im Haus ein, da alle besorgt um Becky waren, aber auch um uns. Meine Brüder Sam, Joe und Asa, meine Schwester Sarah, mein Dad John und meine Stiefmutter Denise, sie alle kamen vorbei und wollten helfen.

Ich saß am Computer und Anjie auf dem Sofa, als sie einer nach dem anderen hereinkamen. Denise eilte direkt zu Anjie, um sie zu drücken, und Sam und Sarah umringten mich.

»Also, Dar, was können wir tun?«, fragte Sam mit entschlossenem Tonfall. »Wir sind hier, um zu helfen, und wir gehen nicht, bevor wir etwas Nützliches getan haben.«

»Wir haben es all unseren Freunden gesagt, und sie haben es all ihren Freunden gesagt«, ergänzte Sarah. »Alle sind bereit, rauszugehen und nach Becky zu suchen. Wir müssen ein paar Flyer drucken und das Ganze richtig in Gang bringen. Wir müssen sie finden.«

Das machte mich nur wieder traurig. Ich begann zu schluchzen, als Sam und Sarah meinen Platz am Computer übernahmen und anfingen, Flyer und Poster zu entwerfen, um sie überall in Bristol aufzuhängen. Sie suchten nach einem guten Foto von Becky, schrieben die Worte und innerhalb von wenigen Minuten druckten wir Hunderte von ihnen aus. Mein Drucker stand den ganzen Tag nicht still.

Sam und Sarah reichten die Poster an Joe und Asa weiter, und sie gingen auf die Straße und hängten sie überall in der Gegend auf. Sie bezogen auch ihre Freunde mit ein, und bald war die ganze Stadt mit Bildern Becky gepflastert. Sie fingen sogar an, Flyer an Leute zu verteilen, wenn sie in ihren Autos vor Ampeln standen.

Alle waren voller nervöser Energie. Joe und Asa kamen immer wieder und holten frische Fuhren von Flyern und Postern ab, während Sam und Sarah immer mehr druckten. Nathan und Shauna kamen auch immer wieder zum Haus, um sicherzustellen, dass es Anjie gut ging, und allgemein ein Auge darauf zu haben, was vor sich ging. Außerdem sprachen wir regelmäßig mit Tanya und Danny, um sie auf dem Laufenden zu halten.

Ich sackte auf einen Stuhl im Gartenzimmer und zündete mir eine Zigarette an. Anjie folgte mir, also zündete ich auch eine für sie an. Mir fiel auf, dass meine Hände zitterten, und ich ballte sie fest zu Fäusten, damit das aufhörte.

Ich sah Anjie zum ersten Mal seit Tagen wieder richtig an – sie sah erschöpft aus. Ich sah zweifellos sogar noch schlimmer aus.

»Wir werden sie nie wiedersehen, oder?«, platzte ich heraus und würgte an den Worten.

Anjie sah mich schockiert an. »*Natürlich* werden wir sie wiedersehen!«, rief sie und griff nach meiner Hand. »Du musst daran glauben, dass wir sie finden werden.«

In diesem Augenblick dachte ich, ich hätte Nathan im Wohnzimmer lachen und etwas sagen gehört. Es klang, als würde er sich über das lustig machen, was wir gerade gesagt hatten, aber ich tat das schnell ab. Ich hatte seit Tagen nicht geschlafen, daher war ich hypersensibel in Bezug auf alles, und mein Haus war ein komplettes Chaos, da ständig Leute ein- und ausgingen.

Alles, woran ich denken konnte, war Becky. War sie in Sicherheit? Fror sie oder war sie hungrig? Das Wetter war bitterkalt und ein unbarmherziger Regen hatte tagelang über das Dach des Hauses gepeitscht. Wenn sie da draußen war, würde sie inzwischen bis auf die Haut durchnässt sein. Sie hätte krank sein können.

Anjie drückte wieder meine Hand. »Darren, verlier nicht die Hoffnung«, sagte sie. »Weißt du, was ich denke? Sie hat jemanden getroffen und ist mit demjenigen weggefahren, ohne sich klarzumachen, was für Sorgen sie uns damit bereitet. Sie kann sehr naiv sein – das weißt du. Sie *wird* nach Hause kommen. Du darfst nicht die Hoffnung aufgeben.«

Ich blickte sie an und legte dann meine Arme um sie. Ich glaubte kein Wort von dem, was sie sagte, aber in diesem Moment war ich dankbar, *dass* sie es sagte. Anjie war immer mein Fels in der Brandung gewesen, und es war erstaunlich, wie sie immer optimistisch bleiben konnte, selbst in einer verzweifelten Lage wie dieser.

Am nächsten Morgen, Montag, dem 23. Februar, loggte ich mich wieder auf Facebook ein.

»Immer noch keine Nachrichten«, schrieb ich. »Die Polizei hat mein ganzes Haus auf der Suche nach Hinweisen auf den Kopf gestellt. Durch welche neue Hölle werden wir heute gehen müssen?«

Ich dachte über das nach, was Anjie gesagt hatte – dass Becky vielleicht mit jemandem weggegangen war –, doch es schien ihr gar nicht ähnlich zu sehen. Sie war die Art von

Mädchen, das nicht einmal zur Kasse eines Ladens gehen konnte. Eine Stunde später beschloss ich, eine andere Herangehensweise auszuprobieren, für alle Fälle.

»Bex, wenn du das hier sehen kannst, komm bitte nach Hause«, schrieb ich auf meiner Facebookseite. »Wir sind untröstlich. Wir brauchen dich in unserem Leben. Du wirst nicht ausgeschimpft werden, und du kannst so viel Chaos verbreiten, wie du willst. Ich werde kein Wort sagen, versprochen.« Als ich es postete, seufzte ich. Es war einen Versuch wert – alles war einen Versuch wert.

Später an diesem Tag sagte mir die Polizei, sie wollten eine Pressekonferenz abhalten, damit wir direkt an Becky appellieren konnten, sich zu melden. Sie wollten, dass ich etwas sagte, und auch Pat, Beckys Großmutter mütterlicherseits, sollte etwas sagen.

Obwohl ich nicht wirklich glaubte, dass Becky aus eigenem Entschluss weggegangen war, erklärte ich mich damit einverstanden, da ich dadurch das Gefühl bekam, tatsächlich etwas zu tun, um der Polizei bei den Ermittlungen zu helfen.

Russ und Jo brachten uns auf eine Polizeiwache im Stadtteil St. Philips, wo wir den leitenden Ermittler Detective Inspector Richard Ocone trafen. Wir wurden in einen engen Raum gebracht, in dem sich um die fünfzehn Journalisten und jede Menge Fotografen und Kameraleute befanden. Uns wurde gesagt, wir sollten uns hinsetzen und direkt in die Kamera sprechen, während wir die Erklärung vorlasen, die wir mit Hilfe der Polizei vorbereitet hatten.

Ich atmete tief durch und begann, von dem Blatt vor mir abzulesen. Ich war sehr nervös.

»Bex, wenn du das siehst, dann komm bitte heim«, begann ich. »Wir lieben dich sehr, und was immer du denken magst, wir können alles in Ordnung bringen, egal was.

Komm einfach nach Hause. Und falls irgendwelche Freunde sie verstecken: Ihr tut ihr keinen Gefallen damit. Sagt es einfach der Polizei. Sagt es einfach der Polizei und bringt sie sicher nach Hause.«

Ich blickte auf meine Erklärung hinunter, um den nächsten Teil zu lesen, aber die Worte fingen an zu verschwimmen.

»Es tut mir leid, ich kann nicht«, sagte ich mit brechender Stimme. Ich gab mein Bestes, um meine Fassung wiederzugewinnen, aber es hatte keinen Zweck. Ich starrte angestrengt auf den Tisch, bevor ich mich geschlagen gab. »Du wirst es machen müssen, Pat«, sagte ich. »Es tut mir leid.«

Pat nickte und übernahm geschwind. »Hallo Bex, hier ist deine Großmutter«, sagte sie. »Du siehst, dass dein Vater ein gebrochener Mann ist. Falls du noch nicht nach Hause kommen willst, dann lass bitte einfach jemand anderen anrufen oder eine SMS schreiben. Und falls du dir ein wenig Sorgen machst zurückkommen, wegen all dieses Trubels, dann komm einfach zu mir und bleib ein paar Tage. Du weißt, dass ich ein freies Zimmer habe. Du wirst sehr geliebt, auch wenn du es aus irgendeinem Grund vielleicht nicht glaubst.«

Pat schwieg für einen Augenblick und sah zu mir hinüber. Ich bemühte mich nach Kräften, nicht zu weinen.

»Sieh dir deinen armen Vater an«, ergänzte sie. »Bitte komm heim. Oder wer auch immer sie beherbergt – tun Sie das Richtige. Danke.«

DI Ocone sagte: »Zuerst möchte ich direkt zu Rebecca sagen: Du bist nicht in Schwierigkeiten. Alles, worum es uns geht, ist dein Wohlbefinden. Wir wollen nur sichergehen, dass es dir gut geht. Wenn du kannst, dann ruf einfach zu Hause, bei deinen Freunde oder bei uns an. Wir können mit dir zusammenarbeiten und alle Probleme lösen, die du vielleicht hast. Ich möchte außerdem jeden, der weiß, wo Rebecca ist, bitten, sich zu melden und es uns wissen zu lassen. Es ist ganz und gar untypisch für Rebecca, wegzugehen, ohne es ihrer Familie und ihren Freunden zu sagen – besonders, wenn sie nicht vorhat, nach Hause zu kommen.«

Als wir heimfuhren, erlaubte ich mir eine schwache Hoffnung, dass, wer auch immer mein Mädchen hatte, willens sein würde, sie gehen zu lassen, nachdem er oder sie gesehen hatte, in was für einem Zustand ich war. Ich wusste, dass Becky niemals absichtlich verschwinden würde. Jemand musste sie in seiner Gewalt haben. Jemand da draußen wusste, wo meine Tochter war. Und wenn ich herausfand, wer das war, würde ich kommen und sie holen.

Am nächsten Tag begann die Polizei, die Gegend zu durchsuchen und mit den Bewohnern der umliegenden Straßen zu sprechen. Sie fingen außerdem an, die Waldstücke und die offenen Flächen ringsum zu durchkämmen – die Orte, an die ich Becky mitgenommen hatte, als sie ein kleines Mädchen war. Sie führten Suchen in den Gärten der Nachbarn, in Nebengebäuden und im Naturschutzgebiet durch.

In der Zwischenzeit gab ich ein Telefoninterview für Jack FM, eine lokale Radiostation aus Bristol, über Beckys Verschwinden und die Folgen für meine Familie. Die Polizei sagte, es sei gut, mit verschiedenen Medien zu sprechen, denn je mehr Leute von Becky wussten, desto besser. Während der Moderator anfing, mich nach meiner Tochter zu fragen, versuchte ich, die Tränen zurückzuhalten, die bereits in meinen Augen standen. Mehr als alles andere wollte ich deutlich machen, wie schüchtern Becky war und dass das, was passiert war, absolut untypisch für sie war.

»Sie ist sehr scheu und schüchtern«, sagte ich zu ihm. »Nicht uns gegenüber oder gegenüber ihren engsten Freunden, aber gegenüber allen anderen. Sie wäre nicht in der Lage, mit Fremden zu sprechen. Wie ich schon der Polizei gesagt habe, sie kann nicht einmal zur Kasse eines Ladens gehen. Sie könnte nicht mal ein Busticket lösen. Sie würde lieber zu Fuß gehen, als den Fahrer um ein Ticket zu bitten. So schüchtern und zurückhaltend ist sie. Also ergibt das einfach keinen Sinn. Keines ihrer Kleidungsstücke fehlt, ihr Kulturbeutel ist hier, ihre Zahnbürste ist hier, ihr Make-up ist noch da. Sie würde das Haus nicht ohne ihr Make-up verlassen.«

Als er mich fragte, wie ich mich fühlte, brach meine Stimme, während ich versuchte zu antworten. »Es ist die absolute Hölle auf Erden«, sagte ich. »Ich bin nicht in der Lage, zu essen oder zu schlafen, seit sie vermisst wird. Wir brauchen sie einfach wieder zu Hause. Jemand da draußen weiß etwas. Ich will nur mein Mädchen zurück, das ist alles. Ich will sie nur zurück.«

Dann nahm ich mir einen Moment Zeit, um zu meiner Tochter zu sprechen, in der Hoffnung, dass sie das Interview irgendwie hören könnte. »Bex, wenn du kannst, dann komm einfach nach Hause«, flehte ich. »Du wirst nicht ausgeschimpft werden oder so etwas. Komm einfach nach Hause. Du bist doch ein Teil unseres Lebens.«

Die Aufmerksamkeit der Medien verstärkte sich. Es gab ein riesiges Interesse an unserer Familie, und immer, wenn ich hinaussah, konnte ich einen Haufen Reporter und Fotografen sehen, die auf ein Wort oder ein Bild von uns warteten. Wenn ich das Haus verließ, wurde ich meistens von einem Polizeibeamten oder einem Mitglied meiner Familie begleitet, aber gelegentlich blieb ich stehen und gab vor den Reportern ein Kommentar ab. Ich wusste, dass sie nur ihren Job machten, und je mehr Publicity wir bekamen, desto mehr würde es uns helfen, Becky zu finden. Dennoch hatte ich das Gefühl, dass die Presse aufdringlich war. Ich dachte immer wieder, dass Becky es gehasst hätte, so im Rampenlicht zu stehen.

Nach dem Radiointerview nahm ich wieder meinen Platz am Computer ein. Ich hatte nie so viel Zeit auf Facebook verbracht wie in diesen Tagen. Ich saß stundenlang dort, teilte Bilder von Becky und alles andere, was ich finden konnte – einschließlich des Videos mit unserer »Atomaren Curry Challenge«. Ich sah mir das Video wieder und wieder an. Ich konnte meine Augen nicht von Becky wenden, die lachte und Späße machte und ihrem alten Herrn gegenüber frech wurde. Ich hätte alles gegeben, um wieder in diesem Augenblick mit ihr zusammen zu sein, statt an meinem Computer zu sitzen und ihr hilflos zuzusehen, während Tränen über meine Wangen liefen.

In dieser Nacht lag ich im Bett in der Hoffnung, ein wenig Schlaf zu finden, wusste aber, dass er wohl nicht kommen würde. Mein Verstand war erschöpft und voller furchtbarer Bilder davon, was Becky vielleicht passiert war. Meistens stellte ich mir vor, sie wäre entführt und vergewaltigt worden. Ich wusste, dass es schlechte Menschen auf der Welt gab, und vielleicht war mein kleines Mädchen irgendwo da draußen und brauchte mich. Ich stand mitten in der Nacht auf und starrte mich angestrengt im Badezimmerspiegel an. Ich sah elend aus, meine Augen rot und geschwollen mit großen Tränensäcken darunter.

»Wo ist meine Tochter? Wo ist sie?«, sagte ich laut und starrte mein Spiegelbild an wie ein Verrückter.

Am nächsten Morgen, am Mittwoch, dem 25. Februar postete ich voller Verzweiflung etwas auf Facebook, von dem ich glaubte, es könnte uns helfen, Becky zu finden, oder wenigstens die Leute zum Nachdenken bringen.

Becky, Anjie und ich standen uns so nah, wir hatten ein sehr enges Verhältnis zueinander. Da ich immer die Familieneinkäufe tätigte, bat mich Becky, Sachen mitzubringen, die sie brauchte – einschließlich persönlicher Dinge. Ich wusste, dass sie in der Woche, als sie verschwand, ihre Periode hatte, da sie mich gebeten hatte, ihr ein paar Tampons mitzubringen. Ich bekam immer mehr Angst vor dem, was vielleicht passiert war, wer sie mitgenommen haben könnte und was sie ihr angetan haben könnten, und ich machte vor nichts Halt, um es herauszufinden. Daher schrieb ich: »Dies ist eine Nachricht an alle Ehefrauen, Mütter und Freundinnen. Mein Baby hatte ihre Regel, also falls Sie irgendwelches Blut aus der Unterwäsche Ihres Partners oder Sohns gewaschen haben, und es sich nicht erklären können, dann melden Sie es mir bitte. Bitte stellen Sie sich vor, es wäre Ihr Kind – was würden Sie tun?«

Am nächsten Tag brachten einige Zeitungen die Nachricht und beschrieben sie als »verstörend«. Ich war wütend darüber, dass mein Post als etwas anderes gesehen werden könnte als die Bitte eines verzweifelten Vaters an die Öffentlichkeit um jede mögliche Information. Vielleicht haben ein paar andere Väter nicht dieselbe Beziehung zu ihren Kindern, aber Becky und ich waren eng genug verbunden, dass ich wusste, wann sie ihre Periode hatte. Zurückblickend war es vielleicht ein wenig seltsam, doch während ich mich im qualvollen Griff der Verzweiflung und Frustration befand, erschien es sehr sinnvoll.

Joe und Sam hatten für diesen Mittwoch eine öffentliche Suche organisiert, die neben der Polizeiermittlung laufen sollte. Sie baten über die sozialen Medien und die Presse die Leute um Hilfe.

Ein paar Stunden, bevor die Suche beginnen sollte, kamen Russ und Jo vorbei, um mit Anjie und mir zu reden.

»Wir müssen ein gerichtsmedizinisches Team ins Haus bringen, um eine gründlichere Suche machen zu können, wenn das okay ist«, sagte Russ. »Das bedeutet, dass Sie beide heute Nacht irgendwo anders übernachten müssen. Wenn Sie eine Reisetasche packen, können wir Sie jetzt irgendwo hinbringen.«

»Warum müssen wir unser Haus verlassen? Ich verstehe das nicht«, beschwerte ich mich. Sie war offensichtlich nicht hier, also, warum suchten sie im Haus? Mir ging der Gedanke durch den Kopf, dass ich vielleicht verdächtigt wurde. Ich wusste, dass sie Luke, Adam und alle anderen Freunde von Becky befragt hatten, aber es war ja klar, dass sie nichts damit zu tun hatten. Ich nahm an, dass sie einfach gründlich sein wollten, aber ich wünschte mir, sie würden sich darauf konzentrieren, sie zu finden, statt die Familie zu überprüfen.

Anjie und ich warfen Sachen zum Wechseln, unsere Schlafanzüge und Zahnbürsten in eine Tasche, und wir wurden in einem Zivilfahrzeug der Polizei zu einem Hotel im Zentrum von Bristol gebracht. Unser Wagen und unser Computer sollten auch untersucht werden, also konnten wir sie nicht benutzen. Ich wusste, dass die Polizei nur ihre Arbeit machte und dass sie uns aus dem Weg haben wollten, aber es war keine angenehme Erfahrung, so aus dem Haus geworfen zu werden. Fotografen tummelten sich am Tor und machten Fotos von uns, als wir wegfuhren. Ich blieb stehen, um einem Reporter einen kurzen Kommentar zu geben, der mich fragte, was ich von den öffentlichen Versuchen halten würde, Becky zu finden.

Ich sagte: »Ich bin sehr dankbar für die Unterstützung der Öffentlichkeit. Die Suche wurde von meinem Bruder organisiert, und ich hoffe, dass jede Menge Leute kommen werden. Ich kann jetzt nicht anderes sagen.«

Ich wollte an der Suche teilnehmen, da ich unbedingt das Gefühl brauchte, etwas Nützliches zu tun. Ich hatte Stunde um Stunde am Computer und am Telefon verbracht, und das forderte allmählich seinen Tribut. Ich musste da draußen sein und nach meiner Tochter suchen.

Ich bat Anjie, am Telefon zu warten, während ich mich mit allen von meiner Seite der Familie traf, die sich am Ende unsere Straße versammelt hatten. Zu meinem großen Staunen tauchten etwa einhundert Menschen auf. Nathan und Shauna waren nicht dabei, aber ich nahm an, dass sie sich um ihr Kind kümmern mussten. Als ich darüber nachdachte, wurde mir klar, dass sie bisher auch sonst nicht viel getan hatten, um zu helfen, seit Becky verschwunden war, aber sie waren ja auch sonst nicht wirklich die Sorte Menschen, die einsprangen und anderen Menschen halfen. So waren sie einfach.

Ich war an diesem Nachmittag überwältigt von der Menge von Menschen, die meiner Familie helfen wollten. Nachbarn und Fremde gleichermaßen schienen ernsthaft besorgt, wo Becky sein könnte, und es machte mich dankbar und stolz, ein Bristoler zu sein. Meine Chefs – Jeremy, John, Lee, Andy und Tony – gaben sogar all meinen Kollegen den Tag frei, damit sie sich dem Suchtrupp anschließen konnten. Ich fühlte mich ihnen dafür sehr verpflichtet.

Sam und Joe teilten alle in Gruppen ein und koordinierten sie, sodass jede Gruppe einen anderen Teil der Stadt übernahm. Es war ein eiskalter Tag, aber die Leute hielten durch; sie packten sich warm ein und machten weiter. Wir liefen an diesem Tag viele Kilometer. Wir durchkämmten jeden öffentlichen Park, jede Wohnstraße, und wir hielten jede einzelne Person an, der wir begegneten. Wir teilten Hunderte von Flyern aus, alle mit Beckys schönem Gesicht darauf. Jedes Mal, wenn ich jemandem einen in die Hand drückte, sorgte ich dafür, dass sich unsere Blicke trafen. Ich wollte, dass sie verstanden, wie wichtig es war, dass wir Becky fanden und sie sicher nach Hause brachten.

»Oh, Sie sind der Vater des armen Mädchens«, rief eine Frau aus, als ich ihr einen Flyer gab, und ich nickte. Zu meiner Überraschung umarmte sie mich in einer rührenden Demonstration von Mitgefühl. »Ich hoffe, Sie finden sie«, sagte sie. Ich war erstaunt, dass Beckys Verschwinden die Leute so tief berührt hatte. Das brachte mich an diesem Tag häufig den Tränen nah.

Während wir über alle Arten von Gelände stapften, wandte ich mich an meinen Bruder Joe. »Danke für alles, Kumpel«, sagte ich, und er legte beruhigend seinen Arm um mich.

»Wir werden sie finden, Dar«, versprach er.

Ich wünschte mir so sehr, ich könnte ihm glauben, aber zu diesem Zeitpunkt verlor ich meinen Glauben immer mehr.

»Ich denke nicht, dass ich mich jemals in meinem Leben so verzweifelt und niedergeschlagen gefühlt habe«, gestand ich, und er sah mich mitfühlend an und nickte.

»Gib einfach noch nicht auf, Dar, in Ordnung?«, antwortete er und drückte mich. »Das Schlimmste, was wir jetzt tun können, ist aufgeben.«

Wir hörten nicht auf zu suchen, bis jeder Flyer ausgeteilt worden war, und wir gingen so weit, wie wir nur konnten. Am Ende der Suche wurden Polizeibeamten eine Anzahl von Gegenständen ausgehändigt, einschließlich eines Paars Schuhe, eines Notizbuchs, einer Jacke und eines blauen T-Shirts. Jemand entdeckte auch eine Tasche, die in einer Hecke verborgen war, von Blättern bedeckt, die an diesem Abend von Beamten der Kriminaltechnik untersucht wurde.

Als ich ins Hotel zurückkam, wartete Anjie ängstlich auf mich.

»Hattet ihr Glück?«, fragte sie hoffnungsvoll, aber ich schüttelte den Kopf.

»Nicht wirklich, Liebes«, sagte ich und nahm ihre Hand. »Es waren aber jede Menge Leute da draußen, um uns zu helfen.«

»Hier ist auch nichts passiert«, sagte sie seufzend und deutete auf das Telefon. »Willst du etwas essen oder trinken?«

Ich schüttelte den Kopf. Ich konnte mich nicht erinnern, wann ich das letzte Mal in der Lage gewesen war, mehr als ein paar Bissen zu essen oder mehr als einen Schluck Cola zu trinken. Ich wusste, dass ich rapide an Gewicht verlor, denn wenn ich mich anzog, fühlten sich alle meine Kleider lockerer an, aber die Vorstellung, etwas zu essen, reizte mich nicht. Ich schmeckte nichts. Unser verzweifeltes Bedürfnis, Becky zu finden, verzehrte mich; alles andere schien sinnlos.

Unser Hotelaufenthalt wurde von einer Nacht auf zwei Nächte verlängert, dann auf drei. Die Polizei sagte, wir könnten nicht nach Hause zurückkehren, da sie noch mehr Zeit brauchten, um das Haus zu untersuchen. Wir hatten nur einmal Kleidung zum Wechseln dabei und nichts sonst, daher gaben Russ und Jo uns 100 Pfund, um neue Kleidung zu kaufen, und sie bezahlten für unser Essen und Trinken, während wir in dem Hotel waren. Außerdem gaben sie uns einen Mietwagen, den wir benutzen konnten.

Alles war unwirklich. Ich hasste es, nicht in der Lage zu sein, in Beckys Zimmer zu gehen und ihre Gegenwart um mich zu spüren. Ich machte mir Sorgen, dass sie, falls sie nach Hause zurückkehrte, so unwahrscheinlich das jetzt auch erschien, in Panik verfallen könnte, wenn ihr klar wurde, dass Anjie und ich nicht da waren. Am meisten aber hasste ich es, in diesem Hotelzimmer herumzusitzen und zu warten und nichts zu tun zu haben, außer fernsehen und auf und ab gehen.

Während der nächsten Tage durchkämmten kriminaltechnische Beamte weiter unser Haus nach Hinweisen, und spezielle Spürhunde wurden eingesetzt. Die Polizei von Avon und Somerset zog die Hilfe von anderen Polizeitruppen aus South Wales und Wiltshire hinzu, und die Suche wurde intensiviert. Sie gingen sogar so weit, durch die Teiche in den nahegelegenen öffentlichen Parks zu waten. Ein Laptop wurde in einem Waldstück entdeckt, nicht weit von unserem Haus, und eine Weile dachten sie, das könnte der Durchbruch sein – aber es war nicht ihrer. Die Hauptsache, die sie beschäftigte, sagten die Detectives, sei die Tatsache, dass es überhaupt keine Sichtungen von Becky gegeben hatte, nachdem sie unser Haus verlassen hatte. Es erschien seltsam und mysteriös, dass nicht ein Nachbar, nicht ein vorbeifahrender Autofahrer sie an diesem Morgen gesehen hatte, und sie war auch auf keiner Überwachungskamera. Wie konnte sie einfach verschwunden sein?

Am 27. Februar nahmen Russ und Jo Anjie und mich mit auf die Polizeiwache, um einige zusätzliche Einzelheiten von uns zu erfragen. Sie brachten uns in verschiedene Räume, und ich sprach mit einigen Detectives, die mich nach der Dynamik in meiner Familie fragten. Dieser Frageansatz verwirrte mich. Ich hatte mehr Fragen über Becky erwartet; stattdessen schienen die Beamten die Absicht zu haben, sich auf den Rest von uns zu konzentrieren.

Sie fingen damit an, zu fragen, wie unsere Familie funktionierte, wer mit wem verwandt sei, und dann begannen sie zu fragen, ob wir alle gut miteinander auskämen.

Sie fragten mich nicht nur nach meiner Beziehung zu

Becky, sie befragten mich auch zu Anjie, Nathan, Danny und Shauna und wie sie mit ihr umgingen.

»Kommen Nathan und Becky gut miteinander aus?«, fragten sie.

Ich zuckte die Achseln. »Sie streiten gelegentlich, wie Geschwister es nun mal tun«, antwortete ich. »Nathan war eifersüchtig auf Beckys Beziehung zu seiner Mum, was nur natürlich ist.« Ich dachte noch einmal nach, bevor ich hinzufügte: »Becky missbilligt es ziemlich, dass Nathan und Shauna dauernd im Haus sind. Sie denkt, dass sie uns finanziell ausnutzen und sich von uns durchfüttern lassen. In der Hälfte der Fälle stimme ich ihr zu.«

»Und was ist mit Shauna?«, fragten sie.

»Shauna und Becky kommen ganz gut miteinander aus«, sagte ich. »Shauna gehört für uns jetzt zur Familie. Sie ist immer irgendwo im Haus mit unserem Enkelkind.«

Sie schienen besonders über Nathan und Shauna reden zu wollen, und ich war bald über diesen Frageansatz verärgert. »Entschuldigen Sie, aber was soll das?«, blaffte ich.

»Mr Galsworthy«, fing ein Beamter an, »wir müssen alles wissen, was es über die Familie zu wissen gibt, um vollständig ermitteln zu können.«

Da verlor ich die Beherrschung. Ich fühlte mich erschöpft und ausgelaugt, und ich hatte das Gefühl, sie würden Zeit damit verschwenden, mich über Dinge zu befragen, die nicht einmal von Bedeutung waren. »Becky hat das Haus verlassen und ist nicht zurückgekommen. Der Rest meiner Familie ist mit mir zu Hause gewesen, hat der Polizei geholfen und an der Suche teilgenommen«, donnerte ich. »Nathan ist mein Sohn, und Shauna ist wie eine Tochter für mich. Meine Familie hat nichts damit zu tun. Wir wissen nichts, und das haben wir Ihnen auch bereits gesagt. Ihre Fragen sind sinnlos. Bitte hören Sie auf, sich auf unsere Familie zu konzentrieren, gehen Sie da raus, machen Sie Ihren Job und finden Sie meine Tochter.«

Ich war nicht stolz auf meinen Ausbruch. Ich wusste, dass die Polizei Ihr Bestes gab, um Becky zu finden, aber in diesem Augenblick hatte ich das Gefühl, meine Familie verteidigen zu müssen. Meiner Meinung nach litten wir bereits genug, ohne dass man uns auch noch das Gefühl gab, Kriminelle zu sein.

1. Becky mit sechs Jahren. Das Bild wurde im Sommer 2005 zu Hause in Crown Hill aufgenommen.

2.-3. Becky mit acht Jahren, wie so häufig in inniger Umarmung mit Anjie. Die Fotos stammen von einem Familienurlaub in Weymouth Beach. Becky ging sehr gerne im Meer schwimmen, sie war eine ausgesprochene Wasserratte.

4. Dieses Bild wurde während eines Ferienaufenthalts 2003 im Cofton Holiday Park in Dawlish aufgenommen. Becky ist vier Jahre alt, Danny sieben und Nathan fünfzehn. Wir fuhren oft nach Dawlish, weil es den Kindern dort so gut gefiel.

5. Im Winter 2009 gab es viel Schnee in Bristol. Becky war zehn Jahre alt und sehr begeistert. Wir spielten stundenlang draußen. Den Schneemann bauten wir auf einer Wiese gegenüber von unserem Haus in St George.

6. Die zehnjährige Becky und ich im Zoo von Bristol, 2009. Becky liebte Tiere, sie bettelte immer wieder, wir sollten in den Zoo gehen. Es war einer ihrer Lieblingsorte.

7. Wieder einmal in Dawlish, diesmal im Sommer 2007. Becky ist acht Jahre alt, wir verbrachten den Tag am Strand.

8. Becky im Sommer 2009, zehn Jahre alt, an dem Tag, als sie ihre Katze Marley aus dem Tierheim holte. Marley war ein winziges Kätzchen und sehr niedlich. Bald wuchs er zu einem großen, kräftigen Kater heran.

9.-10. Auf diesen Fotos ist Becky zwölf Jahre alt und hat schwer mit ihrer Magersucht zu kämpfen. Für uns alle war es eine schwierige Zeit. Wir waren sehr erleichtert und stolz, als sie ihre Essstörung überwand.

11. Meine liebe Frau Anjie und ich bei unserer Hochzeit im August 2013. Es war einer der schönsten Tage in meinem Leben, und auch Becky genoss ihn sehr. Sie strahlte den ganzen Tag.

12. Becky als hübsche Brautjungfer bei unserer Hochzeit. Sie hatte die Kleider der Brautjungfern ausgesucht, in ihrer Lieblingsfarbe Hellblau.

13. Blumen, Teddybären und andere Gaben wurden vor unserem Haus abgelegt, nachdem der Mord an Becky bekannt wurde. Die Öffentlichkeit unterstützte uns sehr während dieser schrecklichen ersten Monate.

14. Eine Pferdekutsche bringt meine hübsche Bex zu ihrer letzten Ruhe – April 2015. Die Beerdigung wurde von den Bürgern von Bristol finanziert. Es war ein wunderbarer Abschied für ein wunderbares Mädchen.

15. Ich lasse eine einzelne weiße Taube für Becky fliegen. Das Foto stammt von ihrer Beerdigung im April 2015. Kurz darauf brach ich zusammen. Es war ein sehr emotionaler Moment.

16. Die Familie wartet auf der Gerichtstreppe darauf, ihr Statement abzugeben. Dieses Foto wurde am Tag der Schuldsprüche im November 2015 aufgenommen. Der Prozess war eine extrem sorgenvolle und emotional belastende Zeit für uns, aber wir standen ihn gemeinsam durch.

17. Mein Lieblingsbild von uns beiden. Es zeigt sehr schön, wie unsere Beziehung als Vater und Tochter aussah. Anjie hat uns bei einem Spaziergang während der Ferien in Cornwall fotografiert. Damals war Becky dreizehn Jahre alt.

9

Die Verhaftung

Anjie und ich übernachteten in drei verschiedenen Hotels und einem Apartment, während die Suche nach Becky weiterging. Am 2. März wurden wir in ein kleines Hotel verlegt, das hauptsächlich von Flughafenpassagieren genutzt wurde, gleich neben der A38. Es war uns ganz recht, aus dem Stadtzentrum von Bristol herauszukommen, denn das öffentliche Interesse war mittlerweile enorm und manchmal eine Überforderung. Ihr Gesicht erschien immer noch in jeder lokalen und landesweiten Zeitung, und wir konnten nicht mal einen Drink an der Hotelbar nehmen, ohne die Story über den Fernseher flimmern zu sehen. Die Leute in der Stadt erkannten unsere Gesichter wieder, und obwohl die meisten sich uns nicht näherten, wusste ich, dass sie uns anstarrten. Ich zog es vor, mich so viel wie möglich zu verstecken.

Nicht im eigenen Haus zu sein, war jedoch hart. Ich hatte Probleme damit, in einem Bett zu schlafen, das nicht mein eigenes war – nicht, dass ich insgesamt viel geschlafen hätte. Mit jedem Tag, der verging, fühlte ich mich noch leerer und verzweifelter. Auch für Anjie war es schwierig. An manchen Tagen kam sie kaum aus dem Bett, so schwach und erschöpft war sie. Sie sprach sehr langsam und fühlte sich ganz benebelt, was beängstigend für uns beide war. Unsere tägliche Routine bestand so ziemlich aus Folgendem: aufstehen, versuchen, etwas zum Frühstück hinunterzuwürgen (was mir nie gelang), und dann auf Neuigkeiten von Jo und Russ warten, während im Hintergrund der Fernseher lief.

Am Samstag, dem 28. Februar wurden wir darüber informiert, dass die Polizei Nathan und Shauna wegen Beckys Verschwinden befragte. Viel mehr hörten wir nicht, und ich wies das, um ehrlich zu sein, sofort von der Hand. Ich wusste, dass die Polizei in alle Richtungen ermittelte und deshalb auch mit allen Familienmitgliedern sprach, daher dachte ich nicht, dass es zu irgendetwas führen könnte. Ich war sicher, dass sie nicht viel aus Nathan und Shauna herausbekommen würden. Die beiden schienen nichts zu wissen, und sie waren ohnehin zu sehr mit sich selbst beschäftigt, um sich viel darum zu kümmern.

Am Morgen des 3. März, einem Dienstag, veränderte sich dann alles. Wir waren in unserem Hotelzimmer, als Anjies Mobiltelefon klingelte. Sie formte lautlos mit den Lippen, es sei Russ. Ich verdrehte die Augen, weil ich dachte, er würde anrufen, um uns den üblichen Lagebericht zu geben – dass Becky immer noch vermisst wurde und die Polizei ihrem Ziel, sie zu finden, nicht näher gekommen war. Aber da irrte ich mich.

»Was ist los?«, fragte Anjie. Da war ein neuer, dringlicher und besorgter Ton in ihrer Stimme. »Gibt es etwas Neues?« Sie hörte aufmerksam zu und sah zu mir hinüber. Nachdem sie aufgelegt hatte, starrte sie mich schockiert und verwirrt an.

»Was ist los, Liebes? Was ist passiert?«, fragte ich. Sie blickte für ein paar Sekunden auf das Telefon in ihrer Hand und dann wieder zu mir, mit Tränen in den Augen.

»Sie haben Nathan und Shauna verhaftet«, sagte sie.

Ich starrte sie ungläubig an, dann wurde ich von einer Welle der Wut überflutet. »Was zum Teufel soll das denn?«, sagte ich. »Das muss ein Fehler sein. Warum in aller Welt beschäftigen sie sich mit der Familie, statt ihren verdammten Job zu machen und Becky zu finden?«

»Es ergibt überhaupt keinen Sinn«, antwortete sie und schüttelte den Kopf. »Was in aller Welt, sollen die beiden getan haben? Nathan würde nichts dergleichen tun.«

»Es ist Bockmist, Anj«, sagte ich. »Absoluter Bockmist. Es ist so typisch, die Familie zu verfolgen, statt tatsächlich zu tun, was sie tun müssen. Sie liegen völlig falsch. Die beiden sind einfach ein leichtes Ziel.«

Während wir auf die Ankunft der Polizisten warteten, schlug mein Verstand Purzelbäume. Russ hatte am Telefon nicht gesagt, warum sie Nathan und Shauna verhaftet hatten. Tausend Gedanken gingen mir durch den Kopf, aber im Vordergrund stand die Vermutung, dass es ein Irrtum sein musste.

Russ und Jo kamen direkt zu unserem Zimmer und klopften an die Tür. Ich machte auf und winkte sie herein, bevor ich mich auf das Bett setzte. Mir fiel auf, dass sie beide noch ernster aussahen als gewöhnlich.

Russ nickte Richtung Fernseher, der im Hintergrund lief.

»Macht es Ihnen was aus, den für eine Minute abzuschalten?«, fragte er. Ich griff nach der Fernbedienung und tat, wie mir geheißen.

Es herrschte eine unbehagliche Stille im Zimmer, als Anjie und ich darauf warteten, dass sie anfingen zu reden. Es war unerträglich.

»Also, warum haben Sie die beiden verhaftet?«, platzte ich heraus.

Russ atmete tief durch, bevor er sprach. »Nathan ist uns gegenüber wenig kooperativ«, sagte er.

Ich lachte ein bisschen zu laut. »Natürlich ist er das«, murmelte ich. »Das ist lächerlich.«

Jo und Russ sahen sich an, und ich wusste, sie verschwiegen mir etwas.

»Es gibt keine einfache Art, Ihnen das zu sagen«, sagte

Russ, »aber die Situation ist eskaliert. Die Ermittlung ist jetzt eine Morduntersuchung.«

Das Zimmer verschwamm, während ich versuchte zu begreifen, was er mir sagte. Es fühlte sich an, als hätte mir jemand sehr hart auf die Brust geschlagen. Ich konnte mein Herz hämmern, mein Blut rauschen hören, und mir war schwindlig und schlecht. Das Wort *Mord* hatte mich völlig unvorbereitet getroffen. Ich sah ihn benommen an, streckte instinktiv meine Hand aus und legte meinen Arm um Anjie, um sie zu trösten. Noch hatte keiner von uns angefangen zu weinen – der Schock war zu groß. Jeder Atemzug war eine ungeheure Anstrengung.

»Wir haben gestern Abend in einem Haus in Barton Hill Leichenteile entdeckt«, fügte Russ hinzu. »Es tut mir sehr leid, Darren.«

In diesem Moment brach meine ganze Welt zusammen.

»Woher wissen Sie überhaupt, dass sie es ist?«, fragte ich langsam. Mein Verstand rang darum, die volle Tragweite dessen zu verstehen, was er sagte.

Russ sah mich mitfühlend an. »Es tut mir leid, aber sie ist es eindeutig«, sagte er ruhig.

Er begann zu erklären, dass sie die Leiche mit Hilfe der DNA von der Probe, die sie von Beckys Zahnbürste genommen hatten, identifiziert hatten, aber dann hörte ich seine Stimme nicht mehr. Alles, woran ich denken konnte, war, dass mein kleines Mädchen tot war. Sie war keine zwei Kilometer von unserem Haus entfernt gefunden worden. Die Art, wie er es ausdrückte – *Leichenteile* – drehte mir den Magen um, und ich rannte ins Badezimmer, um mich zu übergeben. Da ich jedoch nur noch von Cola gelebt hatte, kam nichts heraus. Ich blickte in die Toilettenschüssel, zitterte vor Schock und Wut, und kalter Schweiß kribbelte an meinem Hals. Ich sah entsetzliche Bilder vor meinem inneren Auge. Becky, zerstückelt. Leichenteile. Wie viele? Hatte die Polizei überhaupt alle Teile, oder fehlten noch welche? Es war unerträglich.

Ich ging langsam zurück in das Zimmer, und in dem Augenblick spürte ich, wie ich innerlich explodierte. Meine Tochter war tot. Ich hatte nicht die geringste Hoffnung, sie jemals wiederzusehen. Es war nicht mehr zu ertragen. Ich stieß ein lautes Brüllen aus und drehte total durch. Ich konnte nichts mehr klar erkennen – alles um mich war verschwommen und unscharf, und die Zeit blieb fast stehen. Ich war wütend auf alles und jeden, als ich auf die Wand und den Boden einschlug und nach dem nächstbesten Gegenstand griff, den ich erreichen konnte, einen meiner Schuhe, den ich mit voller Kraft durch den Raum schleuderte. Er prallte von der Wand ab.

Russ, Jo und Anjie sahen nur schweigend zu. Anjie brach schließlich zusammen, stieß einen enormen, herzzerreißenden Klagelaut aus und fasste sich mit den Händen an den Kopf. Ich fühlte mich, als würde der Boden unter mir nachgeben, also ließ ich mich auf das Bett sinken und versuchte, zu Atem zu kommen.

Russ gab uns etwas Zeit, damit wir uns ein bisschen zusammenreißen konnten, dann begann er langsam und vorsichtig zu erklären, dass Beckys Überreste im Haus eines Mannes im Barton Court Nummer 9, in der Gegend von Barton Hill gefunden worden waren. Der Mann hieß Karl Demetrius. Offenbar war er ein Bekannter von Nathan.

Anjie und ich sahen uns an. »Ich hab noch nie von ihm gehört«, sagte ich. »Uns war nicht einmal bewusst, dass Nathan viele Freunde hat. Normalerweise ist er nur mit seiner Freundin zusammen. Kennst du diesen Kerl, Anj?«

Anjie schüttelte, immer noch leise schluchzend, den

Kopf. Sie sah so klein und verwirrt aus, wie sie da in ihrem Rollstuhl saß, dass ich den Arm ausstreckte und ihre Hand drückte.

»Welche Beweise gibt es dafür, dass Nathan etwas damit zu tun hatte?«, fragte ich.

»Beckys Blut wurde auf dem Türrahmen vor ihrem Zimmer gefunden«, sagte Russ. »Und Nathans Fingerabdrücke waren auch dort. Als wir ihn verhafteten, sagte er uns, wo die Leichenteile waren. Wir durchsuchten das Anwesen, und sie waren dort. Er hat zugegeben, für ihren Tod verantwortlich zu sein, Darren. Wir haben ihn des Mordes an Becky angeklagt, und Shauna der Behinderung der Justiz.«

Ich starrte ihn schockiert an, gefolgt von etwas, was ich nur als Abscheu und Verachtung beschreiben kann. Mit einem Mal verschwand jedes liebevolle Gefühl, das ich jemals für meinen Stiefsohn gehabt hatte, und an seiner Stelle floss rot glühender Hass durch meine Adern.

»Dieser verdammte Schuft«, murmelte ich, und Anjie weinte noch heftiger. »Was zum Teufel hat er getan? Was zum Teufel hat ihn veranlasst, ihr das anzutun? Ich werde ihn verdammt noch mal umbringen!«

Ich wiegte mich manisch auf meinem Stuhl vor und zurück. Je mehr ich darüber nachdachte, desto mehr passte alles zusammen. Das war der Grund, warum Becky nicht mehr gesehen worden war, nachdem sie angeblich das Haus verlassen hatte. Nathan und Shauna waren dort zu der Zeit, als sie angeblich ging, und sie waren diejenigen, die gesagt hatten, sie sei ausgegangen. Niemand sonst hatte Becky gehen sehen.

Ich war verzweifelt. Nathan war nicht perfekt, aber ich betrachtete ihn als meinen Sohn, und Shauna war für uns auch zu einem Teil der Familie geworden. Es war mir nie in den Sinn gekommen, dass sie lügen könnten, dass sie irgendwie dafür verantwortlich sein könnten. Ich hatte es nie in Betracht gezogen. Ich vertraute einfach dem, was sie sagten, weil keiner der beiden mir einen Grund gegeben hatte, etwas anderes zu glauben. Der Verrat machte mich fertig. Es war niederschmetternd. Ich fühlte mich wie der dümmste Mann auf dem Planeten.

Wie konnte ein Mitglied meiner Familie so etwas tun, ein junges Mädchen so verletzen? Ich konnte nicht begreifen, wie Nathan ihr so gleichgültig das Leben nehmen konnte. Wie konnte er sie in Stücke schneiden? Sie war seine Stiefschwester! Sie hatte ihn von dem Tag an bewundert, als sie sich das erste Mal begegnet waren. Das erste Wort, das sie sagte, war sein Name gewesen. Was hatte Becky getan, womit hatte sie das verdient? Was musste er von ihr gedacht haben, um so etwas zu tun?

Mir fiel kein einziger Grund ein. Es wäre viel einfacher gewesen, wenn ein Fremder sie ermordet hätte. Stattdessen war es ein Mann, den ich als meinen Sohn aufgezogen hatte, der uns auf viele Familienurlaube begleitet hatte, während Becky aufwuchs. Jemand, den ich seit mehr als einem Jahrzehnt finanziell und emotional unterstützt hatte. Er war Trauzeuge bei meiner Hochzeit gewesen. Der Verrat tat schmerzte so sehr, dass es alles noch zehn Mal schlimmer machte.

Ich war eine Ewigkeit – so fühlte es sich für mich an – in meinen eigenen Gedanken gefangen, während ich versuchte, den Vernichtungsschlag zu bewältigen, den man uns gerade beigebracht hatte. Anjie war untröstlich. Sie sah aus, als könnte sie jeden Augenblick an Schock sterben. Ihr eigener Sohn hatte das einem Mädchen im Teenageralter angetan, das sie als Tochter aufgezogen hatte. Es war unerträglich für sie, zu wissen, dass ihr eigenes Fleisch und Blut etwas so Abscheuliches getan hatte. Ich hielt fest ihre

Hand und war mir bewusst, dass mein ganzer Körper heftig zitterte.

Von diesem Augenblick an löschte ich alle Gefühle der Zuneigung, die ich jemals für Nathan gehabt hatte. All die glücklichen Erinnerungen, die ich an ihn hatte – wie ich ihn zur Fahrprüfung gebracht, ihn bei den Armeekadetten eingeschrieben und ihn zu seinem ersten Glas Bier mitgenommen hatte –, verdrängte ich aus meinem Geist. Nur Wut, Verletzung und Hass blieben übrig. Ich hatte in meinem ganzen Leben nie einen so starken Hass empfunden. Soweit es mich betraf, war Nathan kein Familienmitglied mehr. Er war absolutes Gift.

»Ich bringe ihn um«, wiederholte ich immer wieder, und Russ und Jo sahen sich unbehaglich an. »Auf die langsamste, schmerzhafteste Art, die möglich ist. Und wenn es das Letzte ist, was ich jemals tue, ich werde ihn umbringen.«

Meine Gefühle für Shauna waren ähnlich. In diesem explosiven Augenblick erinnerte ich mich an meinen Instinkt, als ich sie zum ersten Mal gesehen hatte. Von dem Moment an, als ich sie zu Gesicht bekam, wusste ich, dass sie nichts als Schwierigkeiten machen würde. Ich wusste, dass ich mich unbehaglich fühlte, wenn ich sah, wie Nathan und sie glückliche Familie spielten, aber ich fand nie heraus, warum. Stattdessen hatte ich ihr erlaubt, in unser Leben zu kommen, in unsere Familie. Shauna hatte mir und Anjie gesagt, wir seien das, was für sie einer Familie am nächsten käme. Und das sollte der Dank sein? Ich konnte es nicht glauben.

»Ich wusste, dass sie nichts als Schwierigkeiten machen würde«, raunte ich Anjie bitter zu. »Ich hätte ihr niemals erlauben dürfen, in die Nähe unserer Familie zu kommen. Ich hätte ihr gleich sagen sollen, sie solle abhauen. Ich hätte sie aus dem Haus werfen sollen.«

Russ hob die Hand. »Bitte, versuchen Sie sich zu beruhigen, Darren«, sagte er leise.

Ich starrte ihn nur an. »Wie ruhig wären Sie, wenn das Ihrer Tochter zugestoßen wäre?«

Ich wusste, es war nicht seine Schuld, aber im Augenblick war Russ nur ein Unglücksbote. Ich war so verletzlich und angreifbar wie nie zuvor in meinem Leben.

Dann versuchte es Jo, in einem mitfühlenderen Ton. »Ich weiß, es muss unglaublich schwierig für Sie beide sein. Es ist vollkommen verständlich, dass Sie wütend sind. Ich kann mir nicht einmal vorstellen, wie Sie sich fühlen müssen.«

Ich nickte, atmete tief durch und versuchte angestrengt, meine Beherrschung wiederzugewinnen. Ich drückte Anjies Hand noch fester. Sie hatte immer noch nichts gesagt.

»Wann können wir sie sehen?«, fragte ich ruhig.

»Wir werden es so schnell wie möglich für Sie herausfinden«, antwortete Jo.

Es gab ein paar weitere Einzelheiten, die Russ und Jo uns mitteilen wollten, aber ich nahm nicht viel davon auf. Sie sagten, Tanya und Danny würden von ihrem eigenen Verbindungsbeamten informiert, aber es sei an uns, es dem Rest der Familie zu sagen. Sobald sie gegangen waren, umarmte ich Anjie fest. Sie fühlte sich so zerbrechlich an! Wir zitterten beide noch von dem Schock. »Sollen wir etwas trinken gehen, Liebes?«, fragte ich sie, und sie nickte unter Tränen. Wir standen so sehr unter Schock, waren so verletzt, dass mir nichts anderes einfiel, um den Schmerz zu betäuben. An diesem Nachmittag saßen wir zusammen an der Bar, und ich kippte mehrere Gläser Wodka. Irgendwann erschien die neueste Entwicklung zu Beckys Verschwinden im Fernsehen. Es wurde gesagt, in einem Haus in Bristol seien Leichenteile gefunden und zwei Personen verhaftet worden. Weitere vier Personen waren außerdem unter dem Verdacht der Beihilfe festgenommen worden. Wer waren diese Leute?

Wir dachten nicht, dass Nathan überhaupt Freunde hatte. Warum sollten sie sich einverstanden erklärt haben, ihm zu helfen? Ich stellte mein Glas ab und starrte auf den Bildschirm. Die Tatsache, dass es im Fernsehen gebracht wurde, machte mir klar, dass es tatsächlich passierte. Die Frau hinter der Bar bemerkte meinen Gesichtsausdruck, und als sie mich fragte, ob sie umschalten sollte, nickte ich grimmig.

Ich versuchte die ganze Zeit, etwas zu finden, was ich zu Anjie sagen konnte, aber jedes Mal, wenn ich den Mund aufmachte, kam kein Wort heraus. Die meiste Zeit saßen wir schweigend da und starrten in die Luft. Was sollte ich auch sagen, um die Frau zu trösten, die ich liebte, wenn ihr Sohn gerade zugegeben hatte, dass er meine Tochter getötet hatte? Es war zu viel, es war nicht zu begreifen.

An jenem Tag tat ich mein Bestes, um mich bewusstlos zu trinken, bis der Raum sich drehte und ich zu lallen anfing. Mehr als alles andere wollte ich, dass der Alkohol den Schmerz milderte, aber wenn er überhaupt eine Wirkung hatte, dann verstärkte er ihn nur. Ich ging an diesem Abend als völlig gebrochener Mann zu Bett.

Am nächsten Morgen rief Russ an, um uns zu sagen, dass wir nach der Entdeckung von Beckys Leiche noch weiter befragt werden würden. Wir würden zu getrennten Polizeiwachen an entgegengesetzten Enden von Bristol gebracht werden.

»Warum werden wir getrennt?«, fragte ich, aber Russ sagte nur, es habe damit zu tun, wo sie Platz hätten. Dann sagte er uns, dass sie nun die Ursache von Beckys Tod kannten: Becky war erstickt worden. Er versicherte uns, es sei schnell gegangen. Ich hatte Dutzende von Fragen. Wie wurde sie erstickt? Wo war es passiert? Doch er sagte, er dürfe uns nur begrenzt Auskunft geben, da sie immer noch dabei waren die Anklage aufzubauen.

Die Polizei holte Anjie zuerst ab. »Wir sehen uns später«, sagte ich, als ich ihr in den Wagen half. Dann wandte ich mich an einen der Beamten. »Meine Frau verlässt sich darauf, dass ich mich um sie kümmere. Bitte stellen Sie daher sicher, dass sie bekommt, was sie braucht.«

Als ich zu der Wache kam, in der ich befragt werden sollte, ging ich mit einer ganz anderen Sichtweise hinein als das letzte Mal, als ich dort gewesen war. Ich würde Nathan nicht mehr verteidigen. Er hatte bereits zugegeben, Becky getötet zu haben. Stattdessen erzählte ich ihnen alles, was mir einfiel, während ich gleichzeitig ehrlich in Bezug auf seine Persönlichkeit und seine Beziehungen zu den anderen Familienmitgliedern blieb.

»Wie ist er als Vater?«, fragten sie mich.

»Ich muss zugeben, dass er ein guter Vater ist«, sagte ich. »Er tut alles für sein Kind.«

»Neigt er zu Wutausbrüchen?«, fragten sie drängend.

»Ja, gelegentlich«, antwortete ich. »Er kann manchmal jähzornig sein. Aber ich hätte nie gedacht, dass er fähig wäre, das zu tun, was er getan hat, nicht in einer Million Jahren. Ich hatte keine Ahnung, dass er ein Ungeheuer ist, sonst wäre er in meinem Haus nicht willkommen gewesen. Er war immer ein einigermaßen guter Junge.«

Ich hatte in den vorherigen Befragungen durch die Polizei erwähnt, wie jung Shauna war, als er sich mit ihr einließ, und ich hatte ihnen bereits von dem Vorfall erzählt, als er diese zwölfjährigen Mädchen in seinem Wagen nach Hause brachte. Zu der Zeit dachte ich, er wolle mich aufziehen, aber jetzt, nach allem, was er getan hatte, glaubte ich, dass er zu allem fähig wäre. Jetzt achtete ich darauf, den Vorfall noch einmal zu erwähnen. Er schien eine neue Bedeutung zu bekommen. Ich überprüfte in Gedanken jede Erinnerung, die ich an Nathan hatte. Ich erinnerte mich an die Zeit, als er immer wieder hervorsprang, um Becky zu erschrecken. Ich hatte das als blödes Benehmen eines älteren Bruders abgetan, der versuchte, seine jüngere Schwester aufzuziehen, so entnervend es auch war, doch jetzt fühlte es sich sehr viel unheimlicher und bösartiger an.

So viele Dinge gingen mir durch den Kopf. Im Rückblick schienen Nathan und Shauna in den Monaten vor Beckys Tod besser mit ihr ausgekommen zu sein, und ich war froh darüber gewesen. War das alles Teil des Plans gewesen? Hatte er versucht, Becky in Sicherheit zu wiegen, damit er sie überfallen konnte? Ich redete an jenem Tag stundenlang mit der Polizei. Beim vielen Reden über Nathan wurde ich unglaublich wütend und bitter. Mein Geist war voll von verstörenden Bildern, während ich darüber fantasierte, was ich tun würde, wenn ich ihn jemals in die Finger bekäme. Ich dachte daran, ihn zu töten, ihn zu zerhacken – wie er es mit meinem kostbaren kleinen Mädchen gemacht hatte. Ich ekelte mich vor mir selbst, weil ich solche furchtbaren, kranken Dinge dachte, aber ich konnte nicht anders. In mir war alles dunkel, und ich fing an zu befürchten, dass ich vielleicht genauso pervers wäre wie er. Es war ein unangenehmes Gefühl, aber jetzt denke ich, die meisten Väter hätten sich ähnlich gefühlt.

Als ich zum Hotel zurückgefahren wurde, war ich geistig und körperlich erschöpft. Ich bezweifelte nicht, dass sich Anjie auch so fühlte. Als ich in unser Zimmer zurückkehrte, war sie bereits da und wartete auf mich. Sie sah total ausgelaugt aus.

»Geht es einigermaßen, Liebes?«, fragte ich, als ich hereinkam. Sie nickte nur.

»Wie zum Teufel sollen wir das jemals durchstehen?«, brach es aus mir heraus. »Ich werde ihn töten, so viel ist sicher. Wenn ich jemals wieder in seine Nähe komme, werde ich seinem Leben ein Ende bereiten. Er wird nicht davonkommen.«

Das brachte Anjie endgültig aus der Fassung. Sie unterdrückte ein Schluchzen, bevor sie sprach. »Dar, ich will nicht hören, dass du so über ihn redest«, flüsterte sie. »Er ist immer noch mein Sohn, egal, was er getan hat. Was glaubst du, wie ich mich jetzt fühle, nachdem ich weiß, was er unserer Familie angetan hat?«

Danach versuchte ich, mich ein wenig zu zügeln. Ich war so gefangen in meinem eigenen Kummer, dass ich die Frau vergaß, die immer für mich da gewesen war, mein Fels in der Brandung. Was auch immer ich durchmachte, für sie musste es zehn Mal schlimmer sein, nachdem sie jetzt wusste, dass der Täter, das Ungeheuer, ihr eigener Sohn war.

»Es tut mir leid, Liebes«, sagte ich und legte meine Arme um sie. »Anj, es tut mir leid. Ich bin einfach am Ende. Ich habe mein Mädchen verloren.«

»Ich auch«, sagte sie und sah mich an. »Becky war auch meine Tochter. Ich fühle mich genauso verraten wie du. Ich bin am Boden zerstört. Ich kann einfach nicht verstehen, warum er uns das angetan hat.«

In den nächsten Tagen versammelte sich die Familie um uns und gab uns die Kraft, die wir brauchten, um das durchzustehen. Ich konnte nur einen Tag nach dem anderen angehen. Über eine Zukunft ohne Becky nachzudenken, war zu schmerzhaft.

In der Zwischenzeit machte Anjie sich Sorgen wegen der Auswirkungen, die der Mord an Becky auf unsere Ehe haben würde. Es war mir nie in den Sinn gekommen, Anjie für Beckys Tod verantwortlich zu machen, aber sie begann zu befürchten, dass ich sie verlassen würde. Sie war in so viel mehr Dingen von mir abhängig als nur in Bezug auf Liebe und Unterstützung – während ihrer Krankheit hatte hauptsächlich ich sie gepflegt.

»Ist zwischen uns alles in Ordnung?«, platzte sie eines Abends beim Fernsehen heraus. »Wirst du mich verlassen, Darren? Wegen Nathan?«

Mir tat das Herz weh, als ich diese Worte hörte. Ich setzte mich neben sie und sah ihr in die Augen. »Natürlich nicht«, sagte ich bestimmt. »Ich würde dir nie die Schuld für das geben, was er getan hat. Ich liebe dich. Du bist meine Seelengefährtin, und ich gehe nirgendwo hin. Ich kann nicht ohne dich sein, du Dummerchen.«

Anjie lächelte schwach und fing dann an meiner Schulter an zu weinen. In dieser Nacht tröstete ich sie. Es schien, als würde während dieser Tage immer einer von uns zusammenbrechen, während der andere verzweifelt versuchte, ihn wieder aufzurichten.

10

Abschied

In den Nächten quälte mich immer wieder derselbe Traum:
Becky wurde von Nathan überfallen und schrie entsetzt auf,
wenn sie erkannte, dass er diesmal keinen Blödsinn machte.
Shauna drückte meiner Tochter die Hand auf den Mund,
damit sie still war. Die Angst auf Beckys Gesicht – und
dann meine verzweifelte Frustration, weil ich sie nicht retten konnte.

Es endete immer damit, dass ich schweißgebadet aufwachte, mit Tränen in den Augen und schrecklichen Bildern im Kopf. Immer wieder stellte ich mir vor, wie Becky
wohl nach dem brutalen Mord ausgesehen haben mochte.

Zwei furchtbare Tage vergingen, nachdem Russ und Jo
uns die schrecklichen Nachrichten gebracht hatten und wir
erfahren hatten, wann wir Becky sehen dürften. Zwei Tage,
in denen wir mit der Tatsache fertig werden mussten, dass
sie ermordet worden war und dass mein Stiefsohn und seine
Freundin unter Mordverdacht verhaftet worden waren. Ich
kann die Stunden an einer Hand abzählen, die ich in diesen
zwei Tagen schlief.

Als Anjie und ich den Anruf von der Polizei erhielten, wir
könnten Becky sehen, organisierten wir eine Fahrt zur Leichenhalle für den nächsten Tag, den 5. März. Man hatte mir
zwar gesagt, dass sie tot war, aber ich musste sie mit eigenen
Augen sehen, um es zu akzeptieren. Ich hielt mich wohl
noch an einem winzigen Fetzen Hoffnung fest – vielleicht
war es ja doch ein anderes Mädchen.

Als ich an diesem Morgen erwachte, fühlte ich mich sehr

benommen. Anjie und ich zogen uns an, ohne viel zu sprechen. Was sollten wir auch sagen. Zu frühstücken wagte ich nicht.

Die Fahrt zur Leichenhalle in Flax Bourton, North Somerset, verging ebenfalls im Schweigen. Ich versuchte mit aller Kraft, mich auf die Straße zu konzentrieren, um nicht wieder schreckliche Bilder vor meinem inneren Auge heraufzubeschwören.

Ich wusste, die Polizei hatte eine zerstückelte Leiche gefunden, aber auf das, was wir dann zu sehen bekamen, waren wir nicht vorbereitet. Russ und Jo hatten uns nur gesagt, dass man sie vollständig gefunden hatte. Die Vorstellung, sie in diesem Zustand zu sehen, schreckte mich zutiefst, aber ich wusste, ich musste es tun. Wenn Becky da drinnen war, dann musste ich mich dort von ihr verabschieden. Das war ich ihr einfach schuldig.

Wir fuhren auf den Parkplatz, und ich quetschte meinen Land Rover in eine der Parklücken. Dann half ich Anjie aus dem Auto und in ihren Rollstuhl und schob sie langsam zum Eingang des alten Gebäudes, wo Russ und Jo auf uns warteten.

Es war ein grauer Tag, typisches Märzwetter bei uns in Großbritannien. Das Gebäude stand in einer ländlichen Umgebung. Unwillkürlich dachte ich, dass es Becky dort gut gefallen hätte. Sie kümmerte sich nie viel ums Wetter, sondern zog sich die Gummistiefel an und ging auf Entdeckungstour. Einige unserer glücklichsten Zeiten haben wir bei schlechtem Wetter draußen verbracht.

Als wir Russ und Jo erreichten, nickte ich grimmig, bevor wir zusammen ins Haus gingen. Die Beamten gingen zuerst allein in den Raum, in dem Becky aufgebahrt war, und überprüften, ob alles vorbereitet war. Fünf Minuten später kamen sie wieder raus.

»Sie können jetzt hineingehen«, sagte Russ. »Sie haben alle Zeit der Welt.«

Ich schaute Anjie an, die zitternd im Rollstuhl saß, und nickte wieder. Sagen konnte ich nichts.

»Wir sind hier, wenn Sie uns brauchen«, fügte Jo hinzu, als sie uns die Tür aufmachte. Ich atmete tief durch und schob Anjie hinein. Mein Herz schlug so fest, dass ich mich fragte, ob ich gleich einen Infarkt erleiden würde.

»Bist du sicher, dass du dir das ansehen willst?«, fragte ich Anjie. »Schließlich hat dein Sohn das angerichtet.«

Sie schaute mir in die Augen und nickte. »Sie war auch meine Tochter«, sagte sie. »Und ich bin ihre Mum.«

Als ich den Kopf hob, sah ich einen Tisch mit einer Steinplatte am Ende des Raums stehen. Es war ein kleiner, karger Raum, und es war so kalt, dass ich meinen Atem sehen konnte. Auf dem Tisch lag ein Körper, darüber eine rote Decke. Nur der Kopf war zu sehen, vom Rest konnte man nur die Umrisse erkennen.

Obwohl es ziemlich dunkel war, erkannte ich Becky sofort. Mein Herz setzte einen Schlag aus, einfach so. Die Zeit schien stehen zu bleiben, und ich musste mich zwingen, weiterzugehen. Es war, als würde ich mir selbst dabei zusehen, wie ich Anjie in diesen dunklen, unfreundlichen Raum schob. Anjie schluchzte laut auf, als sie unser Mädchen da liegen sah. Irgendwie gelang es mir, sie bis zum Tisch zu schieben. Im Hintergrund nahm ich wahr, dass die Tür hinter uns geschlossen wurde.

Es kostete mich sehr viel Kraft, nicht vor Trauer zusammenzubrechen, als ich nahe genug herangetreten war, um Beckys Gesicht zu sehen. Ihr Anblick traf mich so hart, als hätte man mir mit einem Vorschlaghammer vor die Brust geschlagen. Sie sah klein und zerbrechlich und unerträglich jung aus, höchstens wie zwölf Jahre. Ihre Haut war blass, ihr kleiner Mund leicht geöffnet. Ihre Lippen waren blau verfärbt, die Augen waren geschlossen und das Haar hatte man nach hinten geschoben. Es war verfilzt und ungekämmt. In meiner Verzweiflung dachte ich unwillkürlich, dass Becky nie freiwillig so ausgesehen hätte. Sie war sehr stolz auf ihr langes Haar und sie war eine Reinlichkeitsfanatikerin, genau wie ich. Manchmal duschte sie zwei oder drei Mal am Tag.

Ich fragte mich, wie es sein konnte, dass ihr Körper unter der Decke so intakt aussah. Dann wurde mir klar, dass man sie sorgfältig zusammengesetzt hatte wie ein menschliches Puzzle. Sie müssen angenommen haben, so wäre es für uns leichter zu ertragen.

Ich blickte in ihr Gesicht, nahm die lila verfärbten Verletzungen an der Stirn wahr und sah dann, dass die Hände unter der Decke hervorschauten. Auch ihre Fingerknöchel waren dunkel verfärbt – instinktiv war mir klar, dass sie um ihr Leben gekämpft habe musste. Ich hatte Becky das Boxen beigebracht und sie immer ermuntert, sich zu verteidigen, wenn es nötig wäre. Das hatte sich getan, es war deutlich zu sehen. Später erfuhr ich, dass sie in dem Kampf vierzig Verletzungen erlitten hatte. Ihr kleiner Körper war vollkommen zerschlagen.

Anjie schluchzte jetzt lauter, sie bekam kaum noch Luft. Da brach ich selbst in Tränen aus, es war einfach unerträglich. Mein ganzes Leben war zerstört. Tränen liefen mir über die Wangen, als ich den Arm um Anjie legte. Ich brachte kein Wort heraus, ich fühlte mich wie zerstört, als würde ein Elefant auf meiner Brust sitzen.

Nach ein paar Minuten streckte ich die Hand aus und zog die Decke ein Stück herunter, bis zu Beckys Schulter. Ich wollte mit eigenen Augen sehen, was sie ihr angetan hatten, aber gleichzeitig dafür sorgen, dass Anjie es nicht sah. Beckys Hals war mit weißen Bandagen versehen, aber auf der rechten Seite war der Verband verrutscht, sodass eine hässliche, klaffende Wunde sichtbar wurde, wo man ihren Kopf vom Rest des Körpers abgetrennt hatte. An den Handgelenken waren ebenfalls Bandagen zu sehen. Mein kleines Mädchen war so schwer verletzt, dass man sie zusammenbinden musste wie eine Mumie. Mir wurde schlecht, ich schaffte es nicht, die Decke weiter herunterzuziehen. Ich wusste, ihr übriger Körper würde wohl ähnlich aussehen.

Wie konnte jemand einem Mädchen so etwas antun? Sie umbringen und ihren Körper einfach wegwerfen? Woher kam all diese Brutalität? Es war unmenschlich! Und als wäre es damit nicht genug, gehörten die beiden Verantwortlichen auch noch zu unserer Familie. Jahrelang hatte ich mich um sie gekümmert und ihnen auch finanziell geholfen. Mein Magen verkrampfte sich.

»Was zum Teufel haben wir getan, um so etwas zu verdienen?«, murmelte ich.

Ich streckte wieder die Hand aus und streichelte Beckys Haar. Dann beugte ich mich nach vorn und küsste sie sanft auf die Stirn und die Lippen. Sie war eiskalt.

»Ich verspreche dir, ich kriege diese Schweine, Becky«, sagte ich mit einem Schluchzen. »Ich kriege sie, und wenn es das Letzte ist, was ich auf dieser Erde tue.«

Anjie griff nach Beckys Hand und küsste sie. Sie schluchzte immer noch heftig. Ich fragte mich, wie sie sich fühlte mit dem Wissen, dass ihr Sohn der Täter war. Auf ihrem Gesicht zeigte sich so viel Schmerz, als hätte Nathan auch auf sie mit einem Messer eingestochen.

»Ich liebe dich«, flüsterte ich Becky zu. »Du wirst immer mein kleines Mädchen sein. Warum bist du nicht zu mir gekommen und hast mir gesagt, was los ist? Warum hast du mir nicht gesagt, dass du Angst hattest? Ich hätte dich doch beschützt! Ich habe dich immer beschützt, ich hätte mein Leben für dich gegeben.«

In diesem Moment wünschte ich, ich könnte mit meiner Tochter tauschen. Ich wünschte mir so sehr, sie wäre am Leben und ich läge an ihrer Stelle auf diesem Tisch. Es wäre besser gewesen, man hätte uns alle umgebracht, als dass wir mit diesem Schmerz leben müssten.

Wir blieben etwa eine halbe Stunde dort, bis klar wurde, dass Anjie es nicht mehr aushielt. Ehrlich gesagt, wusste ich auch nicht, wie viel ich noch ertragen konnte. Mir war so schwindelig, dass ich dachte, ich kippe gleich um.

»Hast du alles gesehen?«, fragte ich Anjie und drückte ihre Hand. Sie nickte. Ihr Gesicht war ganz fleckig vom Weinen. »Komm, Liebes, ich bringe dich raus«, sagte ich. Dann wandte ich mich ein letztes Mal zu Becky um und küsste ihr noch einmal die Stirn. »Wir sehen uns wieder, meine liebe kleine Bex«, flüsterte ich und hoffte, ich würde nicht wieder zusammenbrechen.

Als ich Anjie aus dem Raum schob, wurde mir ganz schwarz vor Augen. Mein kleines Mädchen war tot. Meine Welt war zusammengebrochen. Als wir in den Flur traten, konnte ich kaum etwas sehen vor lauter Tränen. Jo hielt uns die Tür auf und drückte mir etwas in die Hand. Es war ein kleiner durchsichtiger Beutel mit einer Locke von Beckys Haar. Ich war sehr bewegt von dieser Geste. Und sehr dankbar.

Tanya, ihre Tante Lyn und ihre Mutter Pat standen draußen und warteten. Sie waren sehr nervös. Als wir vorbeigingen, sah ich Tanya an und konnte erkennen, dass sie durch dieselbe Hölle ging wie wir.

»Ich brauche jetzt eine Zigarette«, sagte ich zu ihr. »Zieh die Decke nicht zurück.« Dann schob ich Anjie hinaus und zündete uns beiden mit zitternden Händen eine Zigarette an. Wir inhalierten tief. Russ und Jo folgten uns. Plötzlich verschwand meine Trauer unter einer Flutwelle des Zorns. Ich wandte mich Anjie zu und sagte das Verletzendste, was mir einfiel.

»Du hast dieses Ungeheuer auf die Welt gebracht«, schrie ich. »Dein verdammter Sohn wird sterben! Wenn ich ihn in die Finger kriege, bringe ich ihn um!«

Ich wusste, ich würde Nathan nie so nahe kommen, dass ich ihn auch nur berühren konnte, aber in diesem Moment wollte ich ihm einfach nur so viel Schmerz und Leid zufügen, wie er Becky zugefügt hatte.

Anjie schwieg und schluchzte nur leise. Ich wusste, dass es unfair von mir war, sie anzuschreien, und hinterher fühlte ich mich auch ganz schrecklich, aber ich glühte förmlich vor Zorn. Schließlich fing ich an, auf den Reservereifen meines Land Rovers einzuschlagen.

Wenn ich geahnt hätte, was Nathan und Shauna mit meiner Tochter vorhatten, dann hätte ich die beiden umgebracht und den Rest meines Lebens als glücklicher Mann im Gefängnis verbracht. Ich hätte alles getan, um Becky in Sicherheit zu wissen. Aber ich wusste auch, es war nicht Anjies Schuld, und ich bereute sofort, was ich zu ihr gesagt hatte. Eine bessere Mutter für Becky hätte ich nirgendwo finden können. Anjie hatte sie geliebt wie ihr eigenes Kind. Sie hätte alles getan, um sie zurückzuholen.

»Es tut mir leid«, flüsterte ich.

Noch eine Zigarette, dann hatte ich mich weit genug beruhigt, um ins Auto zu steigen und zum Hotel zurückzufahren. Wir durften noch nicht in unser Haus, weil dort die Kriminaltechniker noch zugange waren. Im Auto schwiegen wir, aber ich griff nach Anjies Hand. Wir waren beide wie gelähmt. Es fiel mir schwer, zu begreifen, was wir an diesem Tag erlebt hatten. Ich wünschte mir einfach nur, dass die Gefühle – Wut, Verzweiflung, unglaubliche Traurigkeit – für einen Moment aufhörten.

Als wir auf den Hotelparkplatz fuhren, sah ich, dass überall leuchtend gelbe Osterglocken standen. Sie waren in den letzten paar Tagen aufgegangen. Wieder gingen meine Gedanken zurück zu Becky, und ich dachte, wie sehr ihr diese Blumen gefallen hätten. Sie war ein echtes Naturkind.

Ich schluckte den Kloß im Hals herunter, dann gingen Anjie und ich in die Bar, wo ich für mich einen doppelten Wodka-Cola bestellte und für Anjie einen großen Malibu-Cocktail. Zwölf Jahre lang hatte ich keinen Alkohol mehr getrunken, außer zu Weihnachten und bei Familienfesten. Aber seit ich erfahren hatte, dass Becky tot war, trank ich jeden Tag. Ich wollte die Welt vergessen, brauchte das Gefühl der Benommenheit. Ich wollte nichts mehr fühlen, absolut nichts, schon gar nicht diese grauenhafte Verzweiflung, an die ich mich fast schon gewöhnt hatte. Ohne meine Tochter war ich nur noch eine leere Hülle. Und das Trinken erschien mir als einziger Ausweg.

Wir setzten uns an einen Tisch vor der Bar, und als der Alkohol seine Wirkung tat, entspannten wir uns ein bisschen. Aber die Kluft zwischen Anjie und mir blieb. Ich liebte sie, aber es war einfach eine Tatsache, dass ihr Sohn meine kostbare Tochter brutal ermordet hatte. Das würde jeden Mann innerlich zerreißen.

Wir tranken mindestens sechs doppelte Drinks, bevor wir uns in der Lage fühlten, miteinander zu reden.

»Ich weiß nicht, ob du das verstehst, aber wenn ich deinen verdammten Sohn und diese Frau in die Finger kriege, bringe ich die beiden um«, sagte ich zu ihr.

Anjie hielt meinem Blick stand. Ihre Augen waren schwer

von Traurigkeit, sie sah absolut fertig aus. »Tu, was du tun musst, aber erzähl mir nichts davon«, erwiderte sie.

Zu meiner Überraschung versuchte sie nicht, Nathan zu verteidigen. Es war klar, dass sie genauso zornig war wie ich. Schweigend saßen wir noch eine Weile da, beide in unserer je eigenen Hölle gefangen und beide in dem Versuch, irgendwie weiterzumachen und zu überleben.

Obwohl wir noch nicht nach Hause durften, legten viele Leute Blumen, Beileidskarten und Teddybären am Tor zu unserer Auffahrt nieder. Viele von ihnen kannten unsere Familie gar nicht, hatten auch Becky nicht gekannt, und es berührte mich tief, dass wildfremde Menschen so freundlich und aufmerksam waren. Becky bekam bald den Beinamen »Engel von Bristol«. Das gefiel mir sehr. Sie sah auf allen Zeitungsfotos so engelgleich und jung aus, und der Name spiegelte auch wider, wie freundlich uns die Bewohner von Bristol in unserer schrecklichen Not beigestanden hatten. Die beiden Fußballclubs der Stadt, die Bristol Rovers und Bristol City, erwiesen ihr ebenfalls die Ehre. Die Bristol Rovers hielten eine Schweigeminute vor dem Spiel gegen Eastleigh, Bristol City organisierte eine Applausminute während eines Spiels gegen Walsall in Wembley.

Am Sonntag, dem 8. März, fast eine Woche nach der Todesnachricht, organisierte meine Familie ein Ballonfliegen für sie an einem ihrer Lieblingsplätze im St. George's Park. Auf diese Weise brachten wir alle Leute zusammen, die uns bei der Suche geholfen hatten, und fanden gemeinsam so etwas wie einen Abschluss. Nicht alle hatten Becky noch einmal sehen und richtig Abschied nehmen können, und so erschien es uns als eine gute Möglichkeit.

Meine ganze Familie kam mit, auch Anjie, die unbedingt dabei sein wollte. Als ich ihren Rollstuhl über die Wiese fuhr, sah ich zu meinem Staunen, dass sich dort um die vierhundert Leute versammelt hatten. Sie hatten bunte Luftballons mitgebracht. Beckys Freund Luke war auch gekommen, und ich nickte ihm zu. Dann begrüßte ich ein paar Freunde und Verwandte, und wir schwiegen alle, als wir die Luftballons in die Höhe hielten und losließen. Für mich fühlte es sich an, als würden wir Becky loslassen. Es gab ein wenig Applaus, aber ich brach in Tränen aus, als ich sah, wie die Ballons davonflogen. Der Himmel war voll mit allen möglichen Farben und Formen, es sah wunderschön aus. Ich wusste, Becky hätte sich daran gefreut, und hoffte, sie könnte es irgendwie sehen.

Es war ein wirklich bewegender Tag, und ich war überwältigt von all der Freundlichkeit, die man uns erwies. Nachdem wir die Ballons hatten steigen lassen, schüttelte ich fast jedem auf der Wiese die Hand. Ich wollte so vielen Leuten wie möglich persönlich danken, weil sie meine Familie in der härtesten Zeit unseres Lebens so sehr unterstützt hatten.

An einen erinnere ich mich besonders: Er war ein Berg von einem Mann, aber er weinte wie ein Kind, als er zu mir kam, meine Hand ergriff und mich dann kräftig umarmte. Diese Reaktion war so typisch für Bristol. Ich werde nie vergessen, wie die Bewohner unserer Stadt sich um uns scharten, als wir es am nötigsten hatten.

Am 26. März erschienen Nathan und Shauna sowie vier weitere Angeklagte vor dem Gericht in Bristol zu einer ersten Anhörung. Nathan wurde des Mordes an Becky angeklagt, Shauna zunächst nur wegen Strafvereitelung. Erst im Juni wurde auch sie unter Mordanklage gestellt. Beide waren nur per Videoschalte anwesend. Ich nahm gemeinsam mit Anjie an der Anhörung teil, außerdem waren mein

Dad, Denise, Sam, Joe und Sarah dort. Viele Unterstützer waren ebenfalls erschienen und saßen auf der Galerie. Sie trugen Anstecker mit Beckys Foto. Ich zitterte vor Zorn, als ich Nathan und Shauna auf dem Bildschirm sah, aber ich musste im Saal bleiben, das war ich Becky schuldig. Nathans Anblick machte mich nicht nur wütend, sondern auch traurig. Ich hatte ihn geliebt wie einen eigenen Sohn. Und das war nun der Dank.

Jaydene Parsons, die wegen Beihilfe angeklagt war, erschien ebenfalls per Videoschalte, während James Ireland, der unter derselben Anklage stand, persönlich erschienen war. Die weiteren Angeklagten waren Karl Demetrius, in dessen Gartenhaus Beckys sterbliche Überreste gefunden worden waren, und sein Zwillingsbruder Donovan. Ich kannte diese vier Leute nicht. Wie konnten sie mit ihrer Schuld weiterleben? Was waren das für Leute, die halfen, den Mord an einem Mädchen zu vertuschen?

Wir mussten warten, bis der Gerechtigkeit genüge getan wurde. Der Prozess würde frühestens im Oktober stattfinden. Sieben Monate, in denen wir mit der Tatsache zurechtkommen mussten, dass meine schöne Tochter Becky nicht mehr lebte. Und was auch immer wir taten, wir konnten sie nicht zurückholen.

11

Die Beerdigung

Der Schmerz, den ich nach dem Abschied von meiner Tochter empfand, brachte mich fast um. Noch Wochen später war ich vollkommen kalt und gefühllos. Sobald wir wieder in unser Haus durften, nachdem wir sechs Wochen lang in Hotels und einem Polizei-Apartment gewohnt hatten, schloss ich mich regelrecht ein. Vor meinem inneren Auge sah ich Beckys leblosen Körper in der Leichenhalle. Ich brachte es nicht fertig, über die praktischen Dinge zu sprechen, die erledigt werden mussten, darunter auch ihre Beerdigung. Ich hatte 25 Kilo abgenommen, und die Kleider schlotterten mir am Leib, weil ich eigentlich immer noch nicht essen konnte. Alles schien mir so sinnlos! Noch nie im Leben hatte ich mich so leer gefühlt. Natürlich fand ich, dass Becky einen besonderen Abschied verdiente, aber ihn zu organisieren war mir kaum möglich. Es hätte bedeutet, dass ich anerkannte, was geschehen war. Stattdessen verbrachte ich die Tage damit, alles zu verdrängen und ins Leere zu starren.

Familienmitglieder kamen zu uns und schauten nach mir und Anjie. Ohne ihre Unterstützung hätte ich einfach aufgegeben. Ich sah keinen Sinn mehr in meinem Leben, aber sie brachten so viel Positives mit und kümmerten sich um alle möglichen Kleinigkeiten im Haus. Wir bekamen jeden Tag so viel Besuch, dass wir eine Drehtür hätten einbauen können. Weiterhin wurden Blumen und Geschenke für uns am Tor niedergelegt. Die handgeschriebenen Briefe waren bewegend, brachen uns aber auch immer wieder das Herz.

Meine Schwester Sarah gehörte zu denjenigen, die am häufigsten vorbeikamen. Ein paar Tage nach unserem Abschied von Becky in der Leichenhalle brachte sie das Thema Beerdigung zur Sprache.

»Weißt du, Dar«, begann sie, als sie sich zu mir aufs Sofa setzte, »allmählich wird es Zeit, sich um die Beerdigung zu kümmern. Becky braucht doch einen richtigen Abschied.«

Ich nickte.

»Soll ich mal anfangen?«, bot sie mir freundlich an.

Ich nickte wieder. »Ja, bitte tu das«, erwiderte ich. »Aber die Beerdigung sollte in der St. Ambrose Church stattfinden.«

Ich wollte Becky in der Kirche zu Grabe tragen, wo Anjie und ich vor gerade einmal anderthalb Jahren geheiratet hatten. Becky war an diesem Tag so glücklich gewesen, dass sie den ganzen Tag gestrahlt hatte. Ich fand, diese Kirche wäre der richtige Ort.

Sarah läuft zur Hochform auf, wenn sie ein Projekt vor Augen hat. Jetzt suchte sie also nach dem richtigen Bestattungsunternehmen und nach Möglichkeiten, die Beerdigung zu gestalten. Unsere Unterstützer hatten Geld gesammelt, sodass wir finanziell keine Einschränkungen hatten. Ich war so versunken in meiner Trauer, dass ich nicht einmal an Geld – oder Geldmangel – denken konnte, und so war ich sehr froh über die Hilfe. Sie hatten tatsächlich mehr als elftausend Pfund gesammelt. Damit konnte man eine fürstliche Beerdigung organisieren, und wir beschlossen, genau das würden wir tun.

Sarah und ich setzten uns hin und machten eine Liste mit Ideen für den Tag, darunter auch eine weiße Kutsche, die von vier weißen Pferden gezogen wurde. Ich wusste, Becky hätte so etwas für ihr Debüt oder ihre Hochzeit gut gefallen – all die Ereignisse, die sie nun tragischerweise nicht mehr erleben würde. So fanden wir, es sollte bei ihrer Beerdigung sein. Wir wussten schon, dass ihre Lieblingsfarben Hellblau und Hellrosa eine wichtige Rolle spielen sollten, und kauften passende hellblaue Hemden für mich, Danny, Lee, Sam, Joe und Asa. Anjie, Sarah und Denise würden ebenfalls etwas Hellblaues tragen.

Sarah war genial, wenn es um die Details ging, ich musste nur die Abschiedsrede schreiben. Außerdem wollte ich den Sarg in die Kirche tragen, gemeinsam mit einer Reihe von Leuten, die ich schon ausgesucht hatte: Danny und meine Brüder Sam und Joe, aber auch Luke, Adam und mein Bruder Lee. Luke und Adam waren besonders gerührt, dass ich sie fragte. Sie waren für Becky so wichtig gewesen, ich hätte nicht gewusst, wer mir lieber gewesen wäre als die beiden. Wir beschlossen, Danny, Sam, Joe und ich würden den Sarg zum Gottesdienst in die Kirche tragen, und Lee, Adam und Luke würden sie gemeinsam mit mir wieder hinaustragen. Keiner von uns hatte eine Ahnung, wie schwierig es ist, einen Sarg zu tragen. Wir mussten ein paar Tage üben, damit wir so im Gleichschritt gingen, dass der Sarg einigermaßen ruhig und gerade blieb. Wir nahmen unsere Aufgabe sehr ernst. Dies war unsere Gelegenheit, Becky die letzte Ehre zu erweisen, und wir wollten auf keinen Fall, dass dabei etwas schiefging.

Eines Abends setzte ich mich hin, um die Rede zu schreiben. Während ich auf das leere Papier vor mir starrte, stieg mir ein riesiger Kloß in den Hals. Im Leben hätte ich mir nicht vorgestellt, dass ich so etwas für die Beerdigung meiner Tochter tun müsste. Es fühlte sich einfach nicht richtig an, ich hätte doch Jahrzehnte vor ihr sterben sollen! Erst hatte ich Mühe, etwas zu schreiben, was nicht lächerlich klang, aber nach einer Weile fielen mir all die Dinge ein, die an Becky so wunderbar gewesen waren, und dann fand ich auch die richtigen Worte. Tatsächlich musste ich mich am Ende zusammenreißen, nicht zu viel zu schreiben.

Sarah organisierte die Beerdigung in wenigen Wochen, unterstützt durch viele Spenden. Am Freitag, dem 17. April sollte die Beisetzung stattfinden. An diesem Tag würden wir also endgültig Abschied nehmen müssen.

Ungefähr zu dieser Zeit wurden wir auch informiert, dass jetzt die Ergebnisse der Obduktion vorlagen. Becky war durch Ersticken gestorben. Es bereitete mir Übelkeit, zu wissen, dass sie in ihren letzten Augenblicken nach Luft gerungen und um ihr Leben gekämpft hatte, aber ich versuchte den Gedanken zu verdrängen.

In der Nacht vor der Beerdigung schlief ich kaum. In meinem Kopf kreisten all die Dinge, die am nächsten Tag getan werden mussten. Ich hatte schreckliche Sorge, etwas könnte schiefgehen. Vor allem aber plagten mich in dieser Nacht die Erinnerungen an Becky. Ich konnte immer noch nicht glauben, dass wir sie am nächsten Tag beerdigen würden.

Sobald es hell wurde, kam die Verwandtschaft, um alles vorzubereiten. Ich konnte die Tränen kaum zurückhalten, als ich mich anzog. Ein Blick in den Spiegel auf meinen Anzug und mein Gesicht, dann atmete ich tief durch. Besser hatte ich schon lange nicht mehr ausgesehen, und ich wusste, dass Becky, die immer so viel Wert auf ihr Äußeres gelegt hatte, sehr zufrieden mit mir gewesen wäre. Ich konnte mir regelrecht vorstellen, wie sie mich anlächelte und mir sagte, ich hätte mich »richtig feingemacht«.

Als ich nach unten kam, saß Anjie schon im Rollstuhl, in einem hellblauen Oberteil, schwarzer Hose und schwarzem Mantel. Am Revers trug sie eine weiße Rose mit einem blauen Band. Ich setzte mich ihr gegenüber, und sie lächelte mich schwach an.

»Schön siehst du aus«, lächelte ich zurück. »Bist du sicher, dass du durchhältst, Liebes?«

Ich machte mir Sorgen, dass der Tag für sie eine zu große Belastung sein würde. Sie konnte sich von Tag zu Tag weniger bewegen, ihre MS wurde schlimmer und manchmal geriet sie in einen erschreckenden geistigen Nebel, der sie daran hinderte, zu denken oder zu reden.

»Ich will für dich da sein«, erwiderte sie. »Und ich muss mich doch von Becky verabschieden.«

Ich streckte die Hand aus und drückte ihre. Anjie war immer mein Fels in der Brandung gewesen. Selbst in schwierigen Zeiten hatte sie mich immer unterstützt.

Es war ein schöner, sonniger Tag, und während wir alle auf den Sarg warteten, war ich ein einziges Nervenbündel. Ich schaute hinüber zu Danny; der arme Junge schien noch mehr zu kämpfen als ich.

»Alles in Ordnung, Junge?«, fragte ich ihn und legte ihm eine Hand auf die Schulter. Er nickte, trat aber unruhig von einem Fuß auf den anderen. Kein Wunder, dass er nervös war. Danny hatte unser Haus seit Beckys Tod nicht mehr betreten. Er war sehr erschüttert, für ihn war der Mord an Becky ein ebenso großes Trauma wie für uns. Nathan war sein Freund gewesen, Becky seine kleine Schwester. Er verstand die Welt nicht mehr. Und auf die Frage nach dem Warum hatten wir ja alle keine Antwort.

Der Wagen parkte vor dem Haus. Jetzt musste der Sarg in die Pferdekutsche gehoben werden, die am Ende der Straße wartete. Der Anblick des Sargs traf mich wie eine Ladung Ziegelsteine, mein Herz schlug wild in meiner Brust. Es war fast so schlimm wie vor ein paar Monaten auf dem Tisch in der Leichenhalle. Es brach mir das Herz, zu wissen, dass mein kleines Mädchen in dieser Kiste lag.

Danny spürte es auch. Plötzlich drehte er sich zu mir um, totenbleich und zitternd. »Dad, ich kann nicht«, sagte er. »Ich kann den Sarg nicht tragen.« Er war noch so jung, gerade mal zwanzig Jahre alt. Ehrlich gesagt, ich weiß auch nicht, ob ich das in seinem Alter geschafft hätte.

»Ist schon okay, mein Sohn«, sagte ich. »Ich verstehe das. Mach dir keine Gedanken, ich habe einen Ersatzmann für dich.«

Ich hatte allen, die sich als Träger bereit erklärt hatten, gesagt, wenn sie es sich irgendwann doch noch anders überlegten, wäre ich nicht sauer. Ich wollte nicht, dass jemand etwas tat, was ihm Schwierigkeiten bereitete. Dan Broom, Sarahs Mann, trat an Dannys Stelle.

Als ich die Kutsche sah, haute es mich um. Die Pferde waren wunderschön mit ihrem rosafarbenen Kopfschmuck. Becky hätte das unheimlich gefallen, es sah toll aus, wie eine Prinzessinnenkutsche aus einem Märchen.

»Nur das Beste für unsere Bex«, lächelte Sarah, die meine Reaktion bemerkt hatte.

»Du machst uns allen Ehre, Sarah«, antwortete ich. Ich war sehr bewegt von der Art, wie sie die Beerdigung ihrer Nichte organisiert hatte.

»Das war das Mindeste, was ich tun konnte, Dar«, sagte sie.

Die Autos für die Familie reihten sich hinter der Kutsche ein. Wir sahen uns an, mit schwer gezeichneten Gesichtern.

»Also, dann wollen wir Abschied nehmen«, sagte ich ruhig und öffnete die erste Autotür. Dann stieg ich ein, gemeinsam mit Anjie, Beckys Freunden Courtney, Adam und Teela und ihrem Freund Luke. Ich musste ein paar Mal tief durchatmen, um mich zu stärken, als wir langsam losfuhren.

Wegen des riesigen öffentlichen Interesses hatte die Polizei einige Straßen sperren lassen, sodass der Zug vom Haus zur Kirche fahren konnte. Wir hatten beschlossen, dass alle Einwohner von Bristol Gelegenheit haben sollten, an der Beerdigung teilzunehmen. Und so hatten wir auch dafür gesorgt, dass sich alle willkommen fühlten: Die Beerdigungspläne waren auf Facebook und in der Lokalzeitung veröffentlicht worden.

Ich konnte nur staunen, wie viele Menschen an den Straßen standen, um Beckys letzte Reise zu sehen. Es müssen mindestens fünfhundert gewesen sein. Viele hatten Rosen dabei, die sie auf die Kutsche warfen. Alle meine Kollegen waren gekommen, um uns zu unterstützen, außerdem zahllose Freunde und Hunderte von Fremden. Menschen, die uns gar nicht kannten, wollten Abschied von dem Mädchen nehmen, dem sie den Beinamen »Engel von Bristol« gegeben hatten. Ich fühlte mich ganz klein angesichts dieses Menschenmeeres.

Einige Leute winkten uns durchs Autofenster zu, andere nickten nur solidarisch. Ein paar weinten sich die Augen aus, andere trösteten sich gegenseitig oder tupften sich die Augen mit Taschentüchern. Es war wirklich bewegend.

So schüchtern Becky auch gewesen war, jetzt war sie berühmt. Es war eine tragische Tatsache, dass erst ihr Tod sie so berühmt gemacht hatte, aber ich musste trotzdem darüber lächeln. Ich wusste, sie hätte es gehasst, so im Mittelpunkt zu stehen, aber es war eine bewegende Demonstration des Gemeinschaftssinns in unserer Stadt. Und darauf war ich sehr stolz.

Als wir zur Kirche kamen, sah ich eine Reihe Unterstützer – Leute, die bei der Suche geholfen und Geld für die Beerdigung gesammelt hatten – in weißen T-Shirts mit Beckys Foto darauf. Als wir vorbeifuhren, drehten sie sich um, sodass man auf dem Rücken der Shirts »Shoulder2Shoulder« lesen konnte: Schulter an Schulter. So viel Mitgefühl war wirklich überwältigend. Ich musste schwer schlucken.

»Also los, du musst da durch«, sagte ich mir und versuchte mich wieder zu fassen. »Reiß dich zusammen.«

Anjie drückte mir die Hand. Ich vermute, sie war zu bewegt von dem Anblick da draußen, um irgendetwas zu sagen.

Als wir um die Ecke kamen und vor der Kirche anhielten, standen die Versammelten dort in respektvollem Schweigen. Es war ein starker Kontrast zu dem Zorn, den Öffentlichkeit und Familie nach Beckys Tod gezeigt hatten. Jetzt gab es nur noch Trauer. Nur noch leises Schluchzen und in weiter Ferne die Geräusche der Stadt.

Mit zitternden Knien stieg ich aus. Dan, Joe, Sam und ich hoben vorsichtig den Sarg aus der Kutsche und gingen dann zum Kirchenportal, immer einen Fuß vor den anderen setzend, wie wir es geübt hatten.

Als wir langsam in die Kirche hineingingen und den Sarg absetzten wurde »Footprints in the Sand« von Leona Lewis gespielt. Sam hatte dieses Lied ausgesucht, nicht nur weil er dachte, es hätte Becky gut gefallen, sondern weil der Text auch so gut zum Anlass passte. »Ich verspreche dir, ich bin immer da. Auch wenn dein Herz voller Kummer und Verzweiflung ist. Ich werde dich tragen, wenn du einen Freund brauchst. Du wirst meine Fußspuren im Sand finden.«

Es fühlte sich an, als hätte ich ein Messer im Herzen. Als Becky zum letzten Mal in dieser Kirche gewesen war, bei unserer Hochzeit, hatte sie vor Freude gestrahlt. Sie hatte Anjie geliebt wie eine Mutter. Jetzt starrte ich auf ihren Sarg, überwältigt von Trauer. Es fühlte sich so unwirklich an. So etwas sollten Eltern nie erleben müssen. Ich konnte immer noch nicht verstehen, was passiert war. Ich wusste nur, ich musste diesen Tag irgendwie überstehen.

Die Kirche war während des halbstündigen Gottesdienstes gesteckt voll, etwa dreihundertfünfzig Leute waren da, außerdem noch hundertfünfzig, die draußen vor den Bildschirmen standen. Reverend David James, der Anjie und mich auch getraut hatte, leitete den Gottesdienst, in dem auch das Lied »Lord of the Dance« gesungen wurde.

»Wir singen dies für ein junges Mädchen, das gerne tanzte und dem man oft sagen musste, es solle die Musik leiser drehen«, sagte Reverend James und lächelte mir zu.

Dann war es Zeit für meinen Nachruf auf Becky, der sich auf ihre Schulzeit konzentrierte und erwähnte, wie sehr sie sich immer um andere gekümmert hatte. Ich war zu verstört, um ihn selbst zu lesen, das hätte ich einfach nicht geschafft. Aber Reverend James hatte sich bereit erklärt, das zu übernehmen. Dafür war ich ihm sehr dankbar.

Als Becky in die Schule kam, war sie so schüchtern, dass sie nicht allein dort bleiben wollte. So bekam Anjie für vier Jahre einen Job als unbezahlte Hilfslehrerin. Wir erinnern uns, wie sie eines Nachmittags weinend nach Hause kam. Als wir sie fragten, was denn los sei, erzählte uns Becky, niemand wolle mit ihr spielen, weil sie die falsche Puppe hatte. Also gingen wir los und sorgten dafür, dass sie am nächsten Tag die richtige Puppe hatte. Sie kam lächelnd und aufgeregt nach Hause, denn an diesem Tag hatte sie eine neue Freundin gewonnen. Diese Freundschaft blieb ihr während der gesamten Grundschulzeit erhalten.

Bald wurde sie zum Mentor für jüngere Kinder, die in die Schule kamen. Obwohl sie selbst noch immer sehr schüchtern war, passte sie auf, ob irgendwo ein Kind einsam auf dem Schulhof stand und verschreckt aussah. Dann ging sie hin und holte das Kind in ihre kleine Gruppe. So war Becky. Sie schloss selbst nicht so leicht Freundschaften, aber sie wollte nicht, dass sich andere Kinder schlecht fühlten. Wir bekamen Briefe von Eltern, die uns für alles dankten, was unsere großherzige Tochter für ihre Kinder tat.

Die Sekundarschule brachte für uns alle eine schwierige Zeit. Becky wurde wegen ihrer Figur gehänselt, und wir hätten sie fast an die Magersucht verloren, aber mit viel Hilfe von uns und dem Bristol Hospital Education Service schafften wir es, sie zurückzuholen. In der Krankenhausschule fand sie zwei neue Freunde, Courtney und Adam. Die »drei Amigos«, wie wir sie nannten, waren bald unzertrennlich. Sie war so glücklich wie schon lange nicht mehr.

In der Folgezeit wuchs ihr Selbstvertrauen. Sie ging öfter aus dem Haus, wurde sehr modebewusst, entwickelte ihren eigenen Stil und sah immer tiptop aus.

Becky hinterlässt eine große Lücke in unserem Leben. Sie hat das Herz der Nation berührt. Wir haben dich alle so sehr geliebt, und wenn du jetzt aus dem Himmel auf uns herunterschaust, auf alles, was du in deinem kurzen Leben erreicht hast, dann findest du sicher auch, dass es für ein so schüchternes Mädchen keine schlechte Leistung ist. Ruhe in Frieden, Engel von Bristol.

Wir danken allen Einwohnern von Bristol, allen, die Geld gesammelt haben und allen Unterstützern im ganzen Land.

Es fühlte sich seltsam an, die eigenen Worte von jemand anderen gelesen zu hören. Ganz unwirklich. Als Reverend James geendet hatte, brach ich in Tränen aus. Ich konnte nicht mehr aufhören, ich konnte nicht mehr länger stark sein. Ich legte den Kopf in meine Hände und heulte einfach los. Anjie neben mir schluchzte zum Gotterbarmen, Danny weinte auf meiner anderen Seite, und um uns herum hörte ich den Rest der Familie.

Reverend James sagte, Beckys Tod habe die Menschen

näher zusammengebracht. »Wir hatten vielleicht aus den Augen verloren, wie eng unsere Gemeinschaft ist. Aber wenn so etwas mit einem von uns passiert, mit jemandem, der mit uns zur Schule gegangen ist, mit dem wir hier in der Kirche gesungen haben, ein ganz normaler Teenager … Wenn so etwas passiert, dann löst das Mitgefühl und Fürsorge aus. Und das ist sehr inspirierend. Und so hat Becky trotz ihrer jungen Jahre und ihres Todes, der ein entsetzliches Opfer war, einen großen Beitrag zu unserer Gemeinschaft geleistet.«

Ich nickte zustimmend. Beckys Tod hatte mir gezeigt, wie viel Freundlichkeit in unserer Stadt lebte.

Denise stand auf und las einen Text, dann wurde »Dream Catch Me« von Newton Faulkner gespielt, eines von Beckys Lieblingsliedern, und die Kerzen wurden angezündet. Der Gottesdienst endete mit dem Vaterunser. Ich fand kaum noch die richtigen Worte, so sehr graute mir davor, dass ich jetzt gleich den Sarg zu ihrem Grab tragen musste. Meine Hände zitterten so sehr, dass ich fürchtete, ich würde den Sarg fallen lassen.

Verzweifelt wandte ich mich an Joe. »Ich kann sie nicht raustragen«, sagte ich und zeigte ihm meine zitternden Hände.

»Ist schon gut, Dar«, erwiderte Joe. »Geh du mit Anjie, ich mache das.«

Also trugen Luke, Joe Lee und Adam Beckys Sarg aus der Kirche, und ich ging gleich dahinter und schob Anjie in ihrem Rollstuhl. Dazu wurde ein Song gespielt, den mein Dad speziell für die Beerdigung aufgenommen hatte: »Somewhere« aus dem Musical *West Side Story*. Er meinte, das hätte Becky gefallen. Er sang es wunderschön, und ich schluchzte noch ein bisschen mehr, als ich es hörte. Gut, dass Joe als Sargträger für mich eingesprungen war.

Beim Hinausgehen sah ich einen Jungen, ein paar Jahre jünger als Becky, der allein dastand und weinte. Sam ging zu ihm, umarmte ihn, und der Junge erklärte ihm, dass er Becky aus der Schule kannte. Er hatte Mühe gehabt, Freunde zu finden, genau wie Becky, und sie hatte sich mit ihm angefreundet, damit er nicht so allein war. Ich platzte fast vor Stolz, als Sam es mir später erzählte.

Nachdem der Sarg wieder in die Kutsche gesetzt worden war, ließ ich eine einzelne Taube fliegen. Das war mein letztes Lebewohl für Becky. Wir alle hatten gedacht, es wäre eine schöne symbolische Geste, aber meine Hände zitterten furchtbar, als ich den Käfig öffnete und den Vogel hinausließ. Ich kämpfte mit den Tränen, als ich die Taube hochhob. »Lebwohl, Bex«, sagte ich leise und ließ den Vogel los. Er flog aus meinen Händen und verschwand hinter der Kirche, ein schöner Abschied für unseren Engel. Als ich der Taube nachsah, weinte ich wieder. Sarah tröstete mich; sie umarmte mich, während sie selbst leise schluchzte. Die Menschen klatschten Beifall und weinten mit uns. Es war ein ganz besonderer, herzzerreißender Moment.

Danach stiegen wir alle in die wartenden Autos und fuhren auf den Avonview-Friedhof. Die Beisetzung fand im engsten Familienkreis statt. Das waren immer noch etwa sechzig Leute, unsere Familie war ja groß. Tanya war nicht zur Kirche gekommen, nahm aber an der Beisetzung teil. In einem Zeitungsinterview für die *Daily Mail* hatte sie am Tag zuvor gesagt, es sei kein gutes Gefühl, Anjie auf der Beerdigung zu sehen, schließlich sei sie die Mutter des Mörders.

Als sie mit ihrer Mutter Pat auf dem Friedhof ankam, begrüßte sie uns aber voller Wärme. Sie umarmte auch Anjie und fragte sie, wie sie mit all dem fertig würde. So schwierig unsere Beziehung war und so sehr sie der Gedanke an Nathan belastete, jetzt ging es darum, Abschied von ihrer

Tochter zu nehmen. Es war klar, dass dies ein Tag des Friedens war, und dafür war ich ihr dankbar.

Als wir Beckys Sarg ins Grab senkten, wurde der Schmerz noch schlimmer. Ich dachte die ganze Zeit, wir sollten das nicht tun. Es fühlte sich vollkommen unnatürlich und falsch an, meine schöne Tochter Becky in die Erde zu legen.

»Ich sollte da drin liegen, nicht sie«, flüsterte ich Anjie zu. Sie schluchzte leise auf.

Ein paar von uns, darunter Sarah, mein Vater und Denise, warfen ein paar Hände voll Erde ins Grab. Ein komischer, bittersüßer Moment entstand, als Sams neue Sonnenbrille hineinfiel, um nie wieder aufzutauchen. »Das passt ja gut – Becky hat sich immer meine Sonnenbrillen ausgeborgt«, kommentierte ich und lächelte unter Tränen.

Nach der Beisetzung trafen wir uns mit Familie und Freunden m Arnos Court Hotel, um Beckys Leben zu feiern. Einmal mehr staunte ich über die vielen Menschen, die uns unterstützten und ihr Glas auf meine schöne Tochter erhoben – um die zweihundert waren gekommen.

Es gab etwas zu essen und zu trinken, und wir teilten Erinnerungen an Becky. Dann ging ich auf die Bühne und sang »Ain't No Sunshine« von Bill Withers. Mein Dad sang danach noch einmal »Somewhere«, den Song, den er für die Beerdigung aufgenommen hatte. Die Liveversion war noch besser als die Aufnahme.

Nachdem er geendet hatte, ging ich wieder auf die Bühne und machte eine Ankündigung. »Also, ihr Lieben«, sagte ich. »Becky war kein Kind von Traurigkeit. Wir sollten ihr Leben so feiern, wie sie es sich gewünscht hätte.« Und dann begann die Disco, und alle klatschten und jubelten. Es dauerte nicht lange, dann tanzten die Leute und die Stimmung wurde fröhlicher.

Ich schaute mich im Saal um. So viele Gesichter, die ich kannte: Freunde von mir und Anjie, alte und neue, meine Arbeitskollegen, Beckys Freunde und unserer Familie. Es war ein surrealer Moment. Wir alle waren nur aus einem Grund da: aus Liebe zu Becky. Mehr als alles andere zeigte mir das, wie viel Freude und Freundschaft sie in ihrem kurzen Leben den Menschen geschenkt hatte. Und das machte mich stolz.

Wir tanzten alle an diesem Abend, auch ich. Becky hatte so gern getanzt, und ich wusste, sie hätte mit uns gefeiert, wenn sie gekonnt hätte.

»Ich wette, sie schaut auf dich runter und lacht sich kaputt«, sagte Anjie, als ich irgendwann von der Tanzfläche zu ihr zurückkam.

»Ja, sie hat es immer geschafft, sich über ihren alten Dad lustig zu machen«, bestätigte ich leise lachend.

Die Leute machten einen der alten Galsworthy-Tanzwettbewerbe. Es tat gut, nach all den finsteren Augenblicken ein bisschen zu lachen.

Während wir das Leben unserer Tochter feierten, saßen Nathan und Shauna in Untersuchungshaft und warteten auf ihren Prozess, der im Oktober 2015 stattfinden sollte. Und wir Übrigen waren Gefangene unserer Trauer. Becky war uns viel zu früh genommen worden, wir hatten Abschied von ihr nehmen und sie der Erde übergeben müssten. Ich wusste immer noch nicht, wie ich damit zurechtkommen sollte und ob ich überhaupt damit zurechtkommen *wollte*. Ich wusste nur eins: Wir brauchten die Wahrheit. Und Gerechtigkeit.

12

Im Schwebezustand

Die nächsten Monate verbrachten wir mit Warten. Wir wussten, vor dem Prozess würde nichts Wichtiges mehr geschehen. Frustrierend war nur, dass die Polizei uns keine Details über Beckys Tod oder über die Zeit danach sagen konnte. Aus dem Obduktionsbericht ging hervor, dass sie erstickt war, aber sonst wussten wir nichts Genaues. Wir standen nach wie vor in engem Kontakt mit unseren Verbindungsbeamten, aber Russ ging in Pension und wurde durch eine Kollegin ersetzt: Detective Constable Ziggy Bennett.

Ziggy hatte als Ermittlungsbeamtin begonnen, hatte aber als Nachfolgerin von Russ die Aufgabe gewechselt. Wir wussten, dass sie unseren Fall genau kannte, aber auch sie erklärte uns, dass sie uns keine näheren Informationen geben dürfe. Um die Ermittlungen zu schützen, mussten einige Details vertraulich behandelt werden. Ich verstand, dass sie ihr Bestes tat, um den Prozess nicht zu gefährden, aber frustrierend war es trotzdem. Wir wussten nach wie vor nicht, wie und warum Becky ihr Leben verloren hatte. So machten wir uns auch große Sorgen über den bevorstehenden Prozess, denn wir hatten ja keine Ahnung, was dort noch zur Sprache kommen würde. Es war ein Schwebezustand, der sich noch ein paar Monate hinziehen würde.

Wir wussten, dass Nathan gestanden hatte, Becky getötet zu haben, es gab seine Aussage bei der polizeilichen Vernehmung. Die große Frage war aber immer noch: Warum?

Nach Nathans Verhaftung am 4. März hatte Anjie gebeten, ihn besuchen zu dürfen. Sie wollte ihm in die Augen sehen und ihn fragen, warum er etwas so Widerwärtiges getan hatte. Nathan war seiner Mutter gegenüber immer ehrlich gewesen, oder jedenfalls hatte er immer Schwierigkeiten gehabt, sie anzulügen. Deshalb ging sie davon aus, dass er ihr eine Erklärung geben würde. Aber sein Anwalt lehnte die Bitte ab. Keiner von uns konnte sich einen Grund für die schreckliche, lebenserschütternde Tat vorstellen.

Wir hatten seit der Verhaftung von Nathan und Shauna auch kaum noch Kontakt zu ihrem Kind. Das brach uns umso mehr das Herz, aber aus verschiedenen Gründen war es schwierig. Wenn wir Zeit zusammen verbringen konnten, war es aber wunderschön. Die Zeit mit unserem Enkelkind erinnerte uns an eine Zeit, in der alles normal gewesen war. Eine Zeit, in der wir eine Familie gewesen waren, in der Liebe und Fürsorge füreinander wichtig gewesen waren. Bevor unsere Familie vollkommen zerstört worden war.

Am Morgen nach der Beerdigung spürte ich schon beim Aufwachen die ungeheure Leere in mir. Ich hatte nichts Dringendes mehr zu tun, und so blieb ich die nächsten fünf Tage im Haus bei Anjie. Familie und Freunden sagte ich, wir brauchten ein wenig Zeit für uns, und wir gingen auch nicht an die Tür. Natürlich respektierten das alle, niemand versuchte uns zu bedrängen, aber alle sagten, wenn wir sie brauchten, wären sie da. Immer noch legten Fremde Blumen und Teddybären vor unserem Haus nieder. Wir fanden das schön, aber ich hatte nicht einmal mehr die Kraft, nach draußen zu gehen und die Sachen einzusammeln. Ich war wie ausgelöscht, ein gebrochener Mann. Nach zwei Monaten im Rampenlicht der Medien wollte ich mich nur noch verstecken.

Anjie verbrachte viel Zeit vor dem Fernseher, schaute ihre Serien und versuchte, die Realität ein wenig zu vergessen.

Inzwischen kämpfte ich mit meinen eigenen Dämonen und trank fast jeden Abend Wodka, bis ich fast bewusstlos war. Es schien mir die einzige Möglichkeit, den Schmerz zu betäuben und die bittere Realität auszublenden.

Irgendwann jedoch beschlossen wir, dass es jetzt reichte. Wir konnten und wollten nicht weiterhin leben wie die Maulwürfe. Also planten wir wegzufahren, nur ein paar Tage, nur wir zwei. Wir dachten, es wäre gut, mal ein paar Tage vor den Journalisten zu flüchten und Bristol zu verlassen. Aber wohin?

»Wie wäre es mit Butlin's?«, schlug ich vor. »Das war früher immer Beckys Lieblingsort. Wir haben so viele glückliche Erinnerungen daran. Vielleicht wäre es ganz gut für uns, dort zu sein.«

Anjie nickte, und wir buchten einen viertägigen Last-Minute-Aufenthalt. Am nächsten Tag fuhren wir los Richtung Minehead, und es fühlte sich schon gut an, einfach nur mal wieder unsere Straße zu verlasen. Ich hoffte, ein paar Tage Ferien an einem Ort, den Becky geliebt hatte, würden uns guttun. Und ich freute mich, die alten Plätze wiederzusehen.

Aber es wurde ganz schrecklich. Schon als wir auf den Parkplatz fuhren und den Eingang der Ferienanlage sahen, spürte ich den Schmerz und die Trauer wie einen Schlag in den Magen. Überall sah ich nur Erinnerungen an Becky; Dinge, die ich mit ihr getan hatte; Zeit, die ich mit ihr verbracht hatte; Zeit, die wir als Familie zusammen verbracht hatten. Wir waren immer wieder dort gewesen, und jedes Mal war Becky schon auf der Fahrt vor Aufregung ganz außer sich gewesen. Ich sah sie vor mir, wie sie im Pool herumplanschte und im Vergnügungspark kreischte. Ich sah ihr Lächeln, wenn sie auf dem Spielplatz herumlief, und ich spürte die Erinnerung an die glücklichen Zeiten, die wir dort verbracht hatten. Jetzt hatte ich fast ein schlechtes Gewissen, weil ich ohne sie dort war. Es fühlte sich einfach nicht richtig an.

Beim Einchecken und auf dem Weg zu unserem Apartment versuchte ich, die Traurigkeit abzuschütteln. Es war schön dort, das Wetter war trocken und sonnig, der ganze Ort war so nett wie immer, aber meine Stimmung änderte sich nicht. Nach ein paar Stunden beschlossen wir, etwas essen zu gehen, und danach gingen wir in den nächsten Pub, etwas trinken. Sobald der Alkohol seine Wirkung tat, drehte ich endgültig durch.

»Sie sollte mit uns hier sein«, platzte ich heraus, als wir im letzten Sonnenlicht des Aprilabends im Garten des Pubs saßen.

»Ich weiß«, erwiderte Anjie und wollte meine Hand nehmen, aber ich zog sie weg. Sie sah mich überrascht an.

»Das ist alles die Schuld deines widerwärtigen Sohnes«, sagte ich schäumend vor Wut und blickte ihr in die Augen. Sie hielt meinem Blick stand, aber ich sah, dass ihr die Tränen kamen.

»Darren …«, setzte sie an, aber ich schüttelte den Kopf. In meiner Kehle brannte es.

»Wenn er nicht wäre, könnte Becky noch bei uns sein. Dann würde sie jetzt mit uns hier Ferien machen«, schnauzte ich sie an.

»Ich weiß. Aber Darren, bitte, hör auf damit. Er ist mein Sohn. Ich kann nicht aufhören, ihn zu lieben«, schluchzte sie.

Ich sah sie ungläubig an. »Dieser Junge – oder sollte ich sagen, dieses Ungeheuer – hat meine Tochter ermordet. Und du sagst, du liebst ihn?« Meine Stimme klang ganz fremd in meinen Ohren. »Wie kannst du das sagen, nach allem, was er uns angetan hat? Ich wünschte, dein Sohn wäre tot, nicht meine Becky.«

Daraufhin brach Anjie endgültig in Tränen aus, und ich fühlte mich ganz furchtbar, weil ich mich so übel benahm. Ich schaute den Drink in meiner Hand an und stellte ihn langsam auf den Tisch. »Komm, wir gehen«, sagte ich und stand auf. Zitternd schob ich Anjie zurück in unser Apartment, und sobald wir drinnen waren, kniete ich mich vor sie hin. »Es tut mir so leid, Liebes«, krächzte ich und ließ die Tränen laufen. »Ich wollte es nicht an dir auslassen. Ich bin entsetzt über mich selbst, und es tut mir so leid, dass ich so etwas gesagt habe. Es ist nur … es ist alles so schwierig, Anj. Manchmal denke ich, ich verliere den Verstand. Und es wird nicht leichter. Ich vermisse sie so sehr!«

Anjie nahm mich in die Arme und drückte mich fest. »Sie sollte mit uns hier sein, Dar, das weiß ich doch«, erwiderte sie leise. »Ich vermisse sie doch auch.«

Wir verbrachten diese Nacht, wie wir noch Hunderte von Nächten verbringen sollten: in inniger Umarmung und in dem Versuch, unser ausgelöschtes Leben zu verstehen.

Als wir nach dem Kurzurlaub wieder heimkamen, war ich noch erschöpfter als vorher. Ich wusste, es brachte gar nichts, im Haus herumzulungern. Also beschloss ich, Beckys Zimmer wieder in Ordnung zu bringen. Die Polizei hatte es nach der Durchsuchung in einem ziemlich schlimmen Zustand hinterlassen, und es war kein schöner Anblick. Ich wusste, Becky hätte es schrecklich gefunden. Sie war eine der wenigen Jugendlichen, die Ordnung in ihrem Zimmer hielten. Also verbrachte ich Tage damit, dort aufzuräumen und alles wieder so hinzustellen, wie es sein musste. Sie hatte mir einmal eine Zeichnung von ihrem Wunschzimmer gezeigt, mit allen Details, und ich beschloss, es genauso zu machen wie auf diesem Entwurf. Also kaufte ich eine pinkfarbene Tagesdecke und hängte einen Druck an die Wand, auf dem zu lesen war: »Das Beste an Erinnerungen ist, wie man sie erlebt.« Becky hatte den Druck schon vor ihrem Tod gekauft, war aber nicht mehr dazu gekommen, ihn aufzuhängen.

Ich weiß, es klingt albern, aber während ich ihr Zimmer putzte und frisch einrichtete, redete ich mit Becky. »Ich stelle das hierhin, Bex«, flüsterte ich. »Wenn es dir nicht gefällt, lass es mich wissen, gib mir einfach einen Stups, das ist schon okay.« Ich war fast enttäuscht, als nichts passierte, aber ich konnte mir vorstellen, dass sie auf der anderen Seite über mich lachte.

Es half mir sehr, mit ihr zu reden. Wenn ich nicht schlafen konnte, ging ich in ihr Zimmer und setzte mich auf ihr Bett, erzählte ihr von meinem Tag und von meinen Gefühlen. »Bex, ich vermisse dich so«, gestand ich ihr eines Nachts flüsternd, damit ich Anjie nicht weckte. »Manchmal weiß ich nicht, wie ich den nächsten Tag angehen soll, aber ich kümmere mich um Anjie, mach dir keine Sorgen. Und dein Zimmer wird immer schöner. Es wird dir gefallen, es wird wunderschön aussehen. Dein Granddad, dein Bruder Danny, deine Onkel und deine Tante vermissen dich sehr. Sie haben mir alle sehr geholfen. Ich hoffe, du bist irgendwo da draußen, meine Schöne. Jetzt muss ich ins Bett gehen. Hilfst du mir beim Einschlafen? Ich liebe dich, Becky.«

Die neuen Sachen, die ich für ihr Zimmer kaufte, passten wunderbar zu der bisherigen Einrichtung, nicht zuletzt zu dem glitzernden Spiegel, den wir ein paar Jahre zuvor gebastelt hatten. Es gab auch sehr viele Geschenke der Bürger von Bristol, darunter mehrere schöne Bibeln und rührende Erinnerungsplaketten und Kerzen. Einige stellte ich im Zimmer auf. Außerdem rahmte ich all die Briefe und Nachrichten, die wir bekommen hatten, und hängte sie dort auf. Beckys Boxhandschuhe legte ich auf ein Regal. Ich hoffte, sie könnte ihr Zimmer irgendwie sehen und spüren, wie sehr sie geliebt wurde und wie sehr ihr Tod alle berührte.

Nachdem das Zimmer fertig war, fühlte ich mich ruhiger. Jetzt konnte ich dort sitzen, wenn ich es brauchte, mich beruhigen und über alles nachdenken. Wenn Sarah bei uns übernachtete, schlief sie in Beckys Zimmer, und sie sagte immer, dort sei es so friedlich, dass sie besonders gut schlafen könne. Marley, Beckys Katze, betritt das Zimmer allerdings nicht mehr. Er schläft auf dem Treppenabsatz davor. Inzwischen ist er so groß, dass alle Hunde in der Umgebung Angst vor ihm haben, und er hat schon drei Füchse getötet. Will sagen, er fürchtet sich eigentlich vor gar nichts, aber das Zimmer meidet er, als könnte er die schrecklichen Dinge spüren, die dort geschehen sind.

Ende April beschloss ich, wieder Vollzeit zu arbeiten. Wir mussten Rechnungen bezahlen und ich war ja Alleinverdiener. Außerdem dachte ich, wenn ich mir einen Tunnelblick zulegte und mich ganz und gar auf meine Arbeit konzentrierte, würde es mir helfen, die letzten zwei schrecklichen Monate zu verdauen. Mein Arbeitgeber freute sich, dass ich wieder anfing; man sagte mir aber, ich solle einfach Bescheid sagen, wenn ich Hilfe brauchte. Ich war sehr froh, so viel Verständnis zu finden.

Aber ich spürte auch bald, dass es mir schwerfiel, jeden Tag aufzustehen und zur Arbeit zu gehen. Tagsüber konnte ich alles ganz gut verdrängen, aber wenn ich abends heimkam, brachen die Gefühle aus mir heraus wie Lava aus einem Vulkan. Wenn ich eine Sendung im Fernsehen sah, die Becky gemocht hatte, wenn ich einen Song hörte, der mich an sie erinnerte, dann ging es los. Und dann brach ich zusammen. Meine Reaktionen reichten von unkontrollierbarem Weinen bis hin zu Wutanfällen, bei denen ich Sachen durch die Gegend warf. Manchmal lag ich einfach nur zusammengekrümmt auf dem Bett, spürte den Schmerz in meiner Brust und weinte stundenlang. Mein Herz tat so weh, dass ich dachte, es würde gleich aufhören zu schlagen. Manchmal wünschte ich mir das sogar, weil ich den Schmerz nicht mehr aushielt. Jeden Tag fragte ich mich, ob ich allmählich den Verstand verlor. Noch nie in meinem ganzen Leben hatte ich etwas so Schlimmes erlebt. Ich war ein hilfloses Opfer meiner Gefühle.

Das ging so weit, dass ich sogar Kollegen anschnauzte. Irgendwann rief mich die Personalchefin Jo in ihr Büro, aber statt mir eine Verwarnung zu erteilen, wie ich eigentlich erwartet hatte, bot sie mir etwas ganz anderes an.

»Alle hier verstehen, warum Sie im Moment ein bisschen unausgeglichen sind«, setzte sie an. Ich nickte peinlich berührt. Dann fragte sie: »Würden Sie gern versuchen, Kontakt zu Becky aufzunehmen? Damit die Sache einen Abschluss findet?«

Ich sah sie verwirrt an.

Sie lächelte. »Ich bin in einer Spiritistengemeinde; wenn Sie wollen, könnte ich zu Ihnen nach Hause kommen, und wir könnten versuchen, mit Becky Kontakt aufzunehmen.«

Erst war ich skeptisch, aber ich suchte so verzweifelt nach etwas Trost, dass ich einwilligte. Versuchen konnte ich es ja.

»Wie wäre es gleich mit heute Abend?«, fragte ich.

Jo kam noch am selben Abend zu uns nach Hause, und ich lud auch Lee und seine Frau Joanne ein, weil ich wusste, die beiden interessierten sich für solche Dinge. Ich war ein einziges Nervenbündel. Außerdem hatte ich keine Ahnung, ob es funktionieren würde. Aber wenn es funktionierte, dann hatte ich tausend Fragen. Meine größte Angst war, dass

Becky sauer auf mich wäre, weil ich sie nicht beschützt hatte. Und genau danach wollte ich sie fragen.

Wie saßen im Kreis in unserem Wohnzimmer, und Jo forderte uns auf, unseren Geist zu leeren und die Augen zu schließen. Nachdem sie ein Schutzgebet gesprochen hatte, öffneten wir wieder die Augen, und Jo sprach weiter.

»Becky ist dabei, geheilt zu werden«, sagte sie leise. »Wenn ein Geist so plötzlich aus dem Leben gerissen wird, dann leidet er Schaden. Ihr Geist wird jetzt von anderen Geistern geheilt. Sie ist mit jemandem zusammen, der Charlie heißt.«

Anjie machte große Augen. »Charlie ist mein Großvater!«, rief sie überrascht aus.

»Und eine Dame namens May ist auch bei ihr«, erklärte Jo. Diesmal war ich an der Reihe, überrascht zu sein, denn May ist meine Großmutter, die mir ganz besonders nahestand, als ich ein Kind war.

»Leider kann sie im Moment nicht gut Kontakt aufnehmen, aber sie hat ich gebeten, etwas zu tun.« Jo stand kurz vor einer Knieoperation, deshalb brauchte sie einen Gehstock. Sie ging langsam zu Anjie hinüber und legte ihr zärtlich beide Arme um den Hals, so wie Becky es immer getan hatte.

Anjie schluchzte laut auf, und ich drückte ihre Hand ganz fest.

Dann wandte sich Jo an mich und boxte mir kräftig gegen den Arm. »Tut mir leid, Darren«, sagte sie mit einem leisen Lachen, »aber Sie werden schon wissen, was damit gemeint ist.«

Ich war fassungslos. Das war eine ganz klare Anspielung an die Boxstunden, die Becky und ich zusammen genossen hatten. Am Ende jeder Stunde hatte sie mir gesagt, sie würde immer stärker, und dann hatte sie mir gegen den Arm geboxt, um es zu beweisen.

»Es wird eine Weile dauern, bis sie wieder Kontakt mit Ihnen aufnehmen kann«, erklärte Jo mir. »Aber sie hat mir gesagt, es gibt eine Glocke hier im Haus, und sie wird diese Glocke läuten, wenn sie in Kontakt treten will. Sollte das geschehen, rufen Sie mich einfach an, dann komme ich.«

Das verstand ich nicht. Becky hatte keine Glocke, das hätte ich gewusst, schon weil sie wahrscheinlich ständig geläutet hätte, um mich ein bisschen herumzukommandieren. Aber als ich ein paar Stunden später einige Sachen in ihr Zimmer brachte und eine Schublade öffnete, blieb mir die Luft weg. In dieser Schublade lag eine kleine lilafarbene Glocke mit Griff. Sie musste sie irgendwann mal in den Ferien an der See gekauft haben. Ich stellte die Glocke aufs Regal in unserem Wohnzimmer, und in den nächsten Monaten starrte ich immer wieder dorthin und wünschte mir, sie würde läuten.

In dieser Nacht schlief ich zum ersten Mal seit Monaten tief und fest. Ich weiß, manche Leute finden diese Geschichte sicher lächerlich, aber Jo gab mir und Anjie sehr viel Trost, den wir in unserer verzweifelten Situation dringen nötig hatten.

Es wurde Juni, Beckys siebzehnter Geburtstag rückte näher. Als ich am 3. Juni, einem Mittwoch, aufwachte, war mein Herz schwer. Wir taten nichts Besonderes an diesem Tag, aber ich nahm mir Zeit, an Beckys frühere Geburtstage zu denken und mich zu erinnern, wie sehr sie es genossen hatte, mit uns zu feiern.

»Herzlichen Glückwunsch, Bex«, sagte ich leise, als ich an ihrem Zimmer vorbeiging. Sie hätte in diesem Jahr so viel zu feiern gehabt. Sie wurde eine junge Frau, verließ ihr Schneckenhaus und würde ein unabhängiges Leben führen. Sie hätte inzwischen ihren Schulabschluss gemacht und hätte zuversichtlich in die Zukunft geblickt. Ich gab mir wirklich Mühe, nicht wieder daran zu denken, wie grausam ihr Lebensfunke ausgelöscht worden war, aber an diesem Tag fiel es mir ganz besonders schwer.

Später ging ich noch zum Grab und legte ein paar Blumen für sie nieder. Andere Familienmitglieder hatten das auch schon getan. Es war ein kurzer, aber schöner Besuch auf dem Friedhof, auch wenn ich ehrlich gesagt nicht besonders gern dorthin ging. Es fühlte sich ganz falsch an, dass sie dort lag und nicht bei uns zu Hause war.

Am Abend kuschelten Anjie und ich ein wenig auf dem Sofa, erhoben das Glas auf Beckys Wohl und sprachen über die guten Zeiten, die wir zusammen erlebt hatten. Ich war sicher, so hätte es sich Becky auch gewünscht.

Für den folgenden Samstag hatten wir bereits eine Geburtstagsparty für Becky organisiert. Ein paar Wochen vor ihrem Tod hatten wir den St. George Labour Club gemietet und uns auf eine Überraschungsparty vorbereitet. Jetzt beschlossen wir, auf jeden Fall zu feiern, obwohl der Ehrengast fehlte. Ich fand den Gedanken schön, mit Freunden und Familie zu feiern, statt uns im Haus einzuschließen und deprimiert zu sein, weil sie nicht bei uns war.

Ich kaufte also Beckys liebsten Schokoladenkuchen mit Maltesers und Schokosternen und lud etwa hundert Leute ein. Wir bereiteten ein Büffet und eine Disco vor. Beckys Freunde – Adam, Courtney, Teela und Luke – kamen und trugen alle vier etwas von ihren Sachen. Nachdem ich Beckys Zimmer aufgeräumt hatte, hatte ich ihren Freunden gesagt, sie könnten sich ein Erinnerungsstück mitnehmen. Adam trug eine Kette mit einem angekauten Kreuz, das wirklich schon bessere Zeiten gesehen hatte. Ich habe ihn seitdem nie ohne das Teil gesehen. Courtney hatte sich ein T-Shirt ausgesucht, das die Unterschriften aller Mitschülerinnen und Mitschüler trug. Luke und Teela trugen beide ein kleines Schmuckstück von ihr.

Die ganze Familie war gekommen, außerdem einige Unterstützer, darunter auch zwei Frauen namens Joanne und Michelle, die uns sehr geholfen hatten. Es war ein fantastischer Abend. Wir tranken auf Beckys Wohl und teilten schöne Erinnerungen an sie. Es war kein trauriges Ereignis; den ganzen Abend wurde viel gelacht.

»Gute Party«, war Dannys Kommentar, als wir uns in dem Saal mit all den Menschen umschauten, die Becky geliebt hatten. Und alle lächelten.

»Das hätte Becky absolut toll gefunden, Dar«, sagte Sarah, die ständig hinter einem ihrer sechs Kinder herrannte. »Gut gemacht!«

Ihre Worte bedeuteten mir viel, weil ich es genauso empfand. Becky hätte es gefallen, so viele Menschen auf ihrer Party zu haben, und ich weiß, sie hätte den Abend genossen. Wir schwiegen gegenüber der Presse darüber, weil wir wollten, dass es einfach nur unser Abend war.

Ende Juni meldete sich Ziggy und rief mich an meinem Arbeitsplatz an. Sie hatte Neuigkeiten für mich und fragte, ob sie am Abend mit Jo vorbeischauen könnte. Als die beiden kamen, beobachtete ich sie misstrauisch. Ich war inzwischen so gewöhnt an schlechte Nachrichten, dass ich mir schon Sorgen machte, die Anklage wäre vielleicht fallen gelassen worden. Das war wirklich meine größte Angst.

»Gut, also, was haben Sie uns zu erzählen?«, fragte ich, als wir uns setzten.

»Wir wollten Ihnen Neuigkeiten über Shauna berichten«, antwortete Ziggy. »Sie wissen ja, dass sie ursprünglich nur wegen Behinderung der Strafverfolgung angeklagt worden war, aber jetzt gibt es auch eine Mordanklage. Ihre Beteiligung wird im gleichen Prozess verhandelt wie Nathans.«

Ich atmete erleichtert auf. »Das wurde aber auch Zeit«, sagte ich mit einem Blick auf Anjie. Auch sie wirkte erleichtert. Wir hatten beide den Verdacht, dass Shauna großen Anteil an dem Mord hatte. Und wir hielten es beide nicht für sehr wahrscheinlich, dass Nathan die Tat allein begangen hatte. Shauna war viel rücksichtsloser als er, und ich dachte schon lange, dass sie auch die Schlauere war.

Ziggy erklärte, dass es noch weitere Anklagen gegen die beiden in Verbindung mit Beckys Tod gab: Irreführung der Strafverfolgungsbehörden, gemeinsame Vorbereitung von Falschaussagen, unerlaubter Waffenbesitz und Verhinderung einer gesetzmäßigen Bestattung.

»Was für eine Waffe denn?«, fragte ich, aber Ziggy schüttelte den Kopf.

»Darf ich nicht sagen, tut mir leid.«

Wir kannten jetzt also zwar die Anklagepunkte, wussten aber immer noch nicht viel darüber, was sie zu bedeuten hatten und was an Beckys Todestag wirklich passiert war. Ich war nicht glücklich über diesen Mangel an Informationen, hatte ich doch erwartet, zu diesem Zeitpunkt schon viel mehr zu wissen. Ich wollte mich gern auf den Prozess vorbereiten, aber die Polizei durfte uns immer noch nicht sehr viele Einzelheiten sagen.

Anjie und ich waren nach wie vor sehr nervös wegen des Prozesses. Ehrlich gesagt, setzte ich nicht viel Vertrauen in unser Rechtssystem. Außerdem machte ich mir Sorgen, dass die Wahrheit über Beckys Tod und das Wissen um das, was Nathan und Shauna ihr angetan hatten, mich vollends zerschmettern würden.

Nacht für Nacht lag ich wach und machte mir Gedanken, dass sie vielleicht aus dem einen oder anderen Grund nicht schuldig gesprochen werden könnten, obwohl Nathan ja ein Geständnis abgelegt hatte. Ich wusste, meine Familie würde mich bis zum Schluss unterstützen, aber es würde mit Sicherheit unglaublich schwierig. Ich versprach mir selbst, was auch immer passierte, ich würde mich nicht von meinen Gefühlen überwältigen lassen, solange ich im Gerichtssaal saß. Ich wollte gefasst bleiben. Und vor allen Dingen wollte ich nicht, dass Nathan mir irgendeine Schwäche anmerkte.

In der Zwischenzeit sparte ich Geld, um Becky einen schönen Grabstein kaufen zu können. Bisher hatte sie nur das Holzkreuz, einen kleinen Zaun und ein paar Blumen auf ihrem Grab. Das sah hübsch aus, aber ich wollte, dass sie einen richtigen Grabstein bekam, und der, den ich ausgesucht hatte, war nicht billig. Er war aber auch etwas ganz Besonderes: schwarz gesprenkelter Marmor mit hellblauen Splittern an der oberen Kante. Dazu gab es kleine Pflanztöpfe und eine polierte biblische Figur. Die Figur hatte mich als Erstes gefesselt, weil das Kind beide Arme um den Hals der Frau gelegt hatte, so wie Becky es immer mit Anjie gemacht hatte. Ich war sicher, die Figur hätte ihr gefallen.

Außerdem hatte ich die Grabstelle neben ihr gekauft, damit Anjie oder ich – wer auch immer von uns früher sterben sollte – gleich neben ihr beerdigt werden konnte. Sarah kaufte eine weitere Grabstelle ganz in der Nähe.

Anjie und ich tigerten also durch unser leeres Haus und versuchten, uns auf den Prozess vorzubereiten. Währenddessen hatten unsere Unterstützer beschlossen, eine Stiftung in Beckys Namen zu gründen. Ziel der Stiftung war es, emotionale und finanzielle Unterstützung für die Hinterbliebenen von vermissten Kindern zu leisten. Mir gefiel die Idee, Menschen in einer solchen dunklen, verzweifelten Zeit zu helfen. Wir hätten niemals überlebt ohne die beispiellose Unterstützung der Menschen in unserer Umgebung. Außerdem fand ich, es wäre eine gute Gelegenheit, Beckys Namen lebendig zu halten. So würde aus ihrem Tod doch noch etwas Gutes erwachsen.

Unsere Unterstützer hatten immer unter dem Namen »Shoulder 2 Shoulder« – Schulter an Schulter – gearbeitet. Jetzt beschlossen wir, so sollte auch die Stiftung heißen, die Beckys Namen trug.

Es gab auch noch andere Akte der Freundlichkeit, die wir sehr schätzten. So wurden wir in all der Quälerei immer wieder ein wenig getröstet. Menschen sammelten Geld, um im St. George's Park eine Laterne zur Erinnerung an Becky zu kaufen. Sie war so oft durch diesen Park gegangen, und es war ein schöner Gedanke, dass ihr Licht anderen Menschen im Dunkeln Sicherheit spendete.

Andere hatten einen Apfelbaum Becky zu Ehren gepflanzt, einen von fünfen, die von der Meadow Vale Community Association gepflanzt worden waren, für Becky und vier weitere Teenager: Shevon Wilsob, Daniel Cockram, Jacob Seaman Ind und Zoe Smith. Sie alle waren unter tragischen Umständen in Bristol ums Leben gekommen. Anjie und ich fühlten uns ganz demütig, als wir an der Zeremonie im Meadow Vale Community Centre im Stadtteil Speedwell teilnahmen. Es war uns ein großer Trost, mit anderen trauernden Familien zusammenzukommen.

Nach der Zeremonie segnete Reverend David James jeden einzelnen Baum und sprach ein Gebet für jede Familie. Er war in den letzten Monaten zu einem wichtigen Teil unseres Lebens geworden, eine Quelle der Kraft und des Trostes, und ich werde seine Worte nie vergessen. Obwohl die Gefühle noch sehr frisch waren, berührte dieses Ereignis Anjie und mich sehr. Irgendwann werden wir sicher zu diesem Baum zurückkehren, um an Becky und alles zu denken, was sie in ihrem jungen Leben erreicht hat.

Ich arbeitete Vollzeit bis Ende September, dann bekam ich eine böse Grippe. Mein Körper war am Ende, und so waren wir wieder auf die Hilfe der Familie angewiesen. Sobald ich wieder gesund war, begann der Prozess, und ich wurde von meinen Chefs freigestellt. Diese Unterstützung wusste ich sehr zu schätzen. Es war ein unglaubliches Glück, so verständnisvolle Arbeitgeber zu haben.

So geschwächt ich auch war vor lauter Verzweiflung und Trauer, rüttelte mich die Hoffnung auf Gerechtigkeit doch aus meiner Lethargie. Ich nahm alle meine Kraft zusammen, rappelte mich auf und tat mein Bestes, um mich auf die Schrecken des Prozesses vorzubereiten.

13

Der Prozessbeginn

In der Nacht vor der Prozesseröffnung konnte ich kaum schlafen. Ich war früh zu Bett gegangen, um mich mental vorzubereiten, aber das nützte gar nichts, mir ging viel zu viel durch den Kopf. Als am 6. Oktober 2015 die Sonne aufging, war ich ein nervliches Wrack. Ich zog mich an, sah mir im Spiegel in die Augen und atmete tief durch. Dann versprach ich mir zum wiederholten Male, dass ich vor Nathan keine Gefühle zeigen würde, so schwer mir das auch fallen mochte. Dieses Vergnügen würde ich ihm nicht gönnen, auch wenn ich mir kaum vorstellen konnte, ihn anzusehen.

»Wirst du zurechtkommen, Liebes?«, fragte ich Anjie, als ich ihr beim Anziehen half. »Es wird schwer, Nathan und Shauna zu sehen. Du musst nicht mitkommen, wenn es dir zu viel wird.«

Anjie nickte entschieden. »Ich komme mit«, sagte sie.

Ich wusste, sie wollte Nathan sehen, schließlich war es das erste Mal seit seiner Verhaftung. Sie wollte sehen, ob er den Mut hatte, ihr in die Augen zu schauen, nachdem er den Mord an Becky gestanden hatte. Und ich wusste, dass sie genau wie ich endlich wissen wollte, was wirklich passiert war.

Als Ziggy und Jo uns abholten, war ich schon sehr erschöpft. Sie beschlossen, uns zum Hintereingang zu fahren, weil sich vorn sehr viele Journalisten und Fotografen versammelt hatten, die alle hofften, einen Blick auf uns zu erhaschen. Tanya und Pat würden ebenfalls durch den Hintereingang ins Gericht kommen, während Sarah, Sam und die übrige Familie durch den Haupteingang gehen würden.

Ich war noch nie bei einem Prozess dabei gewesen; entsprechend wenig konnte ich mir vorstellen, was dort vor sich ging und wie lange es dauern würde. Ursprünglich hatte es geheißen, der Prozess könnte bis zu elf Wochen dauern. Ich wusste, so lange konnte ich nicht auf Gerechtigkeit warten. Zum Glück wurde die Verhandlungsdauer dann auf fünf bis sechs Wochen reduziert.

Im Auto erklärte Ziggy, wir würden jeden Morgen durch den Anklagevertreter William Mousley über die Tagesordnung informiert. »Sie bekommen eine kurze Erklärung, worum es an dem jeweiligen Tag geht«, sagte sie uns. »Aber es ist natürlich nur eine Zusammenfassung. Oft kommen noch Dinge auf den Tisch, mit denen niemand rechnet und die es für Sie besonders schwer machen. Wenn das passiert, bitte versuchen Sie, den Ablauf nicht zu stören oder Aufmerksamkeit auf sich zu lenken. Wenn Sie das Gefühl haben, Sie brauchen eine Pause, können Sie den Saal jederzeit verlassen.«

Ich musste schlucken. Natürlich wollte ich unbedingt wissen, was mit Becky passiert war, aber ich wusste, es würde schwer, dazusitzen und mir alles anzuhören. Ich war entschlossen, meinem Zorn nicht die Zügel schießen zu lassen und nicht zu schreien. Was auch immer passierte, ich wollte meine Würde bewahren.

Die ganze Familie hatte beschlossen, dass wir etwas anziehen wollten, was unsere Gemeinsamkeit betonte. Also trugen wir alle hellblaue Schleifen am Revers. Es war auch ein Tribut an Becky, denn Hellblau war ihre Lieblingsfarbe.

Wir trafen die anderen im Zeugenraum, und sobald Sarah mich sah, kam sie mit Sam herbeigeeilt. »Wie geht es dir?«, fragte sie und legte mir eine Hand auf den Arm.

»Ich bin ziemlich am Limit, muss ich zugeben«, krächzte

ich. Irgendwie kam mir alles jetzt viel realer und ernster vor, da wir wirklich im Gericht standen. Sie nickte und schaute Anjie an, die in ihrem Rollstuhl saß und vor sich hin starrte. Ihr Gesicht zeigte, wie nervös sie war. Ich legte ihr den Arm um die Schulter.

»Es ist die Angst vor dem Unbekannten, nicht wahr?«, sagte Sarah und drückte meinen Arm. »Aber wir werden das gemeinsam als Familie durchstehen, Dar, das verspreche ich dir.« Sie umarmte mich, und wenig später wurden wir zu unserem ersten Briefing gerufen.

Der Tag verlief ziemlich enttäuschend, denn zunächst ging es vor allem um Formsachen. Ich erinnere mich vor allem daran, dass wir William Mousley kennenlernten und dass ich mir dachte, dieser Mann würde mit Sicherheit für Gerechtigkeit sorgen. Der erste Eindruck war wirklich gut. William sah aus und klang wie ein Mann, der wusste, was er tut. Ich hatte Vertrauen zu ihm, obwohl ich nach wie vor nervös war und viele Zweifel und böse Vorahnungen meine Gedanken bestimmten.

Wir erfuhren, dass der eigentliche Prozess erst am nächsten Tag beginnen würde. Dann würden die Geschworenen vereidigt. Außerdem erfuhren wir, dass der Anklagevertreter beginnen würde, indem er eine kurze Zusammenfassung des Ermittlungsstandes gab. Die Informationen über das Verbrechen würden während der nächsten Verhandlungstage im Detail ausgebreitet, aber einiges wäre vielleicht doch neu für uns. Wir wussten ja sehr wenig über Beckys Todesumstände. Man hatte uns wegen der familiären Nähe zum Täter über einige Dinge im Unklaren gelassen. Mich regte vor allem die Tatsache auf, dass die Einzigen, die wirklich wussten, wie Becky gestorben war, Nathan und Shauna waren. Sie hielten sämtliche Karten in der Hand.

Jeden Tag, den ich am Prozess teilnahm, saß ich auf der Empore, wo acht Plätze für die Familie reserviert waren. Am ersten Tag wurden Anjie und ich von Tanya und Pat, Ziggy und Jo sowie Sarah begleitet. Tanya und ich verhielten uns höflich, fragten einander, wie es uns ginge und so weiter. In unserem Wunsch, Gerechtigkeit für Becky zu finden, waren wir vereint. Danny kam während des weiteren Prozessverlaufs einige Male mit und beeindruckte mich mit seiner Stärke. So wie ich schien er entschlossen, vor Nathan nicht zusammenzubrechen. Anjie kam nur ein paar Mal mit, ihre Krankheit kostete sie viel Kraft und der Stress, sich die Aussagen anzuhören, verschlechterte ihren Zustand zusätzlich.

Andere Familienmitglieder begleiteten uns, wenn es genug Platz gab – sonst saßen sie im Publikum, wo sich auch sonst viele Leute befanden, die uns während der Suche und später anlässlich der Beerdigung unterstützt hatten. Leute, die Gerechtigkeit für Becky wollten. Sam und Sarah sowie mein Dad und Denise waren oft dabei, ebenso meine Brüder Joe und Asa und mein Stiefbruder Ben. Das Medieninteresse an dem Prozess war so groß, dass es eine Videoübertragung in einen zweiten Raum gab, sodass alle Journalisten teilnehmen konnten.

Am zweiten Verhandlungstag, dem 7. Oktober, war Anjie zu erschöpft, um mitzukommen. Also fuhr ich mit Sarah, Sam, Joe und meinem Vater ins Gericht. Die Geschworenen elf Frauen und ein Mann – wurden vereidigt, und dann wurden die vier Angeklagten hereingeführt: Nathan und Shauna, Donovan Demetrius und James Ireland, die der Beihilfe angeklagt waren.

Wir erfuhren, dass Donovans Zwillingsbruder Karl Demetrius und seine Freundin Jaydene Parsons sich bereits in einer früheren Anhörung schuldig bekannt hatten. Sie hatten Nathan geholfen, Beckys sterbliche Überreste in einem Gartenhaus zu verstecken, behaupteten allerdings, sie hätten nicht gewusst, was in den Kisten war. Man vermutete, dass Karl Demetrius und James Ireland die Kisten zu Karls Haus gefahren hatten, nachdem Nathan ihnen Geld angeboten hatte. Donovan Demetrius war zu dieser Zeit bei Karl zu Gast gewesen, behauptete aber, er habe von den kriminellen Aktivitäten im Haus nichts gewusst.

Ich verrenkte mir den Hals, um einen guten Blick auf Nathan und Shauna werfen zu können, aber es war schwierig. Die Angeklagten wurden durch einen großen Wandschirm geschützt, und die beiden saßen hinter James Ireland und Donovan Demetrius. Außerdem saßen noch einige Sicherheitsbeamte in der Anklagebank und versperrten mir die Sicht. Das war vielleicht sogar ganz gut, ich wusste nicht, ob ich nicht doch vor Zorn explodieren würde, wenn ich die beiden sah.

Als William Mousley die Anklageschrift verlas, herrschte Schweigen im Saal. Ich schloss die Augen ganz fest und hielt die Luft an. Ich wusste, es würde schwer, das alles anzuhören

Er begann: »Rebecca Watts, besser bekannt als Becky, war sechzehn Jahre alt, als sie in ihrem Zimmer ermordet wurde. Sie wurde erstickt, obwohl sie heftig um ihr Leben kämpfte. Danach entfaltete sich ein absichtsvoller, sorgfältig geplanter und mit grotesker Genauigkeit ausgeführter Plan, um den Mord zu vertuschen. Becky wurde aus ihrem Elternhaus geschafft, ihr Körper wurde mit einem Messer und einer Kreissäge zerteilt, die Teile sorgsam verpackt und dann in ein weiteres Haus gebracht, damit sie nicht gefunden würden und um eine gesetzmäßige Beerdigung zu verhindern.«

Während William sprach, spürte ich vage, wie Tanya aufstand und den Saal verließ. Sie ertrug es offenbar nicht, sich die grausigen Details anzuhören. Ich versuchte, ruhig zu bleiben. Obwohl ich Nathan nicht sehen konnte, war ich nicht sicher, ob er mich nicht sah. Und ich wollte nicht vor seinen Augen zusammenbrechen.

»Nathan Matthews und Shauna Hoare waren für den Tod von Becky Watts verantwortlich«, fuhr William in scharfem Ton fort. »Bei der Vertuschung des Mordes hatten sie Hilfe von vier weiteren Personen, darunter James Ireland und Donovan Demetrius. Die vier arbeiteten zusammen und halfen in unterschiedlichem Maße dabei, die inzwischen verpackten Überreste der Toten zu verstecken. Und dies, obwohl sie wissen mussten, dass Becky ermordet worden war oder das Nathan Matthews ein anderes schweres Verbrechen begangen hatte.«

Er hielt kurz inne und ließ den Blick durch den Saal schweifen, bevor er die Geschworenen wieder ansah. »Beckys Tod war das Ergebnis eines Plans, den Matthews und Hoare gefasst hatten. Sie wollten sie entführen, und zu diesem Zweck nahmen sie auch einige Gegenstände mit zu Becky nach Hause«, sagte er. »Abgesehen von ihrer deutlichen Abneigung gegen Rebecca Watts gibt es Grund zu der Annahme, dass hinter dem Plan auch sexuelle Motive standen. Die beiden Angeklagten hatten ein unnatürliches Interesse an attraktiven weiblichen Teenagern. Wie auch immer, die vorhersehbare Folge des Plans war Beckys Tod oder doch jedenfalls erhebliche Verletzungen.«

Mir drehte sich der Magen um, als ich den Begriff »sexuelle Motive« hörte. Was für sexuelle Motive konnte Nathan gehabt haben, um Becky zu überfallen? Er kannte sie, seit sie ein Kleinkind war. Mir wurde richtig übel. Hatte er sie sexuell missbraucht? Das hätte sie uns doch erzählt!

William fuhr fort: »Becky kam am frühen Morgen des

19. Februar nach Hause, das heißt nach Crown Hill, St George, Bristol. Ihr letzter Telefonkontakt war am Morgen, als sie eine SMS an eine Freundin schickte, und zwar von zu Hause aus. Dort war sie allein. Nathan Matthews und Shauna Hoare waren an diesem Vormittag im Haus in Crown Hill gewesen. Als sie von der Polizei vernommen wurden, sagten sie beide die Unwahrheit, dass sie Becky nicht gesehen hätten, dass aber die Haustür laut ins Schloss gefallen sei. Sie hätten vermutet, dass Becky das Haus verlassen habe, und wüssten ebenso wenig wie alle anderen, was mit ihr passiert sei. Nachdem man Beckys Blut an mehreren Türrahmen außerhalb ihres Zimmers fand und nachdem dort auch die Fingerabdrücke von Nathan Matthews gefunden wurden, verhaftete man Matthews und Hoare unter dem Verdacht, Becky entführt zu haben. Der Haftgrund wurde später in eine Mordanklage umgewandelt.«

William fügte hinzu, dass bei den polizeilichen Ermittlungen zwei Elektroschocker im Haus von Nathan und Shauna gefunden worden waren, die möglicherweise bei der geplanten Entführung eingesetzt werden sollte. Sie waren auf den Namen Shauna Phillips im Januar 2015 bestellt worden. So hatte Shauna früher geheißen.

Mein Magen verkrampfte sich. Ich spürte, wie Sarah die Hand nach mir ausstreckte. Als ich sie ansah, bemerkte ich, dass sie weiß wie die Wand geworden war. Shauna hatte die Elektroschocker einen Monat vor dem Mord an Becky bestellt. Das alles klang so, als hätten die beiden den Mord die ganze Zeit sorgfältig geplant.

Weiter hörten wir, dass Nathan und Shauna am Tag des Mordes zu unserem Haus gefahren waren und auf dem Weg noch bei einem Supermarkt gehalten hatten, um Batterien zu kaufen. Diese Batterien, so Mr Mousley, passten in die Elektroschocker. Becky war irgendwann zwischen elf Uhr am Vormittag und dem Mittag gestorben (Anjie war um 12.45 Uhr von ihrem Arztbesuch zurückgekommen). Ihr Leichnam wurde in Nathans Kofferraum gepackt. Aufnahmen von einer Überwachungskamera zeigten, wie Nathan und Shauna kurz vor sieben Uhr am Abend zu Hause angekommen waren.

Eine Welle der Übelkeit überkam mich, als mir klar wurde, dass ich auf dem Heimweg von der Arbeit an Nathans Auto vorbeigegangen war. Ohne es zu wissen, war ich an einer toten Tochter vorbeigegangen. Ich begann heftig zu zittern, und Sarah drückte mir die Hand, um mich zu beruhigen.

Als sie nach Hause kamen, bestellten Nathan und Shauna etwas bei einem Takeaway und setzten sich dann vor den Fernseher. »Ganz normales Verhalten, abgesehen davon, dass sie eine Tote im Auto hatten«, sagte William und warf einen grimmigen Blick in Richtung Anklagebank. Ich hoffte, dass er die beiden besser sehen konnte als ich.

Anschließend erklärte er, wie man die Leichenteile in einem Haus in Barton Hill entdeckt hatte, jenem Haus, in dem Karl Demetrius und Jaydene Parsons lebten. Karl und ein weiterer Mann, so William, hatten geholfen, die Leichenteile und Werkzeuge zu transportieren, vier Tage nach dem Mord. Donovan Demetrius war Gast bei seinem Bruder Karl und zugegen, als sie ankamen.

Dann sagte William etwas, was mich rasend wütend machte. »Nathan Matthews gestand den Mord schließlich und erklärte, er habe Becky entführen und eine Weile festhalten wollen, sie dann aber erstickt. Er gab auch an, er habe den Mord allein begangen und sie auch allein zu sich nach Hause gebracht, zerstückelt und den Transport der Teile organisiert.«

William erklärte dem Gericht, dass Nathan nach seiner

Verhaftung erklärt hatte, er hätte Becky entführen wollen, um ihr Angst einzujagen und ihr eine Lektion zu erteilen, weil sie egoistisch war und seine Mutter schlecht behandelte. Als ich das hörte, zitterte ich vor Wut. Ziggy legte mir sanft eine beruhigende Hand auf die Schulter, damit ich mich zusammenriss. Aber was ich da hörte, war so absolut lächerlich! Becky war einfach ein ganz normaler Teenager. Sie war manchmal zickig, aber weiß Gott nicht schlimmer als andere. Und selbst wenn, woher nahm Nathan das Recht, ihr »eine Lektion zu erteilen«? Seine Arroganz machte mich wütend, ich musste sehr tief durchatmen, um mich zu beruhigen.

Nathan hatte gestanden, dass er eine große Tasche, einen Elektroschocker, Handschellen und Paketband mitgenommen hatte. Er hatte eine Maske getragen, aber sie war verrutscht, sodass Becky ihn erkannt hatte. Daraufhin hatte er sie in die Tasche gesteckt und erstickt. Er hatte auch Beckys Telefon, den Laptop, Bettzeug und Kleidung in eine Tasche gesteckt und alles in sein Auto gebracht.

»Nach Matthews Aussage wartete er dann, bis Shauna zu Bett gegangen war, bevor er die Taschen ins Haus holte«, fuhr William fort. »Die Tasche mit Beckys Leichnam brachte er ins Bad. Er hat angegeben, ihren Körper mit einer Kreissäge zersägt, die Teile eingewickelt und nach unten in ein Versteck getragen zu haben. Shauna Hoare, so Matthews, wusste nichts von der Tat, da er fürchtete, sie würde die Polizei rufen, wenn sie davon erführe.«

Nathan hatte alle Spuren beseitigt. Bei der Haussuchung durch die Polizei wurde festgestellt, dass es überall im Haus schmutzig und unordentlich war, nur nicht im Bad – es war makellos sauber.

Nathan hatte den Mord und eine gemeinsame Planung der Entführung abgestritten, hatte sich jedoch schuldig bekannt, Beckys sterbliche Überreste versteckt und zerteilt zu haben. Außerdem hatte er den Besitz von zwei Elektroschockern und die Verhinderung einer gesetzmäßigen Bestattung gestanden.

Shauna hatte sich zu allen fünf Anklagepunkten – Mord, gemeinsame Planung einer Entführung, Irreführung der Strafverfolgungsbehörden, Verhinderung einer gesetzmäßigen Bestattung und Besitz der Elektroschocker – als nicht schuldig bekannt. Sie stritt ab, irgendetwas von Beckys Tod gewusst z haben. Allerdings erfuhr das Gericht später, dass sie mit ihrem Handy am Abend des Mordes auf Youtube ein Video mit dem Titel »Do You Want to Hide a Body?« – Willst du eine Leiche verstecken? – gesucht hatte, eine Parodie auf »Do You Want to Build a Snowman?« aus dem Disney-Film *Die Eiskönigin*. Für mich war das ein Beweis gegen sie und außerdem ein Fingerzeig auf ihr perverses Denken. Auf einer Gesichtsmaske, die im Gartenhaus mit Beckys Überresten entdeckt worden war, gab es DNA-Spuren von ihr. Ich starrte auf den Boden und versuchte immer noch, mich zusammenzureißen. Das alles konnte doch kein Zufall sein! Ich fragte mich, wie sie auf die Idee kam, irgendjemand würde ihr glauben.

William berichtete, dass Nathan am Tag nach Beckys Tod zwei Flaschen Rohrreiniger gekauft hatte, bevor er in einen Baumarkt fuhr. Dort war er von der Überwachungskamera gefilmt worden, als er eine Kreissäge, Handschuhe, eine Gesichtsmaske und eine Schutzbrille kaufte. Er hatte sogar noch versucht, einen Rabatt herauszuhandeln. Wie konnte er nur so ruhig sein, nach allem, was er getan hatte? Nathan und Shauna waren auch gefilmt worden, als sie schwarze Müllsäcke, Gummihandschuhe und drei Rollen Frischhaltefolie gekauft hatten.

Das nächste Mal drehte sich mir der Magen um, als berichtet wurde, dass Becky fünfzehn Messerstiche in den Bauch erhalten hatte, noch nachdem sie gestorben war. Nathans Aussage zufolge hatte er so versucht, ihre Körperflüssigkeiten zu entfernen. Er hatte so etwas angeblich in einer Folge von *CSI* im Fernsehen gesehen. Es war so krank. Diese beiden Menschen mussten vollkommen verrückt sein.

William fuhr fort: »Der Körper wurde mit einer Kreissäge acht Mal durchgesägt. Experten gehen davon aus, dass dieses Zerteilen zu zweit leichter gefallen wäre als für eine Person allein.« Er warf einen Blick zur Anklagebank. Ich hoffte, dass Nathan und Shauna jetzt vor Angst zusammenzuckten. Ich hoffte, dass ihnen allmählich klar wurde, was für ein Abschaum sie waren. Wie tief sie gesunken waren.

William beschrieb weiter, wie Beckys Überreste sorgsam verpackt und mit Frischhaltefolie umwickelt worden waren. Dann hatten sie die in Müllsäcke gesteckt und mit Klebeband zugeklebt, und diese Pakete hatten sie dann in eine blaue Plastikkiste, zwei schwarze Koffer und einen Rucksacke gepackt.

Sarah unterdrückte ein heftiges Schluchzen, stand dann plötzlich auf und verließ den Saal. Ich stand ebenfalls auf, um ihr zu folgen, aber Ziggy kam mir zuvor und ging hinaus, um sie zu trösten.

William hielt einen Moment inne, während Sarah ging. Dann wandte er sich wieder an die Geschworenen und berichtete, dass Becky zwei Jahre zuvor einer Freundin erzählt hatte, wie Nathan ihr in allen Details ausgemalt hatte, auf welche Weise er sie töten wollte.

Ich saß kerzengerade auf meinem Stuhl. Das war mir neu. »Dieser Widerling!«, murmelte ich leise. Mein Herz klopfte heftig, als mir klar wurde, dass Nathan diesen Mord vielleicht schon eine ganze Weile geplant hatte. Was mich aber besonders verletzte, war die Tatsache, dass Becky mit mir nicht über diese schreckliche Drohung gesprochen hatte. Hätte sie es getan, dann hätte ich ihn rausgeschmissen. Aber sie hatte sich nur einer Freundin anvertraut. Ich fragte mich, welcher Freundin. Becky und ich standen uns so nahe, es passte überhaupt nicht zu ihr, mir etwas zu verschweigen. Vielleicht hatte sie geglaubt, ich könnte sie nicht vor ihm schützen. Ich erinnerte mich, dass sie einmal gesagt hatte, ich sei »zu alt«. Hatte Nathan ihr das eingeflüstert? Der Gedanke war unerträglich.

William schloss seine Ausführungen für diesen Tag, indem er uns berichtete, dass Becky einen grünen Pullover und einen blauen Overall getragen hatte, als sie getötet worden war. Genau in diesen Kleidern hatte ich sie zuletzt lebend gesehen. Da hatte sie friedlich und unschuldig geschlafen.

Der Gerichtssaal leerte sich. Ich war unsicher auf den Beinen, als ich aufstand. Ich ging mit Sam und Dad an meiner Seite hinaus, als ich Sarah und Ziggy auf dem Gang entdeckte. Sarahs Gesicht war ganz fleckig vom Weinen. Sie nahm mich in die Arme und drückte mich fest.

Er war zum Verzweifeln, die Anklageschrift zu hören. Meine Tochter war in ihrem eigenen Zimmer von meinem Stiefsohn ermordet worden. Er hatte die Absicht gehabt, sie zu entführen. Ich war zornig, verwirrt und zutiefst verstört. Was mich jedoch am meisten verwirrte, war die Behauptung von Nathan, Becky habe seine Mutter schlecht behandelt. Zum einen stimmte das nicht, zum anderen verstand ich nicht, wie man damit einen Mord begründen wollte. Er war offensichtlich komplett durchgedreht.

Nach der Verhandlung gingen wir etwas trinken, bevor wir nach Hause fuhren, um Anjie zu berichten, was sie im Gericht zugetragen hatte. Mir graute davor, ihr zu erzählen, dass ihr Sohn einen so üblen, verstörenden Überfall auf Becky geplant hatte und dass er ausgerechnet sie, Anjie, als Vorwand benutzte.

Wie nicht anders zu erwarten, war sie zutiefst erschüttert. Ihr düsterer Blick bei der Erkenntnis, dass ihr eigener Sohn sich in ein Ungeheuer verwandelt hatte, brach mir das Herz.

Noch eine schlaflose Nacht. Ich wälzte mich hin und her, während die Informationen des Tages in meinem Kopf kreisten. Ich betete, dass meine Erinnerungen an meine Tochter nicht durch das Wissen davon verdorben würden, was er ihr angetan hatte. Ich versuchte, die Gedanken aus meinem Kopf zu verbannen, aber die Bilder von Nathan, der sie dahinmetzelte, ließen sich nicht verdrängen. Das Bad. Die Kreissäge. Das Blut. Es war furchtbar. Ich konnte nur mein Vertrauen in die Geschworenen setzen und hoffen, dass sie die richtige Entscheidung treffen würden. Und ich hoffte, dass sie genauso entsetzt und angewidert waren wie ich.

Zu Beginn des nächsten Verhandlungstages bekannte sich Nathan eines Totschlags schuldig, nicht jedoch eines Mordes. Die Geschworenen wurden aufgefordert, diese Möglichkeit während des gesamten Prozesses mit im Auge zu behalten. Ich hielt das für einen schlechten Scherz. Es war einfach lächerlich, dass Nathan den Mord leugnete, wenn er doch bereits gestanden hatte, Becky getötet zu haben. Wenn das, was er Becky angetan hatte, kein Mord war, was denn dann? Shauna blieb unbeirrt bei der Behauptung, sie hätte mit der ganzen Sache nichts zu tun. Dafür fand nun wiederum William die Bezeichnung »lächerlich«. Ich war ganz seiner Meinung.

Am dritten Verhandlungstag, dem 8. Oktober, gab Shaunas

Mutter Lisa Donovan zu Protokoll, dass sie ihre Tochter seit vier Jahren nicht mehr gesehen hatte. Sie hatte im Anbau des gleichen Hauses gelebt, aber dann hatten sie sich zerstritten und seitdem nicht mehr gesehen. Bis Shauna irgendwann wieder auftauchte, ein paar Tage nach Beckys Verschwinden. Lisa Donovan gab im Zeugenstand an, dass Nathan und Shauna sie und ihren Mann, Shaunas Stiefvater Kevin Stone besucht hätten, und zwar am 23. Februar. Danach waren sie noch drei Mal kurz hintereinander gekommen. Lisa war so überrascht über die Besuche, dass sie fragte, ob etwas nicht in Ordnung wäre oder ob Shauna Geld brauchte. Sie hatte gehört, dass Becky vermisst wurde, und machte sogar noch einen Witz darüber, dass Shauna und Nathan womöglich mit ihrem Verschwinden zu tun hätten.

»Ich weiß, warum ihr ständig hier rumhängt«, hatte sie gesagt. »Ihr habt sie entführt.« Aber Shauna hatte die Sache schnell mit einem entschiedenen Nein abgetan.

Lisa erklärte, Nathan hätte Shauna sehr stark unter Kontrolle gehabt und Shauna hätte alles getan, was er wollte. Die beiden waren dann am 3. März auch bei ihr zu Hause verhaftet worden.

Shauna hatte gekichert, als sie sieben Tage nach Beckys Tod von der Polizei verhört wurde. Sie hatte gesagt, sie hätte an dem Abend des Mordtages mit Nathan Simpsons Monopoly gespielt. William wies darauf hin, dass Beckys Leichnam währenddessen nur ein paar Meter von ihnen entfernt lag, entweder im Auto oder im Bad. Der Gedanke machte mich unglaublich wütend, aber ich blieb cool. Es hätte ja alles nur noch schlimmer gemacht, wenn ich die beiden im Gerichtssaal angebrüllt hätte. Ich musste meine Gelassenheit und Würde bewahren. Für Becky.

Shauna hatte während des Verhörs auch erwähnt, dass sie

der Ansicht war, Becky würde sich Anjie gegenüber respektlos benehmen und ihre Magersucht als Waffe einsetzen, um Leute zu manipulieren. Sie hatte gemeint, Becky wolle damit wohl eher Aufmerksamkeit erregen, es handele sich gar nicht um eine echte Essstörung. Und sie hatte erzählt, Becky und ich würden ständig streiten und Becky sei der Ansicht gewesen, sie wäre in einer Pflegefamilie wesentlich besser dran.

Ich war außer mir vor Zorn, denn ich wusste ja, dass sie log. Natürlich hatten Becky und ich uns gestritten, wie es Väter und pubertierende Töchter nun mal tun, aber ich glaubte keine Minute lang, dass Becky eine Pflegefamilie vorgezogen hätte. Sie wusste, wie sehr Anjie und ich darum gekämpft hatten, sie und Danny zu uns zu holen, und ich weiß, sie war froh darüber und fast immer glücklich zu Hause. Shauna war dabei, ein riesiges Lügennetz zu spinnen, um die Polizei von ihrer Beteiligung an dem Mord abzulenken. Ich hätte mir das nicht so zu Herzen nehmen sollen, aber dieser Dreck, den sie da verbreitete, regte mich einfach auf. Und ich konnte ja nicht direkt mit ihr sprechen, um die Dinge zu klären.

Der sechste Verhandlungstag, der 12. Oktober, kam heran. Es war klar, dass dieser Tag besonders grausig und heftig werden würde, weil die Anklage weitere Beweismittel präsentieren würde. William warnte uns vor: An diesem Tag würde die Gerichtsmedizinerin über die schrecklichen Verletzungen referieren, die Becky erlitten hatte. Anjie blieb wieder zu Hause, und das war gut so.

Ich war schon ein Nervenbündel, bevor ich überhaupt den Gerichtssaal betrat, aber ich war entschlossen, mir alles anzuhören. Sarah saß neben mir, wir hakten uns unter und wappneten uns für die grausame Wahrheit. Ich zitterte die ganze Zeit. Ziggy und Jo saßen neben uns. Wieder wurden

Nathan und Shauna ganz hinten in der Anklagebank platziert, sodass ich ihre Gesichter nicht sehen konnte.

Detective Sergeant John Dowding wurde in den Zeugenstand gerufen. Er beschrieb, wie er und ein weiterer Beamter das Gartenhäuschen in Barton Court durchsucht hatten. Er sprach sehr sorgfältig und erinnerte sich an jedes Detail.

»Der Schuppen war voll«, sagte er. »Gleich rechts neben der Tür stand ein blauer Plastiksack, darauf ein Rucksack und ein paar Koffer. Der Kollege und ich öffneten die große Kiste gleich neben der Tür und fanden darin einige Pakete, die mit Frischhaltefolie umwickelt und in Plastiktüten gepackt waren. Darin lagen kleinere Päckchen. Ich zog eines der kleineren Päckchen heraus. Es war ungefähr so groß wie ein Rugbyball. Ich wollte wissen, was sich darin befand, befühlte es, drückte es und so weiter. Es war irgendwie matschig, aber innen drin befand sich etwas Hartes. Wir versuchten das Paket auszupacken, um genauer nachzusehen.

Nach zwei oder drei Schichten Frischhaltefolie war klar, dass es sich um eine rechte Hand handelte. Eine Faust. Sie war am Handgelenk abgetrennt.«

Mir blieb der Mund offen stehen vor Entsetzen. Sarah drückte meine Hand so fest, dass sich ihre Fingernägel in meine Haut bohrten. Auch sie war starr vor Schreck.

Dann bat William die Gerichtsmedizinerin Dr. Deborah Cook in den Zeugenstand. Sie trat ruhig vor und erklärte den Geschworenen dann, sie hätte die Obduktion durchgeführt. Dr. Cook berichtete, sie habe zuerst in einen schwarzgrauen Koffer geschaut, den man aus dem Gartenhaus in Barton Court gebracht habe. Darin lagen vier Päckchen. Sie schaute kurz zu uns herüber, bevor sie eins der Päckchen genauer beschrieb. Es war, als wollte sie uns um Verzeihung bitten für das, was sie zu sagen hatte.

»Die äußere Verpackung war eine Asda-Einkaufstüte, darunter Frischhaltefolie, darunter Paketband und weitere Schichten Folie und dickes blaues Plastik, das mit Paketband befestigt war«, erklärte sie sorgfältig. »In diesem Paket befand sich der Kopf. Über dem Gesicht war durchsichtige Folie. Der Kopf war bedeckt mit feuchten weißen Kristallen.«

Sarah stand auf und stürzte aus dem Gerichtssaal. Sie hatte eine Hand vor dem Mund.

Hier Sarahs eigene Erinnerung an diesen furchtbaren Moment:

Ich war jeden Tag bei dem Prozess, weil ich Darren unterstützen wollte. Ich wünschte mir Gerechtigkeit für meine Nichte; dieser Gedanke hielt mich aufrecht. Aber es wurde mit jedem Verhandlungstag schlimmer und unerträglicher. Wie der Rest der Familie war ich ganz und gar unvorbereitet auf das, was an diesem Tag im Gerichtssaal zur Sprache kam. Ich wusste, dass Becky zerstückelt worden war, aber ich hatte ja keine Ahnung, dass sie auch enthauptet worden war. Darren muss es wohl gewusst haben, weil er sie ja in der Leichenhalle identifiziert hatte, aber für mich war das ein großer Schock. Als die Gerichtsmedizinerin berichtete, dass der Kopf in einer Plastiktüte gefunden worden war, musste ich mich übergeben und lief hinaus. Ich rannte zur Tür und zog schnell die Schuhe aus, damit ich schneller zur Toilette laufen konnte. Als ich den Flur hinunterlief, versuchte ich, das Unvermeidliche mit der Hand aufzuhalten. Endlich angekommen, fiel ich auf die Knie und erbrach mich in eine Toilettenschüssel. Ich zitterte am ganzen Leibe. Ich weinte, aber es war kein gewöhnliches Weinen, sondern es kam ganz tief aus meinem Bauch. Wahrscheinlich klang ich wie ein verletztes Tier. Ziggy war mir gefolgt. Ich drehte mich um, sah sie kurz an und übergab mich noch einmal.

»*Warum haben sie ihr das angetan?*«, schrie ich. Mir liefen die Tränen übers Gesicht. »*Warum haben sie das gemacht?*«

»*Ich weiß, Sarah*«, erwiderte Ziggy sanft. »*Es ist schrecklich. Deshalb konnten wir Ihnen vieles ja vorher gar nicht erzählen. Wir wollten nicht, dass Sie monatelang mit diesen Bildern im Kopf herumlaufen. Deshalb haben wir geschwiegen.*«

»*Ich verstehe nicht, warum sie das gemacht haben*«, sagte ich leise, den Blick immer noch in die Toilettenschüssel gerichtet. Ich wagte nicht aufzustehen, weil ich fürchtete, ich müsste mich noch einmal übergeben. Aber es war eiskalt auf dem Boden, ich zitterte vor Kälte. Mein Magen krampfte, sodass ich vor Schmerz aufkeuchte. Mein Herz schlug so heftig, dass es wehtat.

»*Sie haben meiner Familie alles weggenommen*«, schluchzte ich.

Ziggy schwieg. Was sollte sie auch sagen? Ich konnte den Gedanken nicht verdrängen, wie Nathan dagesessen und Beckys Körperteile sorgfältig verpackt hatte. So sorgfältig, dass mir schon bei dem Gedanken wieder übel wurde. Ich verstand nicht, wie man so etwas tun konnte. Ich könnte das nicht. Nicht mit einem Fremden, und schon gar nicht mit einem Menschen, mit dem ich aufgewachsen bin.

Es dauerte eine Weile, bis ich mich so weit beruhigte, dass ich wieder in den Gerichtssaal gehen konnte. Ich wusste, sie würden dort über die Fundumstände der anderen Körperteile reden, und ich war nicht sicher, ob ich das aushielt. Aber schließlich setzte ich mich doch hin, wischte mir das Gesicht ab und riss mich zusammen. Ein Gerichtsdiener brachte mir meine Schuhe, und Ziggy blieb bei mir, bis ich so weit war.

»*Sind Sie sicher, dass sie wieder reinwollen?*«, fragte Ziggy, *als ich aufstand. »Sie müssen das nicht, wenn sie nicht wollen.«*

»Doch«, sagte ich und atmete tief durch. »Ich muss da wieder rein, Darren zuliebe.«

Als ich mich wieder neben ihn setzte, war Darren ganz bleich. Ich nahm seine Hand und versuchte, mich für die restliche Aussage der Gerichtsmedizinerin zu wappnen.

Während Sarahs Abwesenheit sah ich die ganze Zeit die Geschworenen an. Die Gerichtsmedizinerin erklärte, wie Becky zerstückelt und verpackt worden war, als wäre sie einfach nur ein Stück Frischfleisch. Ich wollte ermessen, wie die Geschworenen auf die schrecklichen Enthüllungen reagierten. Einige sahen aus, als würde ihnen übel. Sie fragten sich wohl auch, was für ein Mensch das sein mochte, der so etwas tat. Ich war sicher, jetzt wären sie überzeugt, dass Nathan ein Ungeheuer war.

Ich hatte immer gedacht, ich würde meinen Zorn kaum bezähmen können, wenn ich die grausigen Details hören würde, wie Becky gefunden worden war. Aber eigentlich empfand ich nur eine ungeheure Schwäche. Ich schaffte es gerade so, nicht aus dem Saal zu laufen wie Sarah. Aber ich musste bleiben, das war ich Becky schuldig.

Dr. Cook brauchte etwa eine Stunde, um alle Verletzungen zu beschreiben, die Becky erlitten hatte, darunter vierzehn Messerstiche und Druckverletzungen von einer Hand im Gesicht. Außerdem gab es fünfzehn schreckliche Messerstiche in den Bauch, die man ihr nach ihrem Tod beigebracht hatte. Ich versuchte ruhig zu bleiben, während Dr. Cook beschrieb, wie Beckys linker Arm, die rechte Hand und das rechte Bein zusammen mit dem Kopf in dem Koffer gefunden worden waren.

Die Gerichtsmedizinerin sagte, sie habe als Nächstes den

Inhalt der blauen Plastikkiste untersucht. Und unter mehreren Lagen von Kleidung, Plastiktüten und Frischhaltefolie habe sie eine verstörende Entdeckung gemacht.

»Zuerst kam eine Plastiktüte mit der Aufschrift ›Mein Geburtstag – Wacky Warehouse‹«, sagte sie. »Dann ein weißer Duschvorhang und darunter ein menschlicher Torso.«

Ich schlug die Hände vors Gesicht. Tanya weinte hinter mir. Es war unerträglich. Ich konnte einfach nicht glauben, dass wir hier über meine hübsche kleine Tochter redeten. Ich rutschte nach vorn, versuchte Nathan und Shauna genauer zu sehen, aber es waren zu viele Leute davor.

Dr. Cook erklärte, Becky habe sich mit Sicherheit reflexartig gewehrt, als man sie erstickte. Außerdem beschrieb sie, dass einige Körperteile mit Katzenstreu und Salz verpackt worden seien – beides würde wie ein Konservierungsmittel wirken. Ich vermutete, die Idee hatten sie aus dem Internet, so was weiß man ja nicht einfach so.

An diesem Tag wurde auch noch das Polizeiverhör mit Nathan acht Tage nach dem Mord eingespielt, also vor seiner Verhaftung. In dem Verhör bezeichnete er sie als egoistisch und fordernd. Der sagte, er würde sie nicht besonders mögen und glaubte auch nicht, dass sie wirklich unter Magersucht litt.

Was für eine Ignoranz! Beckys Kampf mit der Magersucht war von den behandelnden Spezialisten sehr ernst genommen worden. Wie kam Nathan dazu, sich als Experte aufzuspielen? War er wirklich der Meinung, nur weil er seine Stiefschwester nicht mochte, hätte das Recht, sie zu überfallen und zu ermorden? Ich hasste ihn mit jeder Sekunde mehr, die ich seine elende Stimme hörte. Er hatte der Polizei auch gesagt, dass er nur deshalb nicht bei der Suche nach Becky geholfen habe, weil man ihm nichts darüber informiert hätte. Auch das war eine Lüge. Der Aufruf zur Suche war mehrmals öffentlich gemacht worden, und natürlich redeten wir die ganze Zeit über nichts anderes, auch mit ihm.

Am nächsten Tag, dem 13. Oktober, zeigte man uns den grünen Pullover, der eigentlich Anjie gehörte, und den blauen Overall, den Becky am Mordtag getragen hatte. Beide Kleidungsstücke waren blutbefleckt und hinten aufgeschnitten. Wir sahen auch die Koffer, die man benutzt hatte, um Becky zu verstecken, und hörten von blutverschmierten Schutzbrillen, einem Messer und Handschellen, die im Gartenhaus gefunden worden waren. Ein wichtiges Beweisstück war die Kreissäge, die benutzt worden war, um den Körper zu zerteilen. Sie war in dem schwarzen Koffer gefunden worden. Sarah verließ an dieser Stelle wieder den Saal, ich blieb, den Blick fest auf die Anklagebank geheftet. Ich wartete nur darauf, dass Nathan und Shauna endlich aufstehen und ihre Aussage machen mussten. Ich wollte sie endlich richtig sehen.

Als wir an diesem Tag das Gericht verließen, musste ich mich wirklich zusammenreißen, damit ich den Fernsehleuten draußen auf der Straße nicht sagte, was ich von dem Ungeheuer hielt, das einmal mein Sohn gewesen war. Ich wusste allerdings, dass dafür nicht der richtige Zeitpunkt war, so heftig der Zorn auch in mir brannte.

Der Umgang mit den Medien war immer wieder ein Thema. Wir versuchten irgendwie zu verarbeiten, was wir im Gerichtssaal hörten, und gleichzeitig mussten wir uns mit dem gewaltigen Medieninteresse auseinandersetzen. Anjie und ich hatten zahllose Briefe von Zeitschriften, Zeitungen und Fernsehsendern bekommen, die uns um ein Interview baten, sobald das Urteil gesprochen wäre. Schon die schiere Menge der Journalisten war kaum zu begreifen.

Wir waren dankbar für die Hilfe der Medien bei der Suche nach Becky, aber jetzt war es doch eine Überforderung. Natürlich würden wir gern unsere Sicht der Dinge darstellen, sobald der Prozess beendet wäre, und natürlich würden wir Becky gern angemessen würdigen und der Welt erzählen, wie sie wirklich gewesen war. Aber solange der Prozess lief, mussten wir aus rechtlichen Gründen schweigen.

Im Laufe der Wochen wurde das Medieninteresse eher noch größer. Jeden Tag stand eine Horde Fotografen vor dem Gericht und versuchte, Bilder von uns zu machen. Auf den meisten Fotos sah ich vollkommen fertig aus und klammerte mich an Sarah. Ich weiß, dass sie nur ihren Job machten, aber es fühlte sich oft sehr übergriffig an.

Am achten Prozesstag ging es im Detail um Nathans und Shaunas Interesse an Teenagern. Shaun Groves, ein IT-Ermittlungsbeamter, trat in den Zeugenstand und las einige Texte und Facebook-Nachrichten vor, die er gefunden hatte. Darin ging es zu unserem Entsetzen um die Entführung einer Sechzehnjährigen aus einem Supermarkt. Die Nachrichten begannen im November, drei Monate vor dem Mord an Becky. Schon der Gedanke ließ mich erzittern.

In einem Chat vom 5. Dezember forderte Nathan Shauna auf, ihm »zwei hübsche Schulmädchen« mitzubringen. Sie erwiderte: »LOL, ja, ich werde sie aus der Schule entführen.«

Später an diesem Tag ging der Chat weiter. Shauna schrieb Nathan, sie hätte bei Costcutter ein hübsches, zierliches Mädchen gesehen. »Hätte sie fast k.o. geschlagen und mitgebracht, LOL, xoxo.«

Die Antwort von Nathan kam zwanzig Sekunden später: »Nicht ›fast‹, TU ES! xxxx«

Und ihre Erwiderung: »Alles klar, ich werde eine Zeit-reise machen und sie auf unseren Dachboden beamen LOL xoxo«

Diese Texte verursachten mir regelrecht Übelkeit. Nur ein paar Monate vor Beckys Entführung hatten sie schon ihre Witze über eine solche Entführung gemacht. Ich war wirklich schockiert. Diese Leute gehörten zu meiner Familie, und jetzt begriff ich allmählich, dass ich wie nicht kannte, vielleicht nie richtig gekannt hatte.

Nach der Verhandlung ging ich nach Hause und ver-brachte den Abend und das gesamte Wochenende damit, alles zu verarbeiten, was ich im Gerichtssaal gehört hatte. Aber es fiel mir schwer. Die meiste Zeit verbrachte ich wie in einer eigenen Welt, abgetrennt von der Realität, und ver-suchte zu begreifen, wer Nathan und Shauna wirklich wa-ren.

Anjie schüttelte ungläubig den Kopf, als wir ihr alles er-zählten. »Wer zum Teufel sind diese Leute?«, murmelte sie, als ich ihr von dem Chat erzählte. »Wen haben wir uns da ins Haus geholt?«

Sie tat mir so leid! Becky war ein typischer Teenager und bestimmt nicht perfekt gewesen, aber sie hatte nicht viel vor uns verborgen gehalten, und wir kannten ihren Cha-rakter gut. Was Anjie anging, so fühlte es sich an, als wäre Nathan, der Junge, den sie großgezogen hatte, ein vollkom-mener Fremder.

In der nächsten Woche, die mit dem 19. Oktober be-gann, mussten wir der Expertin von der Kriminaltechnik zuhören, der berichtete, wie sie Beckys Blut an den Türrah-men im ersten Stock unseres Hauses gefunden hatten. Claire Morse berichtete auch, dass man DNA-Spuren von Shauna auf einer der beiden Gesichtsmasken gefunden hatte, die in dem Koffer lagen. Außerdem waren auch

Make-up-Spuren dort entdeckt worden, und Shaunas DNA befand sich auch auf einer Mülltüte und einem T-Shirt, die ebenfalls dort gefunden worden waren.

William rief dann eine Freundin von Shauna und Nathan in den Zeugenstand, deren Name nicht genannt wurde. Sie sagte aus, sie hätte den Eindruck gehabt, Nathan hätte Shauna unter Kontrolle und wollte nicht, dass sie ohne ihn ausging. Er habe unter Verfolgungswahn gelitten und sei sehr eifersüchtig gewesen, wenn Shauna mit anderen Männern sprach. Außerdem hatte er ihr erzählt, dass er Becky hasste und sie für verwöhnt und egoistisch hielt.

Besonders schwierig wurde es für uns noch einmal, als eine Replik der Säge gezeigt wurde. Mir schlug das Herz bis zum Hals, und Sarah drückte meinen Arm, als die Säge eingeschaltet wurde. Alle zuckten fürchterlich zusammen, als das ohrenbetäubende Geräusch ertönte. Mir wurde übel, ich hatte lauter Bilder von Nathan im Kopf, der mit dieser Säge auf Becky losging. Ich schlug die Hände vors Gesicht und hörte Sarah schluchzen; dann verließ sie den Saal, um sich wieder zu fassen.

Am nächsten Tag wurde die Aufnahme einer Vernehmung von Beckys bester Freundin Courtney eingespielt. Außerdem gab es eine Live-Aussage per Video von ihr. Sie war sehr bewegt und erzählte dem Beamten, Nathan habe Becky in den letzten Jahren mehrfach bedroht. Mir fiel die Kinnlade herunter, und ich wurde schrecklich wütend. Warum hatte Becky mir nie etwas davon gesagt? Hatte Nathan ihr wirklich eingeredet, ich könnte sie nicht vor ihm schützen? Ich war ihr Vater! Ich hätte alles, absolut alles getan, um für ihre Sicherheit zu sorgen, wenn ich von diesen Drohungen gewusst hätte.

In der Vernehmung sagte Courtney zu dem Polizisten: »Becky hat mir ein paar Mal erzählt, dass Nathan ihr wiederholt in allen Details beschrieben hatte, wie er sie umbringen würde. Er hatte es ganz genau beschrieben, und sie sprach immer wieder mal davon, weil es sie beunruhigte. Sie hatte echt Angst vor ihm.«

Ich war stolz auf Beckys Freundinnen, die so bereitwillig im Prozess aussagten. Schon für einen Erwachsenen ist eine solche Vernehmung belastend, wie muss sich erst ein Teenager fühlen? Auch Adam machte eine Aussage, und Luke gab eine schriftliche Stellungnahme ab, in der er aussagte, Becky habe ihm in den frühen Morgenstunden, um 3.52 Uhr, noch eine SMS mit dem Wortlaut »Ich liebe dich so sehr« geschickt, wenige Stunden vor ihrem Tod. Er berichtete auch, er sei später an dem Mordtag noch zu uns gekommen, und Shauna sei an der Tür gewesen und habe so getan, als sei überhaupt nichts passiert.

Anjies Mutter Margaret wurde am selben Tag in den Zeugenstand gerufen, als auch Courtney ihre Aussage machte. Sie schilderte ihren Eindruck, dass Nathans Geisteszustand in den letzten zwei Jahren sehr viel schlechter geworden war. Sein Hass auf Becky sei etwa ein bis anderthalb Jahre zuvor entstanden und habe sich in der Zeit vor Beckys Tod drastisch gesteigert. Gleichzeitig habe sich sein Verfolgungswahn gesteigert und er habe angefangen, Sperrmüll von der Straße mit nach Hause zu bringen und zu horten, bis das ganze Haus voll mit Waschmaschinen und allem möglichen Zeug war. Er habe immer geplant, die Sachen zu reparieren und weiterzuverkaufen, aber das sei nie geschehen. Gegen Shauna sei er allerdings nie gewalttätig geworden, und eigentlich sei Shauna die Stärkere in der Beziehung gewesen.

»Sehr oft hat sie ihm gesagt, was er tun soll«, erklärte sie mit einem Blick auf die Geschworenen. »Sie schien auch auf eine sehr dominierende Weise mit ihm zu reden.«

Ich hoffte, dass die Geschworenen ihr glaubten. Sie kannte Nathan sehr gut, weil er als Kind unter der Woche bei ihr gewohnt hatte, und sie hatte ihn auch oft mit Shauna zusammen erlebt.

Bevor die Verhandlung an diesem Tag endete, hörten wir, dass am nächsten Tag Nathans vorbereitetes Geständnis verlesen würde. Auszüge daraus hatten wir schon während der Ermittlungen gehört. Mir graute davor; gleichzeitig konnte ich es kaum erwarten. Ich wollte einfach wissen, was geschehen war. Ich hoffte nur, dass ich meinen Zorn im Zaum halten könnte.

14

Die Verhandlung

Am 20. Oktober, in der dritten Verhandlungswoche, versuchte ich, mich für Nathans und Shaunas Aussage zu wappnen. Ich fuhr mit Sam und Sarah ins Gericht, und auch diesmal wurden wir von William Mousley darauf vorbereitet, was wir zu hören bekommen würden.

»Heute wird Nathans vorbereitetes Statement verlesen«, sagte er uns, bevor wir hineingingen. »Sein Geständnis.«

Mein Magen verkrampfte sich, ich musste schwer schlucken. Ich konnte mir ungefähr vorstellen, was in diesem Geständnis zur Sprache kommen würde, aber ich war trotzdem nervös, auch wegen meiner eigenen Reaktion. Wir beschlossen, dass Sam in den nächsten Tagen in meiner Nähe sitzen würde. Ich wusste, wenn ich Nathan zuhören müsste, wie er den Mord an meiner Tochter erklärte, dann würde ich mit Sicherheit halb durchdrehen. Ich brauchte einen starken Menschen an meiner Seite, der mich unter Kontrolle hielt. Sarah saß wie immer an meiner anderen Seite und hielt meine Hand.

Der Polizist, der Nathan bei der Verhaftung als Erster verhört hatte, erklärte dem Gericht, Nathan habe sich selbst als »emotional instabil« und »psychisch gestört« bezeichnet. Zwei Tage später, nachdem man die blutigen Fingerabdrücke auf Beckys Türrahmen als die seinen identifiziert hatte, war von seinem Anwalt bereits ein vorbereitetes volles Geständnis verlesen worden. Es lautete folgendermaßen:

Ich, Nathan Charles Matthews, erkläre hiermit, dass ich für den Tod von Rebecca Watts verantwortlich bin. Am 19. Februar 2015 kam ich mit meiner Freundin Shauna Hoare ins Haus Crown Hill 18, St George, Bristol. In diesem Haus lebt meine Mutter, gemeinsam mit Darren Galsworthy. Auch Rebecca Watts lebte dort.

Shauna ist für die Pflege meiner Mutter angestellt. Wir kamen regelmäßig ins Haus, um bei der Hausarbeit und anderen Dingen zu helfen. Normalerweise war das Montag, Mittwoch und Freitag der Fall, aber wir kamen auch an anderen Tagen dorthin.

Am Donnerstag, dem 19. Februar, wollten wir vor allem meiner Großmutter etwas zurückbringen. Sie begleitete meine Mutter an diesem Tag zu einem Arztbesuch und würde sie auch wieder nach Hause bringen.

Im Auto hatte ich eine große Tasche, einen Elektroschocker, Handschellen, Klebeband und eine Maske. Ich wollte Rebecca einen Schrecken einjagen, indem ich sie entführte. Ich wollte sie entführen, um ihr einen Schrecken einzujagen und ihr eine Lehre zu erteilen. Ich fand, ihr egoistisches Verhalten war ein Gesundheitsrisiko für eine Mutter.

Wir benutzten den Schlüssel, den meine Mutter in der Wertstofftonne aufbewahrt. Als wir ins Haus kamen, gingen wir zunächst ins Wohnzimmer. Ein paar Minuten später sagte Shauna, sie wolle eine Zigarette rauchen, und ging in den Garten. Währenddessen ging ich zum Kofferraum meines Autos und holte die Tasche mit den schon aufgezählten Gerätschaften heraus. Ich brachte sie ins obere Stockwerk, und ich glaube, ich nahm sie auch schon heraus, bevor ich an Rebeccas Zimmertür klopfte.

Sie antwortete: »Was?« oder »Hallo?« und ich sagte: »Kann ich dich kurz sprechen?« oder so ähnlich. Daraufhin öffnete sie die Tür. Ich trug die Maske. Ich weiß nicht mehr, in welcher Reihenfolge die Dinge passierten, nachdem sie zur Tür gekommen war, aber ich benutzte die Gerätschaften, um sie zu überwältigen.

Bei dem kurzen Kampf verrutschte die Maske und Rebecca konnte mein Gesicht sehen. Daraufhin geriet ich in Panik und erwürgte sie. Sie befand sich da schon halb in der Tasche. Ich sammelte meine Sachen wieder ein, packte sie zu Rebecca in die Tasche und schloss den Reißverschluss Dann packte ich ihr Handy, ihr Tablet und ihren Laptop, außerdem ein Paar Schuhe, Kleider und eine Bettdecke in eine zweite Tasche. Dann brachte ich alles nach unten und in den Kofferraum meines Wagens.

Ich ging zurück ins Haus, wartete, bis ich Shauna hörte, und schlug dann laut die Haustür zu. Bevor ich ins Wohnzimmer ging, überprüfte ich, dass Shauna nicht dort war. Der Rest unseres Besuchs verlief ganz normal. Wir gingen gegen sieben Uhr, vielleicht etwas später. Dann fuhren wir in die Cotton Mill Lane. Ich legte mich aufs Bett wie sonst auch. Der Rest des Abends verlief wie üblich, ich erinnere mich nicht mehr an die Einzelheiten. Nachdem Shauna schlafen gegangen war, wartete ich noch ein bisschen, ging dann zum Auto und brachte die Taschen ins Haus.

Am nächsten Tag fuhren wir wieder nach Crown Hill, und ich versuchte, mich so normal wie möglich zu benehmen. Bei unserer Rückkehr in die Cotton Mill Lane wartete ich wieder, bis Shauna schlief, dann brachte ich die Tasche mit Beckys Leiche ins Bad.

Ich holte sie aus der Tasche und legte sie ins Bad. Damit Shauna am nächsten Morgen das Bad nicht betrat, schüttete ich Rohrreiniger in die Toilette, um ihr dann zu sagen, die Toilette sei wieder mal verstopft. Das passierte öfter, und in diesen Fällen ging Shauna nicht ins Bad. Ich schloss außerdem die Tür ab.

Meine Erinnerung an die nächsten Tage ist etwas ver-
schwommen. Ich weiß nicht mehr, an welchem Tag ich
Shauna zu meiner Mutter brachte und dann in die Cotton
Mill Lane zurückkehrte, aber es muss wohl der Samstag ge-
wesen sein. Als ich zurückkam, versuchte ich, die Leiche mit
einer Kreissäge zu zerteilen. Am Anfang wickelte ich die ein-
zelnen Teile ein, brachte sie nach unten und versteckte sie.
Ich weiß nicht mehr, wann, aber ein paar Tage später nahm
ich die Leiche, die Säge und ein paar andere Sachen mit
nach Barton Court Nummer 9 in Barton Hill und ließ alles
im Gartenhäuschen.

Dabei halfen mir zwei Leute. Ich sagte niemandem, was
in den Taschen und der Kiste war. Es waren zwei Männer,
ich möchte ihre Namen nicht nennen.

Ich habe beschlossen, meine Aussage schriftlich zu ma-
chen, weil ich unter Störungen meiner geistigen Gesundheit
und meines Lernvermögens leide und deshalb nicht münd-
lich aussagen kann. Außerdem fällt es mir schwer, über diese
Dinge zu sprechen.

Ich möchte noch hinzufügen, dass ich bisher vor allem
deshalb alles abgestritten habe, weil ich meiner Partnerin
und meiner Familie den Schmerz und die Enttäuschung er-
sparen wollte, die dieses Geständnis sicher auslösen wird.

Shauna wusste nichts von meiner Verantwortung für
Rebeccas Tod und meinen Versuchen, die Leiche zu verstecken.
Wenn sie davon gewusst hätte, wäre sie zur Polizei gegangen.

Abgesehen von dieser Erklärung, werde ich mich auf mein
Schweigerecht berufen.

Während der Verhöre hatte Nathan den Beamten gesagt, er
hätte diesen Plan ausgeheckt, damit Becky »das Leben mehr
zu schätzen wüsste«. Wie krank! Ich war mir nicht sicher,
ob er das ironisch meinte oder ob er wirklich so dumm war.

Als nächstes wurden einige Auszüge aus den Verhörprotokollen verlesen.

»Ich hatte einen Plan entwickelt, ihr einen Schrecken einzujagen«, las William laut, den Blick fest auf Nathan gerichtet. »Sie ließ ständig Sachen liegen, über die meine Mum stolperte. Und sie behandelte sie auch sonst wie Dreck. Ich dachte, wenn ich ihr einen Schrecken einjagte, ohne ihr sonst zu schaden, würde sie vielleicht begreifen, dass es so nicht weiterging. … Ich wollte sie in einen Koffer stecken. Dann wollte ich ihr den Mund mit Klebeband zukleben, damit sie nicht schreien konnte. Und ich hatte vor, sie in ein Waldstück oder so zu bringen. Ich hatte da ja noch die Maske auf. Dann wollte ich sie erschrecken und ihr sagen: Du musst andere Leute besser behandeln, du darfst nicht mehr so eine egoistische Zicke sein. Und dann wollte ich ihr drohen, wenn sie sich nicht besserte, würde es ihr noch schlimmer ergehen.«

William hielt kurz inne und sah die Geschworenen an. »Das wäre für heute alles, was die Anklage vorbereitet hat«, sagte er. Die Verhandlung wurde vertagt.

Als wir aufstanden, zitterte ich vor Zorn. Sarah hielt meine Hand ganz fest, als wir hinausgingen. Sam starrte mit versteinertem Gesicht vor sich hin.

»Er ist ein solcher Feigling!«, platzte ich heraus, als wir auf der Straße standen. »Er ist ein Psychopath, ein Ungeheuer, ein Feigling. Er wusste, dass ich ihn mir vorknöpfen würde, wenn er ihr etwas tat oder sie entführte. Er wollte sie von Anfang an umbringen, das ist doch alles kompletter Scheiß, den er da redet.«

Sarah nickte und zündete sich eine Zigarette an. Ich bemerkte, dass ihre Hände ebenfalls zitterten. Wir gingen auf einen Drink in den nächsten Pub, bevor wir nach Hause fuhren. Zu Hause angekommen, machte ich mir einen Tee und versuchte, mich auf den nächsten Tag vorzubereiten. Ich fühlte mich ganz leer. Meine Bewegungen waren langsam, mein ganzer Körper fühlte sich bleischwer an. Der Prozess belastete mich sehr, was auch Anjie nicht entging.

»Morgen komme ich mit«, bot sie sich an.

»Das musst du nicht tun, Liebes«, erwiderte ich und drückte ihre Hand. »Ich weiß doch, wie schwierig das alles für dich ist.«

»Für dich auch«, sagte sie. »Nein, ich will morgen mitkommen.«

Ich wollte nicht mit ihr darüber streiten. Wenn Anjie sich etwas in den Kopf setzte, konnte man sie normalerweise nicht umstimmen. Ich hoffte nur, sie würde es aushalten, sich den Müll anzuhören, den ihr Sohn von sich gab, um den Mord an dem Mädchen zu erklären, das Anjie wie eine Tochter geliebt hatte.

Die Verhandlung ging erst am nächsten Mittag weiter, wir konnten uns also Zeit lassen. Ich war froh, dass es nicht so früh losging. Einen halben Tag würde Anjie besser verkraften. Es ging dann allerdings mit einem Paukenschlag los, denn gleich als Erstes wurde eine Videoaufzeichnung von Nathans Verhör bei der Polizei gezeigt. Es handelte sich um das Verhör nach der Übergabe des schriftlichen Geständnisses. Nathan trug ein Marine-T-Shirt, weinte laut und hatte das Gesicht in den Händen vergraben. Er bat die Polizisten, das Geständnis nicht laut vorzulesen und auch Shaunas Namen nicht zu erwähnen.

Ich hoffte, die Geschworenen würden kein Mitleid mit ihm empfinden. Er wirkte wie ein Verrückter, wie er sich wütend die Tränen abwischte und sagte, er hätte die Idee mit der Entführung aus dem Fernsehen oder aus irgendwelchen Träumen. Während das Video lief, nahm ich Anjies Hand. Sie starrte geradeaus. Es war schwer zu raten, was ihr durch den Kopf ging, während sie Nathans Geständnis hörte. Sie sah einfach nur unglaublich traurig aus.

Wir bekamen auch einige frühe Verhöre von Shauna zu sehen, bei denen sie Nathan als gewalttätigen Kontrollfreak bezeichnete. Nachdem sie sein Geständnis gehört hatte, behauptete sie, sie hätte immer ein bisschen Angst vor ihm gehabt. Ich schüttelte ungläubig den Kopf. Nathan hatte Anzeichen von Eifersucht und leichtem Verfolgungswahn gezeigt, aber ich bezweifelte doch stark, dass Shauna jemals Angst vor ihm gehabt hatte. Wie Nathans Nanny Margaret schon gesagt hatte: Eigentlich war Shauna die Dominierende in dieser Beziehung. Anjie und ich hielten sie auch für die Schlauere von beiden. Und wenn irgendwer in dieser Beziehung grob gewesen war, dann sie.

Als man sie nach dem Lärm fragte, der aus dem Bad gekommen sein musste, während Nathan Beckys Leiche zerstückelte, sagte sie, sie habe Nathan geglaubt. Er habe ihr gesagt, die Toilette sei verstopft und er müsse das Rohr reparieren. Auch bei allen weiteren Verhören leugnete sie, irgendetwas mit Beckys Tod zu tun gehabt zu haben.

Am folgenden Montag, dem 26. Oktober, las Detective Constable Claire Langley die Abschrift eines Verhörs vor, das am Tag nach dem Auffinden von Beckys zerstückelter Leiche stattgefunden hatte. Der Polizist fragte Shauna, was sie darüber wusste, dass Nathan Beckys Leiche in das gemeinsame Haus gebracht hatte. Sie erwiderte: »Nichts. Ich hatte absolut keine Ahnung.«

Dann wurde sie gefragt: »Warum wurde Beckys Leiche in Ihr Haus gebracht?«

Shauna sagte: »Kein Ahnung. Mir ist ganz schlecht bei dem Gedanken daran. Widerlich, ekelhaft, ich bin einfach nur wütend. Ich denke immer, gleich wache ich auf, und das alles war nur ein böser Traum. Mir wird schlecht, wenn ich ihn ansehe, nachdem ich jetzt weiß, was er getan hat. Sie war eigentlich ein ganz nettes Mädchen. Und noch so jung. Ich verstehe überhaupt nicht, warum er das getan hat.«

Dann konfrontierte man sie mit der Feststellung, dass sie im Haus gewesen war, als Becky ermordet wurde, dass sie im Auto gewesen war, als Becky im Kofferraum lag, und dass sie auch in dem gemeinsamen Haus mit Nathan gewesen war, als man dort die Leiche des Mädchens zerstückelte. »Begreifen Sie, was das für einen Eindruck macht?«, fragte der Polizist.

»Ja, mir ist klar, dass es schlecht für mich aussieht«, erwiderte Shauna. Sie weinte während des Verhörs und sagte, sie wolle Nathan nicht decken. »Ich mag ihn irgendwie immer noch, aber eigentlich empfinde ich vor allem Zorn und Ekel. Er ist krank, richtig körperlich krank«, schluchzte sie. »Selbst wenn er ihr nur einen Schrecken einjagen wollte, war das schon total verdreht und falsch. Ich verstehe die Logik nicht, die Theorie, die er da ausbreitet, die ganze Rechtfertigung. Ich hätte niemals mit ihm in einem Haus leben können, wenn ich gewusst hätte, dass er jemanden brutal ermordet hatte, der das in meinen Augen – und in den Augen aller anderen – nicht verdient hatte.

Stellen Sie sich nur einmal vor, was sie durchlitten hat. Was für eine Angst sie gehabt hat. Und ich war ganz in der Nähe. Sie hatte ein gutes Leben verdient. Sie hatte nichts falsch gemacht. Sie war nicht immer besonders nett, aber sie hatte nichts wirklich Schlimmes angestellt.«

Dann hörten wir, wie man Shauna befragte, weil sie im Internet nach einem Video namens »Du You Want to Hide a Body?« gesucht hatte. »Willst du eine Leiche verstecken?« Sie sagte, sie hätte nur aus Spaß danach gesucht, um Nathan aufzumuntern, und zu dieser Zeit nichts von Beckys Tod gewusst. Mir fiel es wirklich schwer, nicht quer durch den Saal zu brüllen, dass sie log. So konnte ich nur hoffen, dass die Geschworenen dasselbe dachten wie ich, wie Anjie. Wir mussten einfach abwarten.

Am Dienstag, dem 27. Oktober, schauten Anjie und ich uns beim Aufwachen müde an. Es würde der erste Tag mit Nathan im Zeugenstand sein. Anjie war entschlossener denn je, mit zum Gericht zu kommen, auch wenn wir uns alle Sorgen machten, wie sich die Erfahrung auf ihre Gesundheit auswirkte, seelisch und körperlich. Sie war am Tag zuvor schon sehr fertig gewesen und hatte sich fürchterlich aufgeregt, dabei war es nur ein halber Prozesstag gewesen. Sam und Sarah kamen wieder mit, außerdem mein Dad und Denise. Tanya, Pat und Danny waren ebenfalls dort. Ich machte mir Sorgen um den armen Danny, der erst zwanzig Jahre alt war und sich solche grausigen Details über den Mord an seiner kleinen Schwester anhören sollte. Aber er bestand darauf, er wolle verstehen, was in Nathans Kopf vor sich ging. Irgendwie musste das alles doch einen Sinn ergeben.

Als ich Anjie in den Gerichtssaal schob, vibrierte ich förmlich vor nervöser Energie. Es war der vierzehnte Prozesstag, und zum ersten Mal würde ich Nathan jetzt richtig sehen. Bisher hatte er immer so in der Anklagebank gesessen, dass wir weder ihn noch Shauna gut sehen konnten. Jetzt würde ich dem Mörder ins Auge blicken, der mir meine Tochter genommen hatte. Und ich würde hören, was er zu seiner Verteidigung vorzubringen hatte. Es war ein seltsames Gefühl, denn ich musste ja auch an Anjie denken. In diesem Mordprozess ging es um ihren Sohn. Manchmal neigte ich dazu, das zu vergessen.

Bevor Nathan in den Zeugenstand gerufen wurde, schloss die Anklage ihren Teil, indem sie den Geschworenen berichtete, die Polizei habe auf Nathans Laptop einen Pornofilm gefunden, in dem ein junges Mädchen vergewaltigt wurde. Ich war entsetzt, als ich hörte, dass der Mann in dem Film seinem Opfer die Hände fesselt, dem Mädchen den Mund zuhält und ins Gesicht schlägt. Ich warf einen Blick auf Anjie, die wohl ebenfalls begriff, wie viele Parallelen zu Beckys Fall es gab. Ich drückte kurz ihre Hand.

Nach einer kurzen Unterbrechung wurde Nathan in den Zeugenstand gerufen. Mein Herz schlug wie wild, als er langsam nach vorn ging. Er sah kleiner aus als früher, ganz zusammengesunken, die Augen fest auf den Boden gerichtet, nur noch eine leere Hülle. Er trug einen weißen Pullover und darunter ein hellblaues Hemd, und er hatte dunkle Ringe unter den Augen, als hätte er seit Wochen nicht geschlafen. Während ich ihn anstarrte, fragte ich mich, ob er wohl in unsere Richtung schauen würde, aber das wagte er nicht.

Sein Anwalt Adam Vaitilingam bat ihn, Namen und Alter zu sagen, und schon dabei versagte ihm die Stimme. Adam ging mit ihm die Anklagepunkte durch. Nathan bekannte sich des Totschlags schuldig, aber als Adam ihn fragte, ob er bei seinem Entführungsplan auch geplant hatte, Becky zu ermorden oder ihr ernsthaften Schaden zuzufügen. Da fing Nathan plötzlich an zu schluchzen. »Nein!«, rief er und ließ den Kopf auf die Arme sinken.

Ich war unglaublich wütend. Anjie fing an zu weinen. Ich hasste Nathan von ganzem Herzen für das, was er unserer Familie angetan hatte – Anjie, mir, Danny und unserer ganzen weiteren Familie.

Während der Vernehmung erklärte Nathan, er leide unter Fibromyalgie und habe ständig Schmerzen. Er behauptete, es sei so schlimm, dass er schon beim Niesen vor Schmerzen zusammenbräche. Ich konnte nur die Augen verdrehen.

Wenn er solche Schmerzen hatte, wie hatte er dann eine Sechzehnjährige festhalten und umbringen können?

»Wie sah ihre Beziehung zu Ihrer Stiefschwester Becky aus?«, fragte Adam. »Wie war das Verhältnis?«

»Als wir noch jünger waren, ganz gut. Als sie älter wurde, tauschten wir nur noch Höflichkeiten aus«, antwortete Nathan.

Als Adam ihn nach der MS-Erkrankung von Anjie fragte, brach er wieder in Tränen aus. Er trank einen Schluck Wasser, dann antwortete er: »Ich habe mir große Sorgen gemacht. Sie ist so nett und freundlich und tut so viel für andere, ohne irgendeinen Dank zu erwarten.«

Ich kniff die Augen zusammen und schüttelte langsam den Kopf. Mir lag auf der Zunge, dass Nathan nach allem, was er seiner Mutter angetan hatte, jetzt nur ein paar Krokodilstränen weinte. Sie drückte fest meine Hand, als er leugnete, Becky jemals bedroht zu haben, und behauptete, sein Entführungsplan sei lediglich eine Reaktion auf die Art gewesen, wie sie Anjie behandelte.

»Das Hauptproblem war, dass Becky ständig Sachen auf der Treppe oder in der Küche liegen ließ, an Stellen, wo meine Mutter herumging«, sagte er ruhig. »Meine Mum hätte stürzen und sich ernsthaft verletzen können. Außerdem redete sie hässlich mit meiner Mutter. Sie beschimpfte sie in übelster Weise.«

Anjie schüttelte den Kopf.

Adam bat Nathan dann, dem Gericht zu erzählen, was an dem Tag passiert sei, an dem Becky starb. Ich spürte, wie Anjie neben mir zitterte, und drückte wieder ihre Hand, um sie zu trösten. Es muss für sie unerträglich gewesen sein, dass Nathan sie als Vorwand für den Mord benutzte.

»Ich wollte Becky einen Schrecken einjagen«, sagte er und drehte ein Papiertaschentuch zwischen den Fingern.

»Den Plan hatte ich schon seit einigen Monaten. Ich wusste, meine Mum würde an diesem Tag zum Arzt gehen. Das war eine gute Gelegenheit. Ich hatte den Plan, sie in einen Koffer zu packen, ins Auto zu legen und wegzufahren. Wohin, wusste ich noch nicht so genau. Ich wollte ihr nur sagen, sie müsse endlich aufhören, Leute so schlecht zu behandeln. Ich klopfte an die Tür zu ihrem Zimmer, sie machte auf und ich klebte ihr sofort das Paketband über den Mund«, sagte er. »Sie drehte sich um, und ich sagte irgendwas in der Art wie >Wenn du tust, was man dir sagt, passiert dir nichts<. Sie ging in die Knie, ich drehte ihr die Hände auf den Rücken und legte ihr die Handschellen an. Also, ich legte ihr von hinten die Handschellen an. Dann packte ich sie in die Reisetasche, und da verrutschte die Maske. Ich hielt ihr die Augen zu, nahm die Maske ab und klebte ihr mit dem Paketband die Augen zu.«

Ich hielt den Atem an, während ich ihm zuhörte, und stellte mir die Schrecken vor, die meine kleine Bex erlebt haben musste. Sie muss wie gelähmt gewesen sein. Ich bekam eine Gänsehaut bei der Vorstellung, was sie gedacht haben muss, vor allem, nachdem Nathan so oft gedroht hatte, sie umzubringen. Er behauptete zwar, er hätte seine Stimme verstellt, sodass sie ihn nicht erkannte, aber ich war sicher, sie hatte begriffen, was passierte. Wer hätte es denn sonst sein sollen, wenn nicht er?

Er schniefte, als er erklärte, Becky habe keinen Widerstand geleistet, bis er versucht habe, sie in die Tasche zu stecken.

»Da hat sie angefangen zu zappeln und sich zu wehren«, sagte er. »Ich habe ihr die Finger auf die Nase gelegt, damit sie nicht mehr atmen kann und ohnmächtig wird. Und dann habe ich wieder versucht, sie reinzustecken, und zu ihr gesagt: Hör auf, dich zu wehren, dann passiert dir nichts. Aber sie hat immer noch gezappelt.«

Nathan hielt kurz inne. Ich hätte mir so gewünscht, dass er einmal zu uns herüberschaute und sah, wie Anjie schluchzte. Der egoistische Mistkerl hatte ihr das Herz gebrochen. Er behauptete, er hätte Becky überfallen, um seine Mutter zu beschützen, dabei war er gerade dabei, sie ins Grab zu bringen. Ein Leben lang würde sie sich von diesem Schlag nicht erholen.

»Ich wollte sie bewusstlos schlagen«, sagte er langsam. »Ich habe bloß einmal zugeschlagen, soweit ich mich erinnere. Eigentlich gefiel mir das gar nicht, weil ich wusste, das würde ihr sehr wehtun.«

Sam neben mir zitterte heftig und saß auf der äußersten Stuhlkante. Seine Augen blitzten vor Zorn, er sah aus, als würde er sich jeden Moment auf Nathan stürzen. Das hätte ich auch am liebsten getan, aber für Sam war es wirklich ungewöhnlich, er war immer so ruhig und sanftmütig.

»Dann habe ich versucht, sie auf die Weise bewusstlos zu machen, wie wir es in der Schule mal probiert haben. So ähnlich wie würgen, aber man drückt nicht ganz so fest zu. Die Leute in der Schule wurden dann immer ohnmächtig. Einige für eine Minute, andere für fünfzehn bis zwanzig Sekunden, würde ich schätzen. Das habe ich gemacht, und da hörte sie auf, um sich zu treten. Ich drehte ihren Kopf und ihre Beine zurecht und steckte sie in die Tasche. Dann packte ich meine Sachen zusammen. Irgendwie stimmte aber was nicht mit ihrem Atem. Und als ich nach ihrem Puls fühlte, fand ich ihn nicht.«

Ich schlug die Hände vors Gesicht. Hatte er ihr einfach so das Lebenslicht ausgepustet? Ich war sicher, dass sie sich mehr gewehrt hatte, als er jetzt zugab. Ganz sicher. Shauna hatte da mitgemacht. Ich warf ihm einen hasserfüllten Blick zu, aber er war immer noch zu feige, um in unsere Richtung zu schauen.

Anjie schluchzte laut auf, sodass es durch den Saal hallte. Als Nathan seine Mutter weinen hörte, brach er selbst in Schluchzen aus, beugte sich nach vorn und legte den Kopf auf den Rand des Zeugenstandes. Ich glaubte ihm nicht, dass es ihn wirklich kümmerte, er weinte nur um sich selbst, nicht um einen anderen Menschen. Er war wirklich sehr tief gesunken.

Ich versuchte, Anjie so gut wie möglich zu trösten und gleichzeitig meine Wut im Zaum zu halten. Die Verhandlung wurde kurz unterbrochen, Nathan wurde aus dem Saal geführt, und ich drehte mich zu Anjie um und umarmte sie fest. Jetzt weinte sie laut, es war furchtbar. Ich brach auch fast zusammen, aber ich fürchtete, wenn ich einmal anfinge zu weinen, würde ich nie wieder aufhören. Ich konnte das alles nur überstehen, indem ich meine Gefühle so weit wie möglich unter Kontrolle hielt.

Als die Verhandlung fortgesetzt wurde, kam auch Nathan wieder herein, setzte sich auf die Anklagebank und verschränkte die Hände. Man fragte ihn, warum er nicht sofort zur Polizei gegangen sei, wenn Beckys Tod doch ein Unfall gewesen sei.

Er antwortete: »Ich wollte nicht, dass jemand davon erfährt. Ich war in Panik, dass alle davon erfahren würden und dass ich ihnen damit wehtun würde. Ich ging in ihr Zimmer, nahm ihr Handy, ihren Laptop und diesen Tablet, auch etwas Make-up und Kleider, und packte alles in die schwarze Tasche, damit es so aussah, als wäre sie abgehauen.«

Courtney und ich hatten gar nicht bemerkt, dass etwas von Beckys Sachen fehlte, als wir am Tag nach ihrem Verschwinden ihr Zimmer durchsuchten. Aber vielleicht hatte er keine von ihren üblichen Sachen mitgenommen. Nathan sagte, er habe versucht, sie mit dem Elektroschocker wiederzubeleben, aber das habe nicht funktioniert. Dann habe er ihr die Handschellen abgenommen und in die Tasche geworfen. Und dann habe er alles in den Kofferraum seines Autos gebracht.

»Es ging alles so schnell«, sagte er, und berichtete den Geschworenen, wie er Beckys Leiche in den Kofferraum gesteckt hatte und versucht hatte, in Gegenwart von Shauna und später Anjie so zu tun, als wäre nichts passiert. »Ich habe Shauna nichts gesagt«, behauptete er. Ich wollte nicht, dass sie davon erfährt. Die Sachen blieben im Auto. Irgendwann in der Nacht oder früh am Morgen beschloss ich, die Leiche zu zerstückeln. Ich hatte Rohrreiniger gekauft, um die Leiche aufzulösen, aber das funktionierte nicht.«

Anjie weinte wieder, und ich biss die Zähne zusammen, damit ich nicht laut losbrüllte. »Du mieses Stück Scheiße«, murmelte ich unhörbar. Die Art, wie er über Becky redete, war so obszön! Es war einfach widerlich. Sie war meine Tochter, nicht irgendeine Leiche. Ein liebevolles, lustiges, tolles Mädchen. Und er hatte sie behandelt wie irgendein Tier.

Man fragte ihn nach seinem inneren Zustand, als er Beckys Körper zerstückelt hatte.

»Ich hab's einfach gemacht und versucht, nicht hinzusehen. Es war ziemlich surreal. Anders kann ich das nicht erklären«, sagte er langsam. »Ich habe einfach getan, was getan werden musste, um alle anderen zu beschützten. Damit sie nicht rausfanden, dass sie tot war.«

Dann erklärte er, er habe Karl Demetrius 10.000 Pfund angeboten, die Shauna und er auf dem Sparkonto hatten, wenn er ihm half, ein paar Sachen verschwinden zu lassen. Karl hatte er ausgesucht, weil ihm niemand sonst einfiel.

Demetrius und James Ireland hätten die Sachen in das Gartenhäuschen gebracht und er hätte ihnen gesagt, sie sollten nicht reinschauen. Ireland hatte dem Gericht schon gesagt, er hätte gedacht, es handele sich um Diebesbeute.

Wie waren alle erleichtert, als die Verhandlung an diesem Tag endete, denn wir waren sehr erschüttert. Anjie war in ihrem Rollstuhl zusammengesackt und konnte nicht mehr aufrecht sitzen. Sie sah zerbrechlich und erschöpft aus. Der Tag war offenbar zu viel für sie gewesen, genauso wie für mich. Wir kannten Nathans Geschichte ja schon, aber es war noch einmal etwas anderes, sie aus seinem eigenen Mund zu hören. Ziggy und Jo taten alles, was sie konnten, um uns zu helfen, aber wir waren eingehüllt von Zorn und Trauer und den schrecklichen Vorstellungen über Beckys letzte Augenblicke.

Am 29. Oktober sollte Nathan ins Kreuzverhör genommen werden. Das würde sehr stressig werden. Als ich an diesem Tag die Augen aufmachte, graute mir schon davor, aber ich wusste, ich musste ins Gericht. Anjie hatte gesagt, sie sei entschlossen, wieder mitzukommen. Ich glaube, sie wartete darauf, dass Nathan, ihr einmal in die Augen sah, aber ich war sicher, das würde er nicht tun. Dazu war er viel zu feige.

Die Geschworenen bekamen zu hören, dass Nathan fast jeden Tag im Internet Pornoseiten ansteuerte, um Videos herunterzuladen oder zu streamen. Darunter waren auch zahlreiche Filme, in denen sich die Schauspielerinnen als Schulmädchen verkleideten. Er bestritt jedes sexuelle Interesse an Becky, gab aber zu, dass er sich immer schon zu jungen Mädchen hingezogen gefühlt hatte. Es war auch die Rede davon, dass Nathan versucht hatte, eine Sechzehnjährige über Facebook zu kontaktieren, weil wie ihm gefiel. Ich fragte mich, ob das Mädchen wusste, wie knapp sie einem schlimmen Schicksal entkommen war.

William Mousley begann sein Kreuzverhör, indem er Nathan beschuldigte, Anjie und mich nach Beckys Tod tagelang angelogen zu haben. Ich starrte Nathan an, der leicht in sich zusammensackte, bevor er antwortete. »Ich hatte doch gar keine andere Wahl. Ich konnte es ihnen doch nicht sagen!«, brachte er dann heraus.

Er berichtete, wie Luke ihn am Tag des Mordes besucht hatte. Ihr Leichnam hatte ein paar Meter entfernt im Kofferraum von Nathans Auto gelegen. William sah ihn fest an, bevor er ihm die nächste Frage stellte. »Sie haben wiederholt gelogen, was Beckys Schicksal anging, nicht wahr?«

»Ja«, schluchzte Nathan.

»Und als sie verhaftet wurden, logen sie so lange wie möglich weiter, nicht wahr? Wie kamen sie auf das vorbereitete Geständnis?«

»Ich habe die Nerven verloren und bin vor dem Anwalt zusammengebrochen«, antwortete Nathan. »Dann habe ich es im Wesentlichen gestanden, wenn auch nicht mit so vielen Worten. Er sah ja, wie sehr ich zu kämpfen hatte.«

Ich wurde immer wütender, während ich ihn dort beobachtete, wie er sich selbst bemitleidete. William sah ihn immer noch an, beschuldigte ihn, seine Geschichte nach Bedarf zu verändern und nur das Unvermeidliche zuzugeben, um Shauna aus der Sache herauszuhalten.

»Shauna hatte nichts damit zu tun«, sagte Nathan entschieden. »Ich habe am Anfang nur gelogen, um die anderen zu schützen.« Dann brach er wieder in Tränen aus. »Mir fiel nichts anderes ein, um sie zu schützen. Sie sollten glauben, dass sie abgehauen war, ich erfand Nachrichten von ihr, in denen sie schrieb, dass es ihr gut ging, dass sie glücklich war und so weiter. Aber so erfuhren sie natürlich nicht die Wahrheit, es gab keine Beerdigung, keinen Abschied und so weiter.«

Im Gerichtssaal war es totenstill, abgesehen von Anjie und Sarah, die leise schluchzten. Mir lief es kalt den Rücken runter bei dem Gedanken, dass er so tat, als hätte er das alles unseretwegen getan. Wenn er auch nur im Geringsten an andere Menschen gedacht hätte, dann hätte er Beckys Körper nicht in Stücke gehackt.

Mr Mousley kniff die Augen zusammen. »Finden Sie nicht auch, dass es lächerlich klingt, wenn Sie behaupten, Shauna hätte keine Ahnung gehabt, was passierte?«

Nathan erwiderte: »Lächerlich ist nicht das richtige Wort. Ich verstehe, dass Sie misstrauisch sind, aber so ist es nun mal passiert.«

Er berichtete, dass er geplant hatte, Becky an einen Baum zu binden und ihr Angst zu machen. William sah ihn ungläubig an. »Und dann? Was wollten sie tun, nachdem Sie ihr Angst gemacht haben?«

»Dann wollte ich sie laufen lassen, aber erst, nachdem ich ihr gesagt hatte, sie solle sich von jetzt an besser benehmen.«

»Sie wollten Sie fesseln, knebeln, ihr Handschellen anlegen, sie an einen Baum binden und ihr Angst einjagen? Und Sie dachten, danach würde sie einfach weggehen und so weiterleben wie bisher? Haben Sie im Februar dieses Jahres in einer Phantasiewelt gelebt?«

Nathan sah zu ihm auf. »Nein, ich habe in keiner Phantasiewelt gelebt.«

Dann legte William erst richtig los mit seinen Fragen. »Hat sich Ihre Einstellung zu Becky nach dem Mord geändert?«

»Ich hatte überhaupt keine Einstellung zu ihr«, lautete die Antwort.

»Und wie passt das zu der Art, wie Sie sie nach ihrem Tod behandelt haben?«, fragte William weiter.

»Das hat nichts mit meinen Gefühlen zu tun«, murmelte Nathan.

William sah ihn wild an. »Sie haben fünfzehn Mal mit einem Messer auf sie eingestochen.«

Nathan blickte zu Boden. »Das hat nichts mit meinen Gefühlen zu tun.«

»Und dann haben Sie sie in Stücke gesägt.«

Anjie neben mir begann zu zittern.

Nathan antwortete einfach: »Wie ich schon sagte, ich habe getan, was getan werden musste.«

William hielt kurz inne, bevor er sehr ruhig fragte: »Hat es Ihnen Freude gemacht?«

Nathan sah ihn mit tränennassem Gesicht an. »Nein.«

Am nächsten Verhandlungstag fuhr Nathan mit seiner Aussage fort. William stellte immer drängendere Fragen. Seine Stimme triefte vor Abscheu, wenn er mit ihm sprach. Er fragte ihn, ob auch die Geschichte mit der Maske eine Lüge sei, die nur dazu gedient habe, den Mord als einen Streich darzustellen, der aus dem Ruder gelaufen sei.

Nathan schüttelte den Kopf. »Nein, denn wenn ich die Maske nicht getragen hätte, dann hätte sie sich ja viel mehr gewehrt«, sagte er.

»Sie waren nicht maskiert, sie wusste genau, wer Sie waren ... Was Sie da taten, war absolut jämmerlich. Und Sie haben sie getötet«, beschuldigte ihn William.

Matthews schniefte, als er antwortete. »Nein, ich dachte einfach, für ein gutes Ziel sind manchmal drastische Maßnahmen nötig.«

Mein Magen krampfte sich zusammen. Ich hatte keine Ahnung gehabt, wie verdreht mein Stiefsohn dachte. Als ich ihn jetzt anstarrte, empfand ich nur noch Verachtung und Bitterkeit.

Nathan brach im Zeugenstand wieder in Tränen aus und legte den Kopf auf den Tisch, als William ihn weiter scharf befragte.

»Sie wehrte sich mehr, als Ihnen gefiel, oder?«, fragte er.

Nathan schüttelte wieder den Kopf. »Mit gefallen hat das nichts zu tun, es war nicht so, wie Sie es darstellen. Es gab keinen großen Kampf.«

William machte unnachgiebig weiter. »Hat sie um ihr Leben gekämpft?«

»Nicht um ihr Leben, nein«, antwortete Nathan.

Dann fragte William, ob Nathan bereit sei, sich die Computerbilder von Beckys Kopf- und Gesichtsverletzungen anzusehen. Aber das lehnte Nathan ab.

»Hab ich mir gedacht«, schnauzte William ihn an. Dann schaute er zu uns, und sein Gesichtsausdruck wurde etwas weicher. »Haben Sie Becky oder ihrer Familie gegenüber irgendwann mal so etwas wie Reue oder Kummer geäußert?«, fragte er.

Nathan ruckte unbehaglich hin und her. »Nicht so direkt, nein«, sagte er. »Ich habe nicht versucht, mit ihnen Kontakt aufzunehmen.«

»Sie empfinden eher Mitleid mit sich selbst, nicht wahr?«, sagte William.

»Ja, ich empfinde Mitleid mit mir selbst«, erwiderte Nathan. »Aber auch mit allen anderen.«

Er sagte aus, er sei über seine Verhaftung nicht überrascht gewesen, und wiederholte immer wieder, sein Plan sei »entsetzlich schiefgegangen«. William versuchte weiterhin, etwas über Shaunas Beteiligung aus ihm herauszubringen, aber Nathan war unbeugsam in seiner Aussage, sie hätte nichts mit dem Verbrechen zu tun gehabt. Er behauptete sogar, es sei ihm gelungen, Beckys Körper mit einer Hand zu zersägen, was vollkommen absurd klang. Dann erklärte er, wie er die Teile sorgsam verpackt hatte und einige sogar im Gefrierschrank aufbewahrt habe. Mir wurde übel, und als ich aufblickte, sah ich, wie Sarah den Saal verließ. Unglaublich, dass ich Nathan in meine Familie aufgenommen hatte. Ich erkannte ihn nicht mehr wieder. Vielleicht hatte ich ihn nie richtig gekannt.

Shaunas Befragung begann am nächsten Tag, am Freitag, dem 30. Oktober. Anjie blieb zu Hause, Sarah begleitete mich. Sie wollte gerade Shaunas Aussage hören, denn ihr war es wichtig, dass Shauna nicht ungeschoren davonkam, nachdem sich bisher alles so sehr auf Nathan konzentriert hatte.

Shauna sah wesentlich selbstbewusster aus als Nathan, als sie in den Zeugenstand trat. Sie trug eine pfirsichfarbene Bluse, eine schwarze Jacke und schicke schwarze Hosen. Ich hoffte, die Geschworenen würden sich durch ihren Auftritt nicht blenden lassen. Das Gericht erfuhr, dass Shauna in einer Pflegefamilie aufgewachsen war und mit dreizehn Jahren zu ihrer Mum nach Bristol gezogen war. Auch diesmal tat sie ganz unschuldig und behauptete, Nathan hätte sie vollkommen unter Kontrolle gehabt. Einmal hätte er sogar versucht, sie zu erwürgen, und einmal hätte er sich selbst während eines Streits mit einer Gabel ins Gesicht gestochen. Als die Rede auf Anjie kam, wurde Shaunas Gesicht ganz weich.

»Sie ist eine tolle Frau, sehr freundlich, kümmert sich um jeden«, sagte sie leise. »Obwohl es mit ihrer Gesundheit bergab ging, tat sie für die anderen, was sie konnte. So war sie einfach. Ich wurde mitgenommen, wenn die Familie in Urlaub fuhr, wurde zu Weihnachten eingeladen und konnte meinen Geburtstag dort feiern.«

263

»Und zum Dank dafür hast du mitgeholfen, unsere Tochter zu ermorden«, murmelte ich leise. Sarah nahm meine Hand. Shauna war unerzogen und berechnend, fand ich. Ich betete, dass die Geschworenen sie durchschauen würden und dass sie sich nicht würde herausreden können.

Ihr Anwalt Andrew Langdon fragte sie nach den Nachrichten mit dem Betreff »Entführung«, die zwischen ihr und Nathan hin und her gegangen waren. Sie gab zu, dass sie die Polizei in dieser Angelegenheit belogen hatte.

»Ich wusste, was man Nathan vorwarf, und ich wusste auch, was passiert war und wie schlecht es für ihn aussah«, sagte sie. »Es war sarkastisch gemeint. Ich habe eine sehr sarkastische Ader. Keine gute Idee, ich bereue das zutiefst.«

Dann fragte Andrew Shauna nach dem Mordtag. Sie erklärte, sie sei ins Haus gekommen und habe sich in der Küche eine von Anjies Zigaretten genommen. Dann sei sie in den Garten gegangen, um zu rauchen. Sie hatte gehört, dass bei Becky Musik lief, und als sie zurück in die Küche kam, hatte sie den Eindruck, als wäre Becky gerade gegangen. Später an diesem Abend seien sie nach Hause gefahren, hätten Pizza gegessen und Filme angesehen. Dann seien sie ins Bett gegangen.

Am nächsten Tag fuhren sie zurück zu unserem Haus. Sie erwähnte, dass Nathan irgendwann weggegangen sei und gemeint hätte, er müsse einem Freund helfen. Anjie hatte sich Sorgen um Becky gemacht, weil sie so lange ausblieb, und Shauna hatte einen Post auf Facebook gemacht, um sie zu finden. Später bemerkte sie, dass Nathan einen Kratzer am Handgelenk hatte, fragte ihn aber nicht danach. Am Abend habe Nathan ihr gesagt, sie könne nicht ins Bad, weil die Toilette verstopft sei und er sie erst reparieren müsse. Sie habe ihn auch nicht gefragt, was er mit der Kreissäge mache. Sie habe wohl gedacht, er müsse mal wieder einen seiner langweiligen Jobs erledigen. Als sie mit der Aufnahme einer Überwachungskamera konfrontiert wurde, auf der sie beim Kaufen von Reinigungsmitteln zu sehen waren, erklärte sie, sie hätte gedacht, Nathan brauche Hilfe, um ihr Haus endlich mal wieder sauber zu machen. Sie habe Nathan aber nicht geholfen, die Teile von Beckys Körper zu verpacken und das Bad zu putzen. Und sie habe auch nie die beiden Gesichtsmasken angefasst, die im Haus gefunden worden waren.

Als ich an diesem Tag nach Hause ging, schäumte ich vor Wut über die vielen Lügen. Wie konnte sie die Geräusche aus dem Bad überhört haben? Nathan konnte Becky auf keinen Fall allein zerstückelt haben, das glaubte ich einfach nicht. Ich fragte mich, ob Nathan noch mehr Verletzungen gehabt hatte als den Kratzer am Handgelenk. Ich hoffte, einer von Beckys wütenden Schlägen hatte sein Ziel getroffen, als sie um ihr Leben kämpfte. Ich hoffte, dass sie ihm wehgetan hatte und nicht nur sich selbst, indem sie gegen den Türrahmen oder die Wand schlug. Immer wieder gingen mir die Aussagen über diesen Kampf durch den Kopf, und je länger ich darüber nachdachte, desto mehr war ich überzeugt, dass Shauna geholfen haben musste, Becky zu überwältigen. Meine Tochter war klein, aber sie konnte sich wehren.

Am nächsten Verhandlungstag, dem 2. November, wurde Shauna von William Mousley ins Kreuzverhör genommen. Er fragte sie, ob sie womöglich nur zur falschen Zeit am falschen Ort gewesen sei. Sie antwortete klar und selbstbewusst. »Ich fand nicht, dass ich am falschen Ort war. Ich war in meinem Haus, das ist doch ganz normal.«

»Es war also nur ein dummer Zufall, dass Sie und Nathan darüber sprachen, ein junges Mädchen zu entführen?«, fragte William.

Shauna nickte. »Ein extrem dummer Zufall.«

»Sie befanden sich in seliger Unwissenheit über das, was geschehen war?« William zog eine Augenbraue hoch.

»Ja«, erwiderte sie.

Sie bezeichnete es auch als Zufall, dass sie im Internet nach dem Song mit dem Titel »Do You Want to Hide a Body?« gesucht hatte, ausgerechnet an dem Tag, als Becky starb. Und sie behauptete, sie habe Nathan das Video nur vorgespielt, um ihn zum Lachen zu bringen.

»Es war Zufall, dass Becky ein paar Meter von Ihnen entfernt im Badezimmer lag?«, fragte William ungläubig.

»Ja«, erwiderte sie.

Sarah beugte sich vor. Ihre Knie zitterten vor Zorn, sie starrte Shauna an und sah aus, als würde sie gleich aufspringen. Plötzlich hatten wir die Rollen getauscht. Jetzt versuchte ich, sie zu beruhigen. Sie stand schon halb, ich musste sie zurückziehen. Ziggy und Jo sahen uns besorgt an.

Shauna bestand auf ihrer Version. Sie wirkte sehr gefasst verglichen mit Nathan, der im Zeugenstand nur ein Häufchen Elend gewesen war. Ich glaubte ihr kein Wort, ich wusste einfach, dass sie beteiligt gewesen war. Sie war schlauer und viel berechnender als Nathan, obwohl sie sieben Jahre jünger war als er. Ich betete, dass die Geschworenen das auch erkennen würden.

»Es mag einigen Leuten ein wenig unwahrscheinlich vorkommen, aber es ist vollkommen plausibel«, erklärte sie dem Gericht.

William fing an, seine Fragen auf sie abzufeuern. »Ist es nicht vielmehr so, dass Sie und Nathan von Anfang bis Ende gemeinsame Sache machten?«

»Nein!«, erwiderte sie sofort.

»Dass Sie zusammen mit der eindeutigen Absicht dorthin gefahren sind, sie zu entführen? Zu Zwecken, an denen Sie beide interessiert waren?«

»Nein«, sagte sie.

»Sie haben gedacht, Sie kommen mit dieser Sache ungeschoren davon, nicht wahr?«, fragte William.

Shauna zog kurz die Brauen zusammen. »Ich hatte keine Sache, mit der ich ungeschoren davonkommen musste«, erklärte sie.

»Aber am Ende sprachen einfach zu viele Beweise gegen Sie, nicht wahr?«, machte William weiter.

Wieder verneinte Shauna.

»Sie hatten einfach Pech«, schloss er sarkastisch.

»Ja«, erwiderte sie.

Sarah umklammerte das Geländer vor uns so fest, dass ihre Knöchel weiß wurden. Ein Glück, dass sich das Gericht danach vertagte, sodass sie sich wieder beruhigen konnte. Keiner von uns glaubte Shaunas Geschichte, aber sie hatte im Kreuzverhör keinen einzigen Fehler gemacht. Sie reagierte kühl und gefasst, als würde sie so etwas jeden Tag machen. Reue zeigte sie nicht. Sie hatte nicht einmal gesagt, dass ihr Beckys Tod leidtäte, und schon dafür hätte ich sie umbringen können. Warum durfte sie leben, wenn sie geholfen hatte, meine Tochter zu ermorden?

An den nächsten beiden Verhandlungstagen wurden James Ireland und Donovan Demetrius in den Zeugenstand gerufen. James behauptete, er hätte nicht gewusst, was in den Kisten war, die er gemeinsam mit Karl Demetrius transportiert hatte. Er sagte, wenn er die schreckliche Wahrheit gewusst hätte, wäre er niemals bereit gewesen zu helfen. Donovan stritt jede Beteiligung ab. Er sagte, er sei einfach nur Gast im Haus seines Bruders Karl gewesen. Und Karl hätte sich bereit erklärt, für Nathan ein paar Kisten aufzubewahren. In einer sehr emotionalen Aussage erklärte er, er habe keinerlei Anteil daran gehabt, Beckys Leichnam zu verstecken, und sei entsetzt über das, was sein Bruder getan habe. »Warum hat er sich in eine solche Lage gebracht?«, fragte er und sah uns an. »Wie kann jemand, der richtig im Kopf ist, etwas so Schreckliches tun? Mir tut ihre Familie furchtbar leid. Ich konnte gar nicht glauben, dass dieser Nathan Matthews zu so etwas fähig sein sollte. Wer kann denn seine eigene Stiefschwester zerstückeln? Mir wird ganz schlecht, wenn ich daran denke.«

Seine Worte fanden viel Beifall im Gerichtssaal, weil sie zusammenfassten, was die meisten von uns dachten.

Am Donnerstag, dem 5. November, hielt William sein Schlussplädoyer. Diesmal war wieder die ganze Familie im Gerichtssaal versammelt, abgesehen von Anjie, die zu Hause geblieben war, weil sie Kraft sammeln musste, um bei der Urteilsverkündung dabei zu sein.

Mein Herz schlug rasend schnell, als William sich an die Geschworenen wandte. Ich wünschte mir so sehr, dass sie ihm genau zuhörten und die Wahrheit in seinen Worten erkannten.

»In diesem Fall geht es um zwei Welten: die Phantasiewelt, in der die Angeklagten lebten, und die richtige Welt, in der Sie und ich leben«, sagte er. »Wir leben in einer Welt der Vernunft und Logik, in der man aus Beweisen offensichtliche und sichere Schlüsse ziehen kann. Die Angeklagten leben in einer Welt, in der Menschen die natürlichen Folgen ihres Tuns ignorieren. In einer Welt, in der komplizierte Theorien, die jeder Vernunft widersprechen, die Oberhand gewinnen. In einer Welt, in der es nichts ausmacht, wenn man lügt. In einer Phantasiewelt, in der niemand zugibt, was er getan hat, und in der niemand Gefühle zeigt.«

Dann sprach er über Becky, die er als »typischen Teenager« bezeichnete, ein junges Mädchen, das die Probleme der Vergangenheit hinter sich ließ und sich auf ein langes Leben freute. Mit einem Blick zu mir fügte er hinzu: »Dass es manchmal zu Reibereien mit ihrem Vater und ihrer Stiefmutter kam, war normal für ihr Alter. Und dieses Mädchen wurde grausam und kaltblütig ermordet, von Nathan Matthews und Shauna Hoare. Weil sie sie nicht mochten und weil sie dachten, sie könnten sie zu einem Sexspielzeug machen. Und damit nicht genug: Die Verachtung für sie zeigt sich auch ganz deutlich in der Art, wie sie ihren Körper nach dem Tod behandelten.«

Er beschrieb Shauna als kühle Zuschauerin, die ohne Zweifel ihren Anteil an Beckys Tod gehabt hatte. »Wirkte sie auf das Gericht wie ein unterdrücktes Mädchen, das sich vor Nathan Matthews fürchtete? Oder wirkte sie wie eine selbstbewusste, durchaus auch berechnende Frau, die älter erscheint als sie ist? Sie ist kein verlorenes kleines Mädchen, sie hat im Zeugenstand absolut keine Emotionen gezeigt. Sie ist nicht nur kühl, sondern eiskalt. Und sie zeigt keinerlei Reue.

Becky war kein Lamm, das sich zur Schlachtbank führen lässt. Warum sollte sie auch? Sie hat um ihr Leben gekämpft, sie hat Widerstand geleistet. Es brauchte einiges an Kraft, um sie mitzunehmen. Wie verbessert man seine Chancen, das schnell und effektiv zu tun? Man geht die Sache zwei gegen einen an. Dann ist es einfacher, nicht wahr? Und ich möchte hinzufügen, wenn zwei Leute gleichermaßen beteiligt sind, haben sie nichts voreinander zu verbergen. Aber natürlich hat Shauna Hoare in ihrer Phantasiewelt nichts gesehen und gehört. Sie lebte in einem Zustand seliger Unwissenheit. Dabei ist vollkommen klar, dass sie an dem Mord an Becky Watts beteiligt war.«

Anschließend beschrieb William Shauna als eine Art Lady Macbeth. Er zitierte aus dem Shakespeare-Drama: »Sei wie eine unschuldige Blüte, aber darunter sei eine Schlange.«

Dann wandte er seine Aufmerksamkeit Nathan zu und wies darauf hin, dass Nathan die ganze Zeit gelogen hatte. Er stellte die Frage in den Raum, ob sein Geständnis eines Totschlags ein Versuch gewesen sei, Shauna aus Loyalität und Zuneigung aus der Sache herauszuhalten. Dann fragte er die Geschworenen: »Was war sein Ziel in diesem Prozess? Hatte er das Ziel, Ihnen zu sagen, was wirklich passiert ist? Oder hatte er das Ziel, möglichst ungeschoren davonzukommen? Wenn Sie sich die Szene des Mordes vor Augen führen, dann sehen Sie sicher auch den Hass und die Entschlossenheit, die nötig waren, damit Nathan Matthews diese Tat ausführen konnte. Wenn man jemanden erstickt, hat man nur ein Ziel: diesen Menschen zu töten. Wenn es sich um einen tragischen Unfall handelte, wie Nathan Matthews behauptet, was hätte man dann von ihm erwartet? Was hätte er anschließend getan? Hat er Alarm geschlagen? Hat er selbst einen Versuch unternommen, Beckys Leben zu retten? Hat er irgendetwas getan, um Hilfe zu holen? Vielleicht die Notrufnummer angerufen?«

William schüttelte den Kopf und warf einen Blick auf die Anklagebank. »Nein. Er hat die Hände von ihrem Hals genommen, nachdem sie sich nicht mehr rührte, hat ihnen Puls gefühlt und sicher vergewissert, dass sie tot war. Dieses Verhalten deutet darauf hin, dass er erreicht hatte, was er wollte. Jetzt ist er voller Selbstmitleid, weil er sich in eine schreckliche Situation gebracht hat. Aber er macht sich überhaupt keine Gedanken über das, was er ihr angetan hat. Absolut nicht. Er bringt es gerade einmal fertig, zu erklären, dass er sich um Anjie und Darren Sorgen machte und sie schützen wollte.«

Ich hatte das Gefühl, mir würde gleich das Herz aus der Brust springen. Schon eine ganze Weile hatte ich die Luft angehalten. Es war kaum zu ertragen, aber William fand die richtigen Worte. Diese Version musste doch wohl jeder glauben, der richtig im Kopf war!

Nathans Anwalt Adam Vaitilingam forderte in seinem Schlussplädoyer die Geschworenen auf, ohne Emotionen zu einem Urteil zu kommen. Es war offensichtlich, dass er sich an Strohhalme klammerte. Den Plan, Becky zu entführen, bezeichnete er als idiotisch, extrem und absurd. Er erinnerte die Geschworenen, dass Nathan sehr aufgeregt gewesen sei, als er Becky angriff, und dass sie sich gewehrt habe. Erst dadurch sei alles aus dem Ruder gelaufen. Nathan habe nie die Absicht gehabt, Becky zu töte. Aber er habe ihren Körper nach ihrem Tod natürlich ohne Mitgefühl und Menschlichkeit behandelt.

»Ich bitte nicht um Mitleid mit Nathan Matthews«, sagte er. »Das hat er nicht verdient.«

So sehr ich inzwischen ein nervliches Wrack war, musste ich unwillkürlich lachen, als Andrew Langdon in seinem Schlussplädoyer Shauna als »Überlebende« beschrieb, die irgendwie mit Nathan zurechtkommen musste. Er erinnerte die Geschworenen daran, dass es keine DNA-Spuren von ihr gab (außer an einer der beiden Gesichtsmasken und an zwei Müllsäcken, aber diese Spuren, so die Verteidigung, konnten auch zufällig dorthin gelangt sein). Er sagte, wenn das Gericht Shauna nicht schuldig fand, an dem Entführungsplan mitgewirkt zu haben, dann könne es sie auch nicht wegen Mordes verurteilen. Und dann fügte er hinzu:

»Ich bitte Sie nicht um Mitleid, obwohl sie, wenn sie unschuldig ist, ein paar entsetzliche Monate hinter sich hat. Kein intelligenter Mensch, der dieser Verhandlung gefolgt ist, kann das alles verstehen. Ich überlasse Ihnen das Urteil über meine Mandantin. Sie ist Ihrer Gnade ausgeliefert, wie man so schön sagt.«

Als ich an diesem Tag den Gerichtssaal verließ, war mir schwindelig und übel. Das Schicksal von Nathan, Shauna, James Ireland und Donovan Demetrius lag nun in den Händen der Geschworenen. Was, wenn man sie davonkommen ließ? Was, wenn Becky keine Gerechtigkeit widerfuhr?

Sarah drückte meinen Arm, als wir nach Hause gingen.

»Das war's«, sagte sie. »Jetzt müssen wir abwarten.«

15

Das Urteil

Als ich am Mittwoch, dem 11. November 2015 die Augen öffnete, überkam mich ein Zittern. Ich wälzte mich aus dem Bett und ging nach unten, um Wasser aufzusetzen. In Gedanken war ich schon mitten in diesem Tag. Während ich wartete, dass das Wasser heiß wurde, dachte ich unwillkürlich daran, wie wichtig es für meine Familie war, dass das Gericht eine gute Entscheidung traf. Ich war mir ziemlich sicher, dass Nathan schuldig gesprochen würde, aber bei Shauna hatte ich kein gutes Gefühl. Ihr Anwalt hatte sich gut geschlagen und sie immer als unschuldiges Opfer dargestellt, was sicher nicht der Wahrheit entsprach. Tatsächlich empfand ich ihre ganze Verteidigung als widerwärtig und empörend.

Ich grübelte weiter und machte mir immer mehr Sorgen, bis es Zeit war, Anjie zu wecken und sich fürs Gericht fertig zu machen. Als ich mein hellblaues Abzeichen an die Jacke steckte, zitterte mir die Hände. Ich rief mich selbst zur Ordnung.

Sarah kam, kurz bevor Ziggy uns abholte. Sie wollte mit uns zum Gericht fahren, weil sie wusste, wie nervös wir waren.

Als wir vor dem Gericht parkten, brach ein Blitzlichtgewitter über uns herein. Ich war schon daran gewöhnt, von ferne fotografiert zu werden, wenn ich das Gerichtsgebäude betrat oder herauskam, aber diesmal war die Zahl der Fotografen, Reporter und Fernsehteams vor dem Gebäude einfach nur noch überwältigend. Als wir hineingingen, senkte ich den Kopf und weigerte mich, ein Statement abzugeben.

Im Gerichtsgebäude trafen wir Sam, meinen Vater und Denise, außerdem Danny und seine Freundin Sarah. Courtney war ebenfalls gekommen, um das Urteil zu hören, genau wie Tanya und Pat. Unsere Gesichter waren ganz starr vor Erwartung.

Danny äußerte die gleichen Sorgen wie ich – dass Shauna ungestraft davonkommen könnte. »Ich hoffe wirklich, dass das nicht passiert, Dad«, sagte er zu mir.

»Ich weiß, mein Sohn«, erwiderte ich und legte ihm den Arm um die Schulter. »Mir geht es genauso.«

Der Richter Mr Dingemans gab letzte Instruktionen an die Geschworenen und erklärte ihnen, es gäbe keinen Zeitdruck. Gegen halb elf zogen sie sich zur Beratung zurück.

»Wie lange wird das dauern, was meinst du?«, fragte ich Ziggy, als wir hinausgingen.

»Da ist von ein paar Stunden bis zu mehreren Tagen alles möglich«, erwiderte. »Das müssen wir abwarten.«

Während wir warteten, wurden Anjie und ich von Mike Ridley interviewt, einem Reporter der *Sun*. Wir hatten uns bereit erklärt, ihm exklusiv über das zu berichten, was wir durchgemacht hatten. Uns war klar, dass wir auf den Treppenstufen des Gerichts ein Statement würden abgeben müssen, wenn es zu Schuldsprüchen käme. Sarah und Sam boten sich an, ein paar Sätze für uns aufzuschreiben, und mein Dad wollte auch etwas sagen.

Gegen 14 Uhr kam Ziggy und berichtete uns, die Geschworenen seien jetzt bereit zur Urteilsverkündung. Niemand hatte damit gerechnet, dass die Entscheidung so schnell fallen würde, wir mussten in den Saal zurück. Gerade als die Geschworenen wieder einzogen, kamen wir auch herein. Zitternd setzte ich mich hin, Anjie zu meiner

Rechten und Sarah zu meiner Linken. Sam saß vor uns und streckte seine Hand nach hinten, damit er uns berühren konnte. Auch Sarah drückte meine Hand ganz fest. Von meiner Familie umgeben, fühlte ich mich etwas besser. Ich atmete tief durch und versuchte, mich zu beruhigen, während ich dem Richter zuhörte, der mit den Geschworenen sprach.

Nathan und Shauna standen in der Anklagebank.

»Sind Sie zu einem Urteil gelangt?«, fragte der Richter den Vorsitzenden der Geschworenen.

»Ja«, erwiderte der Vorsitzende und stand dabei auf. Er reichte dem Richter einen Umschlag, der Richter öffnete ihn, las den Inhalt kurz durch und nickte.

Dann fragte der Gerichtsdiener den Vorsitzenden nach dem Urteilsspruch über Nathan und Shauna zum ersten Anklagepunkt: Gemeinsame Entführung. Die Antwort war ein klares »schuldig«. Ich atmete erleichtert auf. Sie hatten Shauna nicht abgenommen, dass sie unwissend gewesen war.

»Und wie lautet Ihr Urteil in Bezug auf den zweiten Anklagepunkt, Mord an Becky Watts, über den Angeklagten Nathan Matthews?«, fragte der Gerichtsdiener.

»Schuldig«, erwiderte der Vorsitzende.

»Ja!«, rief ich aus, gleichzeitig mit Sam und Sarah. Auf den Zuschauerbänken wurde gejubelt und applaudiert, sodass der Richter Ruhe anordnen musste. Ich war ungeheuer erleichtert, dass der Schuft ins Gefängnis kommen würde. So sehr, dass es einen Moment dauerte, bis ich bemerkte, dass Anjie leise weinte. Ich drückte ihre Hand und beschloss, mich um ihretwillen zusammenzureißen. Nathan senkte den Kopf und starrte auf den Boden.

»Wie lautet ihr Urteil in Bezug auf den zweiten Anklagepunkt, den Mord an Becky Watts, über die Angeklagte Shauna Hoare?«, fragte der Gerichtsdiener als Nächstes.

»Nicht schuldig«, erwiderte der Vorsitzende. »Aber schuldig des Totschlags.«

Ein leises Raunen klang durch den Saal, als müssten alle dort erst überlegen, was das zu bedeuten hatte. Wir wussten, Shauna würde eine Haftstrafe bekommen, aber die Strafe würde nicht so hoch ausfallen wie bei Nathan. Trotzdem war ich einfach dankbar, dass sie überhaupt bestraft wurde. Mir kamen die Tränen.

Die Geschworenen befanden Shauna auch einer Irreführung der Strafverfolgungsbehörden schuldig, der Verhinderung einer legalen Beerdigung und des illegalen Waffenbesitzes. Nathan hatte sich zu diesen Anklagepunkten bereits schuldig bekannt. Donovan Demetrius und James Ireland wurden beide der Beihilfe zu einem Verbrechen schuldig gesprochen.

Nach den Schuldsprüchen tupfte sich Shauna die Augen, wirkte sonst aber absolut regungslos.

Die nächsten Minuten vergingen wie in einem Nebel. Wir umarmten uns und versuchten, nicht zu weinen. Als ich mich umsah, bemerkte ich die Erleichterung auch in den Gesichtern von Jo und Ziggy. Unsere Verbindungsbeamten waren viele Monate lang um unseretwillen stark geblieben; man konnte leicht vergessen, welchem Druck sie die ganze Zeit ausgesetzt gewesen waren. Jo hatte sogar ihre Pensionierung verschoben, um den Prozess noch mit uns durchzustehen. Ich war ihr ungeheuer dankbar dafür.

Der Richter kündigte an, er würde das Strafmaß für Nathan und Shauna in zwei Tagen verkünden, am Freitag, dem 13. November. Nachdem alle den Gerichtssaal verlassen hatten, gab es weitere Umarmungen und viel Händeschütteln. Einer, dem ich unbedingt die Hand schütteln wollte, war Detective Superintendent Mike Courtiour, der leitende Ermittler in Beckys Fall. Die Zeit stand still, als wir zahllosen Leuten für ihre Hilfe und ihre Entschlossenheit dankten, das richtige Urteil herbeizuführen.

Wenig später war es Zeit für unser Statement auf der Treppe vor dem Gericht. Als wir hinauskamen, hatten die Presseleute einen Halbkreis gebildet, sodass alle Fotografen und Reporter uns gut sehen konnten. Plötzlich spürte ich, wie mich das Adrenalin durchströmte. Gleichzeitig wurde mir ein wenig übel.

Mike Courtiour trat als Erster vor. Er sagte: »Ich möchte die Gelegenheit nutzen, um Beckys Familie und Freunden meine Anerkennung auszusprechen. Diese Menschen haben in der zweifellos schlimmsten Zeit ihres Lebens äußerste Besonnenheit und Würde bewahrt. Becky Watts war ein typischer Teenager. Sie wurde geliebt und hatte, wie alle jungen Leute, viele Pläne und Hoffnungen. Tragischerweise haben Nathan und Matthews und Shauna Hoare all diese Hoffnungen und Träume zunichte gemacht. Sie haben einen schändlichen Plan ausgeheckt, Nathans Stiefschwester Becky zu entführen, und dies aus Gründen, die sie bis heute nicht aufgedeckt haben. Der einzige Grund, den sie nannten, war die Tatsache, dass sie manchmal Sachen auf dem Boden liegen ließ, über die Matthews Mutter hätte stolpern können. Die Beweislage zeigt jedoch, dass sie ganz andere, düstere Motive hatten. Motive, die mit einem tief sitzenden Hass gegen Becky und mit perversen sexuellen Gelüsten zu tun hatten. Am neunzehnten Februar dieses Jahres führte das Paar seinen makabren Plan aus. Becky wurde zu Hause in Crown Hill, Bristol, ermordet. Dann nahmen sie ihre sterblichen Überreste mit zu sich in die Cotton Mill Lane und begannen, sie auf grausamste und groteske Weise zu zerstückeln. Das alles dauerte mehrere Tage. Man kann sich das alles überhaupt nicht vorstellen.

In den nächsten Tagen log Matthew die Polizei an und legte falsche Fährten. Dann suchte er sich ein paar Komplizen, die ihm halfen, Beckys Leichnam zu verstecken und unsere Ermittlungen zu erschweren. Karl Demetrius und Jaydene Parsons halfen Matthews, die Leichenteile in einem Schuppen in Barton Court zu verstecken, und zwar in einer Reihe von Taschen, Schachteln und Kisten.

Nach der Verhaftung von Matthews wurde ihm bald klar, dass es nur eine Frage der Zeit wäre, bis wir Becky fänden und die nötigen Beweismittel hätten, um ihn anzuklagen. Daraufhin gestand er, sie getötet zu haben, und sagte uns auch, wo er sie versteckt hatte. Inzwischen waren wir der Adresse in Barton Hill sehr nahe, es war nur noch eine Frage von Stunden, bis wir auch diesen Schuppen durchsucht hätten.

Matthews erklärte sich des Totschlags schuldig, hat aber nie die volle Verantwortung für sein Handeln übernommen. Und er hat Beckys Familie und Freunde der zusätzlichen Belastung eines langen, verstörenden Prozesses ausgesetzt. Hoare hat nie genauen Aufschluss über ihre eigene Rolle gegeben, was einmal mehr beweist, wie kaltblütig und berechnen sie ist. Die Ermittlungen in diesem Fall gehören zu den längsten in der Geschichte unserer Polizei. Mehr als fünfhundert Beamte waren damit befasst. Unser Hauptziel war zunächst, Becky lebend und gesund wiederzufinden – aber Matthews und Hoare hatten bereits dafür gesorgt, dass uns das nicht gelingen konnte. Nichts wird die Lücke im Leben von Beckys Familie jemals füllen können. Aber wir hoffen, die Schuldsprüche bringen ihnen den Trost, den sie verdient haben.«

Dann war Barry Hughes, leitender Kronanwalt für den Südwesten, an der Reihe. »Nach Sichtung der gesammelten Beweise war klar, dass Nathan Matthews und Shauna Hoare nicht nur geplant hatten, Becky Watts zu entführen, sondern dass ihr Handeln sexuell motiviert war«, sagte er. »Während des gesamten Prozesses hat Matthews behauptet, Beckys Tod sei ein Unfall gewesen. Er habe ihr mit der Entführung nur einen Denkzettel verpassen wollen. Nachdem die Geschworenen detailliert erfahren haben, welche Verletzungen Becky aufwies und wie kühl und berechnend man sich ihres Leichnams entledigte, hat man Matthews des Mordes schuldig befunden. Shauna Hoare hat behauptet, sie hätte nichts von Matthews Plänen und Taten gewusst und sie sei weder mit Beckys Tod noch mit der Beseitigung der Leiche in Verbindung zu bringen. Auch hier hat das Gericht festgestellt, dass die Beweise gegen sie sprechen. Sie ist des Totschlags schuldig befunden worden. Da Matthews und Hoare nicht in der Lage waren, die Tat ohne Hilfe zu vollenden, heuerten sie Karl Demetrius und Jaydene Parsons an, die wegen Beihilfe verurteilt wurden. Matthews und Hoare haben nie Reue gezeigt. Sie haben kaltschnäuzig einer jungen Frau das Leben genommen, einer jungen Frau, die gerade anfing, ihre Zukunft zu planen.«

Dann war es Zeit für die Statements der Familie. Mir war schwindelig. Ich griff nach Anjies Hand. Tanyas Verbindungsbeamte, Detective Constable Liz Cousins, gab stellvertretend für Tanya, Pat und Danny ein Statement ab. »Wir wünschten, Becky wäre noch am Leben«, las sie vor. »Stattdessen haben wir in den letzten fünf Wochen hören müssen, wie sie ums Leben kam. Sie wurde von einem Menschen ermordet, den sie als Familienmitglied betrachtete. Wir haben Becky geliebt und kannten sie besser als die meisten anderen. Wir versichern Ihnen, sie war ein hübsches, glückliches, witziges, liebevolles, treues und kluges Mädchen. Sie war ein Tornado, ein Hurrikan und ein Sonnenstrahl zur gleichen Zeit. Wenn sie da war, fühlte man sich lebendig.«

Das Statement endete mit einer Botschaft an andere Eltern: Genießt die Zeit mit euren Kindern.

Dann trat mein Dad vor. Ich legte die Arme um Anjie, die in ihrem Rollstuhl vor mir saß. Sie wirkte immer noch wie gelähmt. Mein Vater dankte der Polizei, dem Gericht und allen, die uns unterstützt hatten. Dann sagte er: »Wir wissen, dass Sie alle mit uns geweint, an uns gedacht und für uns gebetet haben. Wenn wir schwach wurden, waren Sie unsere Stärke. Wenn die Last des Bösen zu schwer wurde, haben Sie uns geholfen, aufrecht zu stehen. Sie waren eine ungeheure Kraft des Guten.

Jetzt, da der Prozess zu einem Ende kommt, können wir anfangen, unser Leben neu aufzubauen. Unser Leben, das nie mehr so sein wird wie vorher. Und in dem Becky natürlich immer eine große Rolle spielen wird.«

Ich musste fast weinen, als ich ihm zuhörte. Seine Worte vermittelten sehr gut, wie dankbar ich allen war, die uns unterstützt hatten.

Schließlich kam Sam an die Reihe. Er war sehr nervös. Sarah stand neben ihm und hakte ihn unter. Wir standen hinter ihnen, während die Kameras unaufhörlich klickten.

Er sagte: »Nun ist unserer lieben Becky zumindest Gerechtigkeit widerfahren. Wir möchten der Polizei von Avon und Somerset unseren tief empfundenen Dank sagen, vor allem dem Ermittlerteam, dessen Professionalität und Hartnäckigkeit dieses Ergebnis überhaupt erst möglich gemacht haben. Wir möchten auch unseren Verbindungsbeamten danken, die in der ganzen Zeit ganz wunderbar waren. Von dem Tag an, als Becky starb, haben uns die Menschen in Bristol und Umgebung unglaublich viel Freundlichkeit gezeigt. Auch dafür sind wir zutiefst dankbar. Für uns als Familie geht die Tragödie damit noch nicht zu Ende, aber wir können zumindest wieder anfangen, unser Leben neu aufzubauen. Wir danken allen, die den Weg bis hierher mit uns gegangen sind.«

Die Blitzlichter und Fragen hörten noch lange nicht auf, nachdem Sam fertig war, aber zunächst einmal gab es nichts mehr, was wir der Presse sagen konnten.

Der nächste Tag verging wie im Nebel. Wir mussten die Nachricht erst einmal verdauen, dass Nathan und Shauna für ihr Verbrechen ins Gefängnis mussten. Das war ein Sieg, aber er schmeckte bitter. Nichts auf der Welt würde uns Becky zurückbringen. Trotzdem schlief ich in dieser und der folgenden Nacht besser als seit Monaten.

Am Freitag, dem 13. November wachte ich sehr früh auf. Ich wollte endlich wissen, wie lange Nathan und Shauna hinter Gitter mussten. Wir fuhren zusammen zum Gericht, zum letzten Mal, wie wir wussten. Und wir hofften alle, dass die beiden lange Haftstrafen bekommen würden. Über das Strafmaß für Karl Demetrius und Jaydene Parsons würde später befunden werden.

Bevor Richter Dingemans seine Entscheidung bekannt machte, hatten Nathans und Shaunas Anwälte das letzte Wort. Auch mich hatte man gebeten, eine Erklärung von Seiten der Opferfamilie aufzusetzen, die verlesen würde. Drei Stunden hatte ich mit diesem Text gekämpft, der vermitteln sollte, wie hart mich der Mord getroffen hatte. Ich konnte kaum in Worte fassen, in welchem Ausmaß die beiden unsere Familie zerstört hatten, aber ich tat, was ich konnte, und hoffte, es würde sich noch auf das Strafmaß auswirken.

Ich hatte mich dafür gewappnet, den Text selbst vorzulesen, aber in letzter Minute wurde mir klar, dass ich das nicht durchstehen würde. Also erklärte sich Sam bereit, für mich einzuspringen. Ich wollte nicht da stehen und den

Leuten erzählen, wie meine Welt zusammengebrochen war. Schon gar nicht, wenn Nathan zuhörte. Das Statement war länger als das auf der Treppe des Gerichts, und ich hatte wirklich mein Bestes gegeben, damit der Richter begriff, wie leer unser Leben war, nachdem Becky tot war.

Sam sah mich an, nickte und stand auf. Dann las er mein Statement vor. »Mein Name ist Darren Galsworthy. Ich bin der Vater von Rebecca Watts, die jetzt unter dem Beinamen >Bristol's Angel< bekannt ist.« Im Saal herrschte tiefes Schweigen. »Unsere Bex war ein Kind, das ohne eigene Schuld darauf angewiesen war, ständig Vergewisserung, Liebe und Zärtlichkeit zu bekommen. Sie hing sehr an meiner Frau Anjie, die ihr nicht nur eine hingebungsvolle Mutter war, sondern auch eine gute Freundin. Anjies Liebe war so groß, dass niemand etwas entbehren musste. Es spielte keine Rolle, dass wir eine Patchworkfamilie waren. Wir waren eine liebevolle Familie, die miteinander lebte und einander unterstützte.

Wir werden nie verstehen, wie dieser Mord passieren konnte. Aber wir glauben inzwischen, dass wir nur wertlose Marionetten in einem Spiel aus Hass, Eifersucht und Gier waren. Die herzlosen, kalten und berechnenden Verbrecher und ihre Tat sollen nie vergessen werden. Dieser Gewaltakt hat nicht nur unsere Familie erschüttert, sondern das ganze Land. Als die Nachricht kam, dass es zwei Verhaftungen gab und dass jetzt Mordermittlungen geführt würden, brach unsere gesamte Welt zusammen. Die Polizei informierte uns, dass man Leichenteile gefunden habe. Und dann hörten wir, wer es getan hatte. Ich habe überhaupt keine Worte, die den sengenden Schmerz und die Qual beschreiben könnten, die Anjie und ich an diesem Tag empfanden. Ich finde nur ein Bild. Es ist, als würde man von einer hohen Steilküste in eine bodenlose Tiefe der ungläubigen Verzweiflung geworfen. Es waren Mitglieder unserer Familie gewesen. Leute, die bei uns zu Hause gesessen hatten in dem klaren Wissen, was sie getan hatten. Die meinen öffentlichen Abstieg in Wahnsinn und Verzweiflung erlebt hatten. Sie sagten kein Wort, taten weiterhin so, als würden sie uns helfen, absolut gefühllos.

Wir wären nicht so weit gekommen, wenn wir nicht Ärzte gehabt hätten, die uns halfen. Und die Menschen von Bristol, die uns unterstützten. Der Verrat schmerzt ungeheuer. Es wäre viel besser gewesen, uns alle umzubringen, als uns mit den Folgen dieses Verbrechens allein zu lassen. Meine liebe Frau litt so sehr, dass sich ihre Krankheit immer mehr verschlimmerte. Sie ist jetzt im Alltag vollständig auf mich angewiesen. Wir beide haben das Gefühl, dass wir nur noch dahinvegetieren. Alles Schöne in unserem Leben ist uns genommen worden, in einem selbstsüchtigen Akt der Gewalt. Wir können nicht mehr aus dem Haus gehen, ohne dass Leute auf uns zeigen oder Kommentare abgeben, von denen sie meinen, wir hörten sie nicht. Becky wurde nicht nur grausam ermordet, man hat ihr im Tod auch noch alle Würde genommen. Und das an Dannys Geburtstag.

Wenn ich die Augen schließe, um zu schlafen, sehe ich Beckys Tod immer wieder vor mir. Ich sehe, was sie meinem Kind angetan haben. Ich höre sie schreien. Dann spüre ich ihre Qual, als sie begreift, dass sie nicht aufhören werden und dass sie sterben wird. Ich fühle ihr rasendes Herz. Ich sehe all das und kann ihr nicht helfen. Oft wache ich schweißgebadet und zitternd auf. Becky war so klein und zart, sie hatte keine Chance. Diese Albträume rauben mir den Verstand. Es ist wie Krebs im fortgeschrittenen Stadium. Sie verfolgen mich bei Tag und Nacht. Das ist es. Das ist an diesem Tag passiert. Und ich finde keinen Ausweg.

Jetzt bete ich darum, dass Polizei und Justiz sich die Hände reichen und dass eine Strafe verhängt wird, die diesem bösartigen Mord, diesem Gemetzel angemessen ist.«

Ich hatte den Kopf gesenkt, während ich Sam zuhörte. Meine Worte waren viel zu schwach, um zu vermitteln, wie düster und verzweifelt das letzte Jahr für mich gewesen war. Aber Tanya, Sarah, Anjie und sogar einige Geschworene weinten.

Dann las Liz, Tanyas Verbindungsbeamte Tanyas Statement vor. »Ich bin Tanya Watts, die Mutter von Rebecca Marie Watts, geboren am 3. Juni 1998. Wir alle kannten sie nur als Becky«, las Liz. »Der Mord an Becky hat nicht nur mein Leben schwer getroffen, sondern auch das meines Sohnes Daniel Watts und meiner Mutter Pat Watts. Becky war seit dem Tag ihrer Geburt ein wichtiger Teil unseres Lebens. Mum war mit mir im Krankenhaus, als Becky geboren wurde, sie hat sie als erste im Arm gehalten. Danny war immer ein liebevoller, beschützender großer Bruder für Becky. Als Teenager hatten sie hier und da Streit, aber wenn sie mit mir oder ihrem Dad zusammen waren, kamen sie gut miteinander aus und halfen einander, wo sie konnten.

Becky kam durch einen Kaiserschnitt zur Welt. Es war eine schwierige Geburt. Becky wollte einfach nicht heraus, sie war wohl glücklich da, wo sie war. Als sie sie schließlich holten, brüllte sie den ganzen Kreißsaal zusammen. Ich habe immer gesagt, die Welt wusste sofort, dass Becky da war. Und so wird es auch noch sein, wenn sie ein Teenager ist. Aber ich hätte mir nie vorstellen können, dass es so sein würde. Jetzt weiß die Welt auch alles über ihren Tod, alle grausigen Details.

Ich werde ständig gefragt, wie es mir geht, und dann weiß ich nicht, was ich antworten soll. Denn ich bin mir über meine Gefühle nicht sicher. Meine hübsche, freundliche, lustige, treue, kluge, kreative Tochter ist ermordet worden. Seitdem ist jeder Tag ein einziger Albtraum. Und als ob das nicht genug wäre, wurde meine Tochter nach ihrem Tod auch noch zerstückelt. Aus Gründen, die ich nie verstehen werde. Es ist wie in einem Horrorfilm. Aber es geht um mein Kind, sie war erst sechzehn Jahre alt. Wie soll ich damit fertig werden? Was könnte jemand sagen oder tun, um mir zu helfen? In meinem Kopf drehen sich die Gedanken. Ich will mich nicht auf diese Weise an Becky erinnern, aber der Gedanke, dass man ihren Körper zerstückelt hat, geht mir nicht aus dem Kopf.

Am 19. Februar 2015 erfuhren wir, dass Becky ermordet worden war. Das heißt, Dannys zwanzigster Geburtstag war Beckys Todestag. Es hätte ein Freudentag sein sollen. Wie soll er damit je fertig werden? Wie soll er jemals wieder unbeschwert seinen Geburtstag feiern? Das kann er nicht. Keiner von uns kann diesen Geburtstag jemals wieder richtig feiern. Das Datum wird immer als der Tag in unseren Gedanken sein, an dem Becky voller Schrecken auf den Mann blickte, den sie für ihren Bruder hielt. Als dieser Mann sie angriff und tötete. Ohne Becky können wir nicht feiern.

Im März erfuhr ich, dass man Beckys sterbliche Überreste gefunden hatte. Ich hatte schon seit ihrem Verschwinden Mühe einzuschlafen, aber jetzt war es mit dem Schlaf ganz vorbei. Schließlich musste ich unsere Verbindungsbeamtin bitten, mit meinem Hausarzt zu sprechen und ihm zu sagen, was passiert war und dass Danny und ich Hilfe brauchten.

Ich denke ständig an Becky, an das, was sie erlebt hat, und an ihren Tod. Und ich rase vor Wut. Ich habe so viele Fragen. Ich finde keine Ruhe, solange ich nicht weiß, was genau passiert ist. Und selbst wenn ich es wüsste, würde ich es wohl niemals verstehen.«

In ihrem Statement hatte Tanya beschrieben, wie sie Becky in der Leichenhalle identifiziert hatte. Ich schloss die Augen, weil ich mich nur allzu gut an diesen Tag erinnerte. Liz las weiter. »Als Familie litten wir dann weiter, bis Becky zur Beisetzung freigegeben wurde. Als es so weit war, erlebte ich alle möglichen Gefühle gleichzeitig. Ich werde immer dankbar für die großzügigen Spenden sein, die es uns ermöglichten, Becky einen schönen Abschied zu bereiten. Aber ich war auch wütend, verletzt und aufgebracht. Denn eigentlich hätte doch Beckys Hochzeit ihr einer großer Tag sein sollen, nicht ihre Beerdigung. Man hat Becky ihrer Zukunft beraubt, und wir alle wurden der wunderbaren Anlässe beraubt, die wir hätten gemeinsam erleben sollen.

Beckys Tod hat aber auch eine riesige Lücke in unserem Alltag hinterlassen. Ich kann kaum glauben, dass ich sie und Courtney nie mehr zu Besuch haben werde, diese beiden, die sich wie die Heuschrecken über meine Schränke hermachten. Ich habe immer noch ein Hähnchen im Gefrierschrank, das ich den beiden als Sonntagsbraten machen wollte. Und Beckys Taschengeld, das sie sich an ihrem Todestag bei mir abholen sollte, liegt immer noch in seinem Umschlag. Das ist das Schwerste: dass ich sie nie wiedersehen werde.«

Sie sagte, sie mache sich jetzt noch mehr Sorgen um Danny und habe furchtbare Angst, ihm könnte auch etwas passieren. Dann fuhr sie fort: »Es ist mir ungeheuer schwergefallen, die Aussagen während des Prozesses anzuhören. Becky muss solche Angst gehabt haben. Sie hat doch gedacht, in ihrem Zimmer sei sie in Sicherheit. Und dann dieser Überfall durch einen Menschen, den sie als Teil ihrer Familie sah. Zu wissen, dass ihre letzten Augenblicke so voller Angst waren und dass sie um ihr Leben gekämpft hat, ist ganz unerträglich für mich. Ich kann das nicht vergessen.

Für mich ist klar, dass Becky gekämpft haben muss. So war sie einfach. Sie hatte eine raue Schale, aber die Menschen, die sie wirklich kannten – und das waren nur einige wenige –, wussten, dass sie einen sehr weichen Kern hatte. Es stimmt, dass sie sich Horrorfilme ansehen konnte, ohne mit der Wimper zu zucken, aber gleichzeitig heulte sie sich die Augen aus bei einem Film wie *Marley & Ich*. Was es bedeutet, dass Becky uns geraubt wurde, dass sie ermordet, zerstückelt und irgendwo verscharrt wurde, ist kaum zu beschreiben. Oft höre ich mir selbst zu, wie ich über Becky rede und Fragen über ihren Tod stelle, aber es ist immer, als würde ich über einen anderen Menschen reden, nicht über meine Kleine. Es ist surreal. Die Menschen, die in den Mord an Becky verwickelt waren, die sie zerstückelt und verscharrt haben, haben uns nichts hinterlassen als ein leeres Leben, Albträume über ihre letzten Augenblicke und ein Grab.«

Tanyas Statement brachte mich fast zum Weinen, aber ich schluckte den Kloß in meiner Kehle herunter und erinnerte mich daran, dass ich geschworen hatte, nicht zusammenzubrechen. Wir hatten in der Vergangenheit unsere Differenzen gehabt, mehr als genug davon, aber an diesem Tag stimmte ich jedem ihrer Worte zu. Nach dem Ende ihres Statements verharrte der gesamte Gerichtssaal in tiefem Schweigen, und ich sah, dass einige Geschworene sich die Augen tupften.

Dann kam William Mousley an die Reihe und erklärte dem Gericht, dass Nathan auf jeden Fall eine lebenslange Haftstrafe bekommen müsse. Die Entführung habe intensive Planung gebraucht und die Tatsache, dass Nathan den Leichnam zerstückelt und verscharrt habe, komme erschwerend hinzu.

Als nächster sprach Nathans Anwalt Adam Vaitilingam. Er wies darauf hin, dass lebenslange Haftstrafen ohne Möglichkeit einer früheren Entlassung nur in ganz besonders schrecklichen und außergewöhnlichen Fällen verhängt werden. Dann fügte er hinzu: »In unserem Land gibt es nur acht derartige Fälle, in denen es sich nicht um einen Serienmörder handelte.«

Ich schüttelte den Kopf. Was mich anging, so hatte es Nathan verdient, den Rest seines Lebens im Gefängnis zu verfaulen. Die Tatsache, dass er ein »Ersttäter« war, spielte für mich überhaupt keine Rolle.

Schließlich sprach Shaunas Anwalt Andrew Langdon. Er argumentierte, Shauna sei eine verletzliche Jugendliche gewesen, als sie Nathan kennenlernte, und allein niemals ein Verbrechen begangen hätte. Er behauptete sogar, Shauna sei eigentlich ein Opfer. Es schien uns allen, als klammerte er sich an diese Behauptung wie an einen Strohhalm.

Der Richter erklärte, er würde das Strafmaß gegen Shauna und Nathan um 14 Uhr verkünden – man vertagte sich zur Mittagspause. Auch wir verließen das Gebäude, da wir anderthalb Stunden zu warten hatten. Ich zitterte vor Sorge um das, was kommen würde, konnte nichts essen und auch kaum sprechen, weil ich mit meinen Gedanken immer noch im Gerichtssaal war. Wenn es doch nur endlich schon so weit wäre!

Schließlich war der lange erwartete Moment gekommen, wir wurden wieder hineingerufen. Jetzt würden wir erfahren, wie viel Zeit Nathan und Shauna hinter Gittern verbringen müssten.

Richter Dingemans begann seine Ausführungen, indem er über die bösartige Weise sprach, in der Nathan seine Familie nach Beckys Tod hinters Licht geführt hatte. »Mr Matthews und Miss Hoare belogen die Familie und die Polizei, indem sie vorgaben, sie wüssten nichts über Beckys Verbleib. Und dies zu einem Zeitpunkt, als sie bereits damit angefangen hatten, sie zu zerstückeln«, sagte er mit ernster Stimmt. »Jeder, der die beiden sah, auch die ersten Polizeibeamten, die sie befragten, fiel auf ihre besorgten Mienen herein. Dieser Betrug war besonders grausam und auch ungewöhnlich, und es ist sehr verständlich und gerechtfertigt, dass sie die Familie von Nathan Matthews und Shauna Hoare betrogen fühlt. Es ist außerdem offensichtlich, dass weder Nathan Matthews noch Shauna Hoare die Wahrheit darüber gesagt hat, was mit Becky passiert ist. Und ich kann die Frustration der Familie darüber gut verstehen.«

Dann fuhr er fort: »Ich bin aufgrund der Aussagen, die wir im Prozess gehört haben, absolut sicher, dass die geplante Entführung von Becky sexuelle Motive hatte. Aber ich bin auch der Ansicht, dass eine Haftstrafe ohne Möglichkeit einer vorzeitigen Entlassung dadurch nicht gerechtfertigt wird, zumal Nathan Matthews sich bisher nichts hat zuschulden kommen lassen und die Polizei schließlich doch noch zu Beckys Grab führte. Damit will ich den Verlust, den Beckys Familie erlitten hat, in keiner Weise kleinreden. Außerdem stellt das Verhalten von Nathan Matthews und Shauna Hoare nach der Tat, der Betrug an der Familie in der Phase, als überall verzweifelt nach Becky gesucht wurde, einen erschwerenden Faktor dar.

Nach meiner Ansicht ist die angemessen Strafe für Mr Matthews eine lebenslange Haftstrafe mit der Auflage, nach frühestens dreiunddreißig Jahren über eine vorzeitige Entlassung zu entscheiden. Das bedeutet, Mr Matthews, der jetzt achtundzwanzig Jahre alt ist, wird mindestens einundsechzig Jahre alt sein, wenn er das Gefängnis verlässt. Es ist gut möglich, dass es so weit gar nicht kommt.«

Ich seufzte erleichtert auf. Sarah drückte meine Hand. Als ich einen Blick auf Nathan warf, war er auf der Anklagebank nach vorn gesackt. Den Kopf hielt er gesenkt, sodass man sein Gesicht nicht sehen konnte.

Shauna wurde zu siebzehn Jahren Haft verurteilt. Der Richter erklärte, er sei überzeugt, dass ihre Verwicklung in das Verbrechen auf das Wesen ihrer Beziehung zu Nathan zurückzuführen sei. Sie zeigte absolut keine Gefühlsregung, als das Strafmaß verkündet wurde.

Ich war mit ihrer Strafe nicht so zufrieden, aber mir war vor allem wichtig, dass sie ins Gefängnis musste und dass Nathan wenig Aussicht auf eine vorzeitige Entlassung hatte. Gott allein weiß, was ich tun würde, wenn ich einen der beiden jemals wiedersähe.

Zum Schluss würdigte der Richter noch einmal uns, Beckys Familie. Es war ein ganz besonderer Moment, als er schwer schluckte, bevor er weitersprach. Die ganze Zeit war er eine starke Autoritätsperson gewesen, und so waren wir überrascht, dass er sich so hinreißen ließ. Mit zitternder Stimme sagte er: »Schließlich würde ich gern noch öffentlich Beckys Familie danken, die sich während dieses Prozesses so würdig verhalten hat. Es ist diesen Menschen – wie uns allen – nicht leichtgefallen, all die schrecklichen Aussagen während der Verhandlung mit anzuhören.«

Dann stand er schnell auf und verließ den Saal, mit gesenktem Kopf und Tränen in den Augen. Die erschrockenen Gesichter aller Prozessbeteiligten zeigte, dass seine Reaktion wirklich außergewöhnlich war. Sein Mitgefühl berührte mich wirklich sehr.

Später erfuhr ich, dass Richter Dingemans selbst drei Kinder hat in ähnlichem Alter wie Becky hat. Selbst ihn, einen Mann, der ständig Mordprozesse miterlebte, ließ Beckys Schicksal nicht kalt. Das brachte sie uns nicht zurück, aber sein Mitgefühl war doch ein kleiner Trost.

Als wir aufstanden, warf ich einen letzten Blick auf Nathan

und Shauna, die zum letzten Mal in ihre Zellen im Untersuchungsgefängnis geführt wurden. Sie sahen mich nicht an, aber der Schrecken stand ihnen ins Gesicht geschrieben. Es war nicht derselbe Schrecken, den Becky erlebt hatte, aber es war gut so, wie es war. Es war gerecht.

16

Was danach kam

Nach der Verkündung des Strafmaßes sagten mir Sam und
Sarah, einige Geschworene wären an sie herangetreten und
hätten sie gebeten, uns ihr Mitgefühl auszusprechen. Ich
wollte gern mit den Leuten reden, und so verabredeten wir
ein Treffen mit fünf Mitgliedern des Gerichts in einem Pub
in Wetherspoon, gleich um die Ecke vom Gericht in Bristol.
Sie stellten sich vor, und ich dankte ihnen dafür, dass sie die
beiden Ungeheuer hinter Gitter gebracht hatten.

»Sie können sich gar nicht vorstellen, was das für mich
und meine Familie bedeutet«, sagte ich, schüttelte ihnen
die Hände und umarmte jeden Einzelnen. »Ich danke Ihnen aus tiefstem Herzen, dass sie all die bösartigen Lügen
durchschaut haben. Ich wollte immer nur Gerechtigkeit für
Becky, und Sie haben das für uns zustande gebracht.
Danke.«

Wir feierten mit ein paar Drinks, aber es war auch viel
Bitterkeit dabei. Wir waren froh, dass Beckys Mörder eingesperrt wurden, aber natürlich würde das alles Becky nicht
zurückbringen. Jedes Mal, wenn die Geschichte im Fernsehen gebracht wurde, stießen wir mit den Gläsern an, jubelten und brachten einen Toast auf Becky aus. Aber so groß
die Erleichterung über die Verurteilung von Nathan und
Shauna auch war, die Lücke in meinem Leben blieb.

Nathans Strafe war das bestmögliche Ende des belasten-
den, fünf Wochen andauernden Prozesses, aber ich fragte
mich oft, ob damit wirklich der Gerechtigkeit Genüge getan worden war. Nathan und Shauna würden es im Gefäng-

nis schön warm haben, sie würden jeden Tag drei Mal zu essen bekommen, Musik hören und vielleicht Freundschaften schließen. Nathan würde wohl mindestens dreiunddreißig Jahre einsitzen, das heißt, er wird frühestens im Alter von einundsechzig Jahren freikommen. Aber ich fragte mich durchaus, ob er nicht mit dem Leben hätte bezahlen müssen. Und das sagte ich den Presseleuten auch. Ich wollte nicht, dass er jemals im Leben wieder glücklich würde.

Shaunas vergleichsweise milde Strafe von siebzehn Jahren machte mich nicht wirklich froh. Sie war einundzwanzig Jahre alt, und wenn sie die Hälfte ihrer Strafe absaß, würde sie mit dreißig wieder draußen sein. Sie würde also durchaus die Chance haben, sich ein eigenes Leben aufzubauen – im Gegensatz zu Becky. Trotzdem war ich froh, sie hinter Gittern zu wissen. Manchmal hatte ich befürchtet, das Gericht würde ihre unglaubwürdige Geschichte glauben, sie hätte von Nathans Verbrechen keine Ahnung gehabt hatte und sich auch bei dem Lärm nichts gedacht. Und bei dem Geruch, als er Becky in ihrem Badezimmer zerstückelte.

Wohin wir auch gingen, sahen wir Beckys Namen und Gesicht auf den Zeitungsseiten. Und jedes Mal, wenn ich den Fernseher einschaltete, sah ich Anjie und mich auf der Treppe zum Gericht im Blitzlichtgewitter. Plötzlich berichteten alle über den Mordprozess. Es war keine Lokalstory mehr, auch in den landesweiten Medien kamen wir vor. Wir waren ziemlich überfordert. Ein Mord an der Stiefschwester kommt nicht alle Tage vor – für die Medien war es ein ungewöhnlicher Fall, eine Sensation.

Wir beschlossen, der *Sun* und *BBC Points West Interviews* noch am gleichen Tag zu geben. Am Donnerstag, dem 12. November, einen Tag nach dem Urteil, waren wir auch bei *Good Morning Britain*. Diese Interviews waren sehr anstrengend, und wir konnten uns nie daran gewöhnen, über die schrecklichen Folgen von Beckys Tod zu sprechen. Aber andererseits war es mir wichtig, unseren Blickwinkel zu vertreten und die allgemeine Aufmerksamkeit wieder auf meine schöne, liebevolle Tochter zu lenken.

Das erste Live-Interview ging uns echt an die Nerven. Ich war noch nie im Fernsehen gewesen, und *Good Morning Britain* kennt nun mal jeder. Ich versprach mir, nicht zu viel zu fluchen und nicht vor der Kamera wütend zu werden. Anjie und ich mussten sehr früh aufstehen, und nach der Anspannung des Vortages fühlten wir uns beide sehr wackelig. Wir wurden von den Moderatoren Susanna Reid und Ben Shephard interviewt, und als es losging, wurden wir zu ihnen auf das berühmte Sofa gebracht.

»Darren, wie haben Sie sich gestern gefühlt, als die Urteile gesprochen wurden?«, fragte Susanna, nachdem sie uns für unser Kommen gedankt hatte.

»Sehr erleichtert, muss ich zugeben«, antwortete ich ehrlich. »Aber es ist auch viel Bitterkeit dabei.«

Dann schaute Ben Anjie an. »Nathan ist ja Ihr Sohn«, sagte er. »Und er hat dieses widerwärtige Verbrechen begangen. Wie haben Sie sich gefühlt, als sie ihn im Gerichtssaal sahen, beim Urteil und während der Verhandlung?«

»Es widert mich an«, sagte Anjie und schüttelte den Kopf. »Ich kann es einfach nicht verstehen.«

»Wir waren wie gelähmt vor Entsetzen«, fügte ich hinzu.

»Aber hatten Sie noch das Gefühl, dass dies der kleine Junge ist, den Sie aufgezogen haben und dem Sie Ihre ganze Mutterliebe geschenkt haben?«, fragte Ben weiter.

»Nein«, erwiderte sie fest. »Er ist ganz anders geworden. Er ist nicht mehr das Kind, an das ich mich erinnere.«

Susanna und Ben fragten uns dann, ob wir je etwas von dem Zorn gespürt hätten, den Nathan auf Becky in sich trug.

»Nur die normale Rivalität unter Geschwistern«, erwiderte ich. »Und nicht mal in irgendeiner schlimmen Form. Wir haben es wirklich nicht kommen sehen. Als Becky verschwunden war, hat er mir geholfen, Fotos von ihr auf Facebook zu posten, damit noch mehr Menschen bei der Suche halfen. Wir haben sie gemeinsam gesucht. Als er verhaftet wurde, haben wir immer noch gedacht, das muss ein Missverständnis sein. Wir haben ihm und seiner Freundin vertraut, und der Verrat schmerzt jetzt umso mehr. Wir haben alle unsere Kinder geliebt, auch wenn sie nicht die gleiche DNA hatten. Das war uns egal. Wir haben sie geliebt, wir waren doch eine Familie.«

Als sie gefragt wurde, wie sie jetzt über Nathan dachte, sagte Anjie: »Ich liebe ihn immer noch. Es fällt mir nur so schwer, zu sehen, in was für ein Ungeheuer er sich verwandelt hat.«

»Was in ihrer Familie passiert ist, was das Kind des einen Elternteils dem des anderen angetan hat, könnte eine Beziehung schwer erschüttern. Wie haben Sie es geschafft, trotz allem zusammen zu bleiben?«, fragte Susanna und sah uns eindringlich an.

»Seit wir uns zum ersten Mal gesehen haben, wussten wir, dass wir zusammengehören«, sagte ich. »Ich kann nur den Tätern etwas vorwerfen, Anjie ist unschuldig. Sie hat keine Kontrolle über Nathan und das, was er tut. Er ist ein erwachsener Mann. Wir leben einen Tag nach dem anderen, nur so können wir es schaffen. Und es ist jeden Tag ein Kampf. Schon das Aufstehen am Morgen ist schwer.«

Sie fragten Anjie, ob sie Nathan im Gefängnis besuchen wolle. Sie zögerte ein wenig, bevor sie antwortete. »Vielleicht.« Eines Tages, wenn sie stark genug ist, will sie ihn fragen, warum er unserer Familie so viel Schmerz zugefügt hat.

»Leider hat er bei seiner Befragung die ganze Zeit gelogen«, ergänzte ich. »Wir wollten die Wahrheit hören, aber das war nicht möglich.«

Und wir waren nicht die Einzigen, die das Gefühl hatten, von Nathan und Shauna noch nicht die Wahrheit gehört zu haben. Der leitende Ermittler, Detective Superintendent Mike Courtiour, sagte der Presse, seine Beamten seien sehr frustriert, weil sie den Ablauf der Ereignisse nach wie vor nicht rekonstruieren könnten. »Niemand weiß genau, was passiert ist. Wir haben einen Bericht von Nathan Matthews. Aber wie es genau passiert ist, weiß keiner. Das ist für die Polizisten, die Staatsanwaltschaft und die Familie des Opfers sehr frustrierend.«

Ich selbst habe ebenfalls jede Menge Fragen. Nathan und Shauna schulden uns einen vollständigen, wahrheitsgemäßen Bericht über die letzten Momente im Leben unserer Tochter. Es wäre furchtbar, diesen Bericht hören zu müssen, aber die Fakten können kaum schlimmer sein als die Bilder, die meine Phantasie mir vorspielt. Vielleicht wird uns einer der beiden irgendwann den Gefallen tun und reden.

Am Morgen nach der Urteilsverkündung wachte ich mit einem schrecklichen Gefühl auf. Es war nicht nur ein Kater, sondern eine überwältigende Trauer. In den vergangenen neun Monaten hatten wir nur einen Lebenszweck gekannt: Gerechtigkeit für Becky. Jetzt hatten wir das erreicht, und alles, was uns blieb, waren Kummer und Herzschmerz.

Als ich aufstand, sah ich Marley in der Diele stehen. Er schaute zu mir auf und miaute laut. Sein Blick und die Tatsache, dass er immer Beckys Katze gewesen war, ließ alle Schleusen in mir aufgehen – ich brach total zusammen. Den Rest des Tages weinte ich mit schweren, herzzerreißenden Schluchzern, die mich schüttelten. Meine Augen waren blutrot. Absolut nichts und niemand konnte mich trösten.

Während des Prozesses hatte ich mich nach Kräften bemüht, cool zu bleiben. Nathan sollte mich nicht weinen sehen. Ich hatte ihn die ganze Zeit angestarrt, aber er hatte meinen Blick nie erwidert. Das zeigte nur, was für ein Feigling er war. Seine absurde Geschichte, er habe Becky »eine Lektion erteilen« wollen, kam bei niemandem an, und das wusste er wohl auch. Deshalb schaute er mich und seine Mutter im Gerichtssaal nicht an. Er wagte es wohl auch nicht. Ich denke, was auch immer er mit Becky vorhatte, ihm war klar, dass es mit ihrem Tod geendet hätte. Niemals hätte ich mich damit abgefunden, dass er meine Tochter entführte, in einen Wald zerrte und dort folterte oder terrorisierte. Ich wäre unglaublich wütend geworden, er wäre seines Lebens nicht mehr froh geworden. Und ich hätte ihn natürlich angezeigt. Das wusste er – und deshalb hatte er gar keine andere Wahl, als sie umzubringen.

Die Tage nach der Urteilsverkündung fühlten sich an wie nach dem Abwurf einer Atombombe. Wir waren immer noch sehr aufgeregt und konnten uns kaum beruhigen. Was wir im Gerichtssaal gehört hatten, ging mir nicht aus dem Kopf. Die Bilder von Nathan, der mein armes Mädchen erstickt und dann wie Hundefutter zerstückelt, waren kaum zu ertragen. Aber gleichzeitig konnte ich nicht aufhören, daran zu denken und mich zu fragen, was Becky wohl in diesen letzten Augenblicken gedacht hatte. Ich konnte nur hoffen, dass sie nicht zu lange gelitten hatte.

Das war der Tiefpunkt für mich. Ich konnte kaum noch aus dem Haus gehen, und auch mit Anjie konnte ich kaum reden, weil ich meine Qual nicht in Worte fassen konnte. Plötzlich tauschten Anjie und ich die Rollen. Sie kümmerte sich um mich, ich war ein gebrochener Mann.

Der Schock, herauszufinden, wie Nathan und Shauna wirklich waren, war einfach zu viel für mich. Meine Gefühle schwankten zwischen tödlicher Verzweiflung und Mordgelüsten. Ich verstand Nathan nicht. Wie konnte er gegenüber einem Familienmitglied so gewalttätig und brutal sein? Und ohne jeden Grund? Was um Himmels willen war mit ihm passiert?

Zwischendurch dachte ich, er hätte vielleicht beschlossen, Becky aus dem Weg zu räumen, weil er das Haus haben wollte. Seit er mit Shauna zusammen war, arbeitete er kaum noch und tat so, als schulde ihm die Welt etwas. Aber um das Haus zu bekommen, hätte er auch Danny ermorden müssen. Meine Gedanken schlugen Salto, ich suchte verzweifelt nach einer Antwort, die irgendeinen Sinn ergab.

Von seinen perversen Schulmädchenphantasien hatte ich keine Ahnung gehabt, und es machte mich krank, mir vorzustellen, dass Becky Teil seiner üblen Spiele gewesen sein könnte. Ich dachte an das eine Mal, als er junge Mädchen in seinem Auto mit zu uns nach Hause gebracht hatte. Damals hatte ich wirklich gedacht, er machte nur Spaß, aber Shauna war auch noch sehr jung gewesen, als die beiden sich kennenlernten. Nathan stand nicht auf Becky, das wusste ich, und der bloße Gedanke daran, hätte mir auch eine Gänsehaut bereitet. Aber der Richter schien zu glauben, dass es sich um einen »Mord aus sexuellen Motiven« handelte. Ich glaube nicht, dass ich jemals begreifen werde, was in Nathans Kopf vor sich ging.

Neben meiner Trauer hatte ich auch entsetzliche Schuldgefühle, die ständig an mir nagten. Warum war ich nicht da gewesen, um meine Tochter zu beschützen? Warum hatte ich nicht gemerkt, was mit Nathan los war? Ich hätte auf mein Bauchgefühl hören und Shauna gar nicht erst ins Haus lassen sollen. Ich glaube wirklich, dass die Verbindung zwischen Nathan und Shauna wie ein Gift wirkte. Wenn sie mit dem Mord an Becky davongekommen wären, hätten sie weitergemacht. In meinen Augen hätten sie zu einer Neuauflage von Fred und Rose West werden können, diesem entsetzlichen Paar, das zehn junge Frauen gequält und ermordet hatte.

Als Fred, der mindestens zwölf Frauen ermordet hatte, 1994 wegen des Mordes an seiner Tochter Heather zum ersten Mal verhaftet wurde, gestand er das Verbrechen und erklärte, Rose sei unschuldig. Dann wurden aber weitere Leichen gefunden, die zerstückelt in der Nähe ihres Hauses in der Cromwell Street in Gloucester vergraben worden waren. Im Gegensatz zu Fred gab Rose die Morde nie zu. Sie tat immer so, als hätte sie von den Verbrechen ihres Mannes nichts gewusst, aber die Indizien waren stark genug, um wegen zehn Morden Anklage gegen sie zu erheben. Fred brachte sich noch in der Untersuchungshaft um, Rose wurde im Oktober 1995 vor Gericht gestellt, neun Monate nach seinem Selbstmord. Einen Monat später wurde sie für schuldig befunden und zu lebenslanger Haft mit anschließender Sicherungsverwahrung verurteilt. Ich wünschte wirklich, Shauna hätte ebenfalls eine lebenslange Haftstrafe bekommen.

Sarah sagt, wir hätten nichts tun können. Nathan und Shauna hätten die Tat auf jeden Fall begangen. Sie glaubt, wenn es nicht Becky gewesen wäre, dann ein anderes bedauernswertes Mädchen. Immerhin ist es für uns als Familie ein Trost, dass sie jetzt eingesperrt sind und niemandem mehr schaden können.

Ich hatte schon vorher Albträume über den Mord gehabt, aber nachdem ich die brutalen Einzelheiten im Prozess gehört hatte, wurden sie noch viel schlimmer. Mein Arzt verschrieb mir sehr starke Schlaftabletten, aber ich brauchte trotzdem vor dem Zubettgehen noch ein oder zwei kräftige Drinks, um den Lärm in meinem Kopf abzustellen. Die Tage verschwammen ineinander, ich konnte sie nicht mehr auseinanderhalten. Einmal versuchte ich, meinen Chef im Büro anzurufen – am Sonntagnachmittag.

Mit zusammengebissenen Zähnen hatte ich den Prozess durchgehalten, aber davon wurde nichts besser. Selbst als ich wusste, dass Nathan und Shauna jetzt im Gefängnis verfaulten, wie sie es verdient hatten, litt ich so sehr unter meiner Depression, dass ich Selbstmordgedanken entwickelte. Es war klar, dass ich Hilfe brauchte. Meine Familie war unglaublich hilfsbereit, aber ich brauchte mehr als das, und unsere Opferhelferin Chrissy meldete mich für eine Traumatherapie an.

In der ersten Sitzung ermutigte mich die Therapeutin, über meine Gefühle zu sprechen und meinem Zorn Ausdruck zu verleihen. Ich war nicht glücklich darüber, konnte sie denn ahnen, wie viel Zorn in mir war? Mehr, als ich in meinem ganzen Leben empfunden hatte. Normalerweise bin ich nicht nachtragend, aber diese rot glühende, überwältigende Wut wurde ich einfach nicht los. Mit der Zeit spürte ich jedoch, dass die Gespräche mit der Therapeutin halfen, und ich werde die Behandlung noch ein Jahr fortsetzen. Auch das Schreiben dieses Buches hat geholfen, und ich will jetzt wieder anfangen zu arbeiten. Erst einmal in Teilzeit, um mich langsam wieder daran zu gewöhnen. Ich mache allmählich Fortschritte, kleine Fortschritte, ohne allzu viel Druck.

Am 21. November 2015 wurde Anjie fünfzig Jahre alt. Trotz meiner eigenen Qual wollte ich etwas Schönes für sie arrangieren. Sie hatte mich während dieses schrecklichen Jahres so sehr unterstützt, ihr Geburtstag sollte etwas ganz Besonderes werden. Also bat ich Sarah, mit mir eine große Party zu organisieren, und wir beschlossen, ein Kostümfest auszurichten. Anjie gefiel die Idee – wir kamen als Antonius und Kleopatra. Wir luden die ganze Familie in den Labour Club in St. George ein, wo wir auch Beckys Geburtstag gefeiert hatten. Es war eine Art Tradition für uns, dort Geburtstage zu feiern.

Wir hatten den Gästen nicht gesagt, dass wir schon eine Geburtstagstorte hatten, und so gab es am Ende fünf. Das machte aber natürlich nichts. Eine Torte, die von unseren Unterstützerinnen Joanne und Michelle, war mit einem wunderschönen Foto von Becky verziert. Das gefiel Anjie sehr. Wir hoben diese Verzierung als Erinnerung auf.

Beckys Freunde Courtney, Teela, Adam und natürlich Luke nahmen auch an Anjies Party teil – eine nette Überraschung. Adam hatte sich als Siebzigerjahre-Stenz verkleidet; er trug einen weißen Anzug und jede Menge Goldketten, eine riesige Sonnenbrille und einen weißen Hut mit einer Feder dran. Er sah unglaublich aus, ich verschluckte mich fast an meinem Drink, als ich ihn sah. Wir hätten es verstanden, wenn die vier jetzt einfach ihr eigenes Leben weitergelebt hätten, aber sie hielten den Kontakt mit uns, wo immer es möglich war, und wir freuten uns darüber. Es sind tolle Kids, Becky hat Glück gehabt, solche Freunde zu finden.

Ich freute mich, dass Anjie einen so schönen Abend verlebte. Sie hatte es verdient, endlich mal wieder zu lächeln, nachdem sie so viel durchgemacht hatte. Jahrelang hatte sie sich um mich und meine Familie gekümmert, und jetzt hatte ihr Sohn alles zerstört, was wir uns aufgebaut hatten. Ich verbrachte an diesem Abend viel Zeit damit, sie anzusehen, wie sie mit Freunden lachte, und dankte meinem Glücksstern, dass wir nach allem, was wir erlebt hatten, immer noch zusammen waren.

Weihnachten stand vor der Tür, und wir wussten, dass wir es zu Hause nicht aushalten würden. Sonst war das Weihnachtsfest immer der Höhepunkt des Jahres für uns gewesen, und Becky hatte es besonders geliebt. Noch mit sechzehn hatte sie Anjie und mich früh um sieben geweckt, damit wir mit ihr Geschenke auspackten. Nathan und Shauna waren mit ihrer Kleinen gekommen, und wir hatten einen schönen Familientag zusammen verbracht. Natürlich war Danny noch bei uns, aber er war im September, kurz vor dem Prozess, mit seiner Freundin zusammengezogen, und so sahen wir ihn nicht mehr sehr oft. Vermutlich würden also Anjie und ich das erste Weihnachtsfest ohne Becky allein verbringen, und davor graute mir. Es gab zwar viele Einladungen von Verwandten und Freunden, aber wir beschlossen, eine Woche wegzufahren, nur wir zwei. Wir kauften früh die Weihnachtsgeschenke für unsere Neffen und Nichten und beschlossen, wieder zu Butlin's zu fahren. Zu Weihnachten waren wir noch nie dort gewesen, und wir hofften, es würde sich besser anfühlen als beim letzten Mal, kurz vor Beckys Beerdigung. Wir fuhren am Mittwoch, dem 23. Dezember los und erklärten unserer Verwandtschaft, wir würden uns im neuen Jahr wiedersehen.

Alles in allem war es eine schöne Reise. Diesmal gingen wir positiver mit unseren Gefühlen um und stellten die fröhlichen Erinnerungen an Becky in den Vordergrund. Dabei half uns das Wissen, dass ihre Mörder hinter Gittern saßen und dass der Prozess hinter uns lag. Jetzt mussten wir nur die seelischen Verletzungen heilen, um mit unserem Leben weitermachen zu können.

Am Heiligabend tranken wir beide absichtlich ein bisschen zu viel. Anjie trinkt sonst nie besonders viel, es war eher ungewöhnlich für sie. Aber wir wollten einfach am Weihnachtstag möglichst lange schlafen und nicht früh um sieben die Augen aufmachen und uns fragen, warum Becky nicht ins Zimmer stürmte. Außerdem vermissten wir unser Enkelkind ganz schrecklich. Wir hatten die Kleine seit dem Mord erst ein paar Mal gesehen. Und irgendwie vermisste Anjie sicher auch Nathan, obwohl sie es nicht zugab. Ich hatte damit zu kämpfen, aber irgendwann verstand ich sie. Nathan war nun mal ihr Sohn, und diese Verbindung kann man nicht einfach kappen, so sehr man es auch versucht.

Wir aßen zu Abend und schauten ein bisschen fern, und irgendwie gelang es uns, unser Elend für ein paar Stunden zu vergessen. Wir tauschten sogar ein paar Erinnerungen an frühere Weihnachtsfeste aus und lachten, als wir daran dachten, wie aufgeregt Becky immer gewesen war. »Was auch immer passiert sein mag, wir können immer sagen, dass wir alles für unsere Kinder getan haben«, sagte Anjie zu mir, als wir mit unserem Drink dasaßen. »Das allein ist schon wert, gefeiert zu werden.«

Ich nickte lächelnd. Die Kinder waren immer meine Welt gewesen, die Mitte meines Universums, und Anjie ging es nicht viel anders. So groß die Versuchung auch war, uns Vorwürfe zu machen für das, was passiert war, wussten wir doch, mehr hätten wir für unsere Familie nicht tun können. Das tröstete mich, jedenfalls für eine Weile.

Sarah rief uns an und übermittelte gute Neuigkeiten. Sie war in Speedwell gewesen und hatte Weihnachtsschmuck an Beckys Baum gehängt, und sie konnte berichten, dass er trotz des winterlichen Wetters schnell gewachsen war und jetzt der größte von den fünfen war, die vor ein paar Monaten dort gepflanzt worden waren.

»Das sieht meinem Mädchen ähnlich«, sagte ich mit einem Grinsen.

Zu Silvester, meinem Geburtstag, fuhren wir nach Hause. Und wieder beschlossen die Galsworthys, es sei Zeit für eine Party. Wenn es jemals eine Gelegenheit gegeben hatte, richtig zu feiern, dann jetzt, nach elf traumatischen Monaten. Sarah und Anjie mieteten wieder den Labour Club, und wir trafen uns, um das neue Jahr zu begrüßen und meinen zweiundfünfzigsten Geburtstag zu feiern.

Ich persönlich konnte es kaum abwarten, dass das Jahr 2016 begann. Ich hoffte, es würde Anjie mehr Gesundheit und mir und der ganzen Familie etwas Frieden bringen. Und ich hoffte, der Schmerz würde nachlassen und wir würden mit unserem Leben weitermachen können, obwohl mir klar war, dass es nicht einfach würde. Ganz begeistert waren wir, als Danny verkündete, dass er und seine Freundin Sarah sich verlobt hatten – und erschien das wie ein gutes Omen. Als wir den Countdown bis Mitternacht herunterzählten, schaute ich all die Menschen um mich herum an, auf die ich mich im vergangenen Jahr 2015 so sehr hatte verlassen können. Wie dankbar ich für die Unterstützung durch meine Familie war, als ich mein Glas auf die Zukunft erhob! Eine Zukunft ohne Becky, Nathan und Shauna, aber eine Zukunft, die uns hoffentlich zur Heilung führen würde und uns die Kraft geben würde, irgendwie weiterzumachen.

Im Januar 2016 teilte mir die Polizei mit, ich könnte einige Sachen von uns abholen, die Nathan über Jahre in seinem Haus aufbewahrt hatte. Ich wusste gar nicht, dass er so vieles hortete, denn obwohl Nathan und Shauna oft bei uns gewesen waren und ich sie auch oft gefahren hatte, war ich nur selten in ihrem Haus gewesen.

Ich wollte das Haus betreten, vor allem das Badezimmer, in dem Nathan Becky zerstückelt hatte. Ich weiß, wie morbid das klingt, aber ich dachte mir, wenn ich es mit eigenen Augen sähe, würde es mir helfen, damit zurechtzukommen. Allerdings gab es keine Gelegenheit dazu. Stattdessen wurde ich auf eine nahegelegene Polizeiwache eingeladen, wo man mir eine Tüte mit unseren Sachen gab. Campingausrüstung, die sich Nathan irgendwann ausgeliehen hatte, ein paar Kabel und ein Fernseher. Etwas enttäuschend, aber ich sagte mir, vielleicht sei es besser so.

Am Freitag, dem 19. Februar, jährte sich der Tag von Beckys Verschwinden. Wir wollten keinen Zorn und keine Bitterkeit spüren, sondern an diesem Tag an alles denken, was wir an ihr geliebt hatten: ihr Lachen, ihren schrägen Humor, ihre Kreativität und ihren Sinn für Stil. Den größten Teil ihres Lebens hat sie als Mauerblümchen weit weg von der Welt verbracht, aber in unserer Welt musste man durchaus mit ihr rechnen. Ihre Liebe und ihre entschlossene Treue ihren Freunden und ihrer Familie gegenüber leuchteten ihr förmlich aus den Augen, und ich war sehr stolz auf sie. Die ganze Aufmerksamkeit hätte ihr gar nicht gefallen, aber ich bin froh über die Gelegenheit, der ganzen Welt zu sagen, wie wunderbar meine schöne Bex war. Sie war mein Ein und Alles, und sie wird mir immer fehlen.

Der Schmerz ist noch sehr frisch, aber wir versuchen, die Bruchstücke unseres Lebens so gut wie möglich aufzusammeln. Unsere fantastische Betreuerin Ziggy hält regelmäßig Kontakt zu uns, nachdem Jo in Rente gegangen ist. Nach wie vor haben wir keine Ahnung, aus welchem Grund Nathan Becky ermordet hat, und wir wünschen uns dringend Antworten. Sobald sie sich stark genug fühlt, will Anjie Nathan im Gefängnis besuchen. Sie will ihn direkt fragen, warum er uns Becky weggenommen hat. Sie braucht einen Schlussstrich. Und ich auch.

Ich könnte Nathan nicht gegenübertreten, dafür ist mein Zorn zu stark, aber ich unterstütze Anjie sehr in diesem Plan. Trotz unserer Verwirrung, was seine Motive angeht, weiß ich, dass er nicht nur Becky gehasst haben muss, sondern auch mich. Sonst hätte er nicht den einen Menschen umgebracht, der mir alles bedeutete. Er muss gewusst haben, wie viel Leid er mir damit bereitet. Vielleicht ist sein Hass über die Jahre gewachsen, weil er das Gefühl hatte, ich würde ihm die Zuneigung seiner Mutter wegnehmen. Vielleicht hat er mir überhaupt immer übelgenommen, dass ich in sein Leben getreten bin und zwei eigene Kinder mitgebracht habe.

Offenbar hat es Nathan überhaupt nichts bedeutet, dass ich in all der Zeit sehr viel für ihn getan habe und dass ich ihm immer wieder gesagt habe, wie stolz ich auf ihn bin und dass ich ihn als meinen Sohn betrachte. Das ist für mich besonders schwer. Der Junge, den ich kannte, der so gern Warhammer-Figuren zeichnete und mit dem Moped herumfuhr, ist für mich gestorben. Ich habe Nathan geliebt. Vielleicht hat er es nicht gespürt, weil sein Geist immer verwirrter und verdrehter wurde, aber alle anderen haben es deutlich gesehen. Ich habe ihm gegeben, was ich zu geben hatte – Begleitung, finanzielle Hilfe und vor allem Liebe. Und er hat das alles aus unerfindlichen Gründen einfach weggeworfen.

Vor allem aber kann ich ihm nicht vergeben, was er seiner Mutter angetan hat. Nathan hat immer behauptet, er würde seine Mum lieben, aber ihre Gesundheit hat unter dem Stress im vergangenen Jahr sehr gelitten. Während des Prozesses hat er sie nicht ein einziges Mal angesehen, aber nach dem Prozess stellte sich heraus, dass er ihr in der Untersuchungshaft einen Brief geschrieben hat, kurz nachdem sie vergeblich um eine Besuchserlaubnis gebeten hatte. Der Brief war ein einziges fast unleserliches Gekritzel und enthielt kein Wort des Bedauernd. Er hatte geschrieben:

Hallo, Mum, ich habe gehört, du wolltest mich fragen, warum, und ich weiß, dass du sehr verwirrt bist. Es tut mir leid, aber man hat mir geraten, im Moment nicht über mei-

nen Fall zu reden, weil alles, was ich sage, fehlinterpretiert
werden könnte. Aber ich hoffe, du kannst vielleicht ein biss-
chen Trost und Stärke finden, wenn ich dir sage, dass es
keine Absicht war. Hab dich lieb X

Keine Antworten. Anjie litt sehr darunter. Als man uns
endlich von dem Brief erzählte, den man uns acht Monate
lang vorenthalten hatte, hoffte sie, er würde darin wenigstens um Verzeihung bitten. Aber so wie es war, wurde sie
nur noch verbitterter, verletzter und zorniger.

Ich weiß, wir werden uns von dem Mord nie ganz erholen. Aber ich bin unglaublich stolz auf all die Unterstützung, die wir im ganzen Land erfahren haben, vor allem in Bristol. Immer waren wir von Menschen umgeben, wenn wir es brauchten. Sie haben uns Kraft, Freundschaft und Liebe geschenkt. Die vielen Menschen, die an
der Beerdigung teilnahmen, haben uns gezeigt, wie sehr
Becky geliebt wurde und wie sehr unsere Stadt uns unterstützte. Sie haben mir den Glauben an die Menschheit
zurückgegeben, und ich verneige mich vor so viel Freundlichkeit.

Bis heute spreche ich ständig mit Becky, und ihr Zimmer
ist für mich ein Ort des Trostes. Ich weiß, ich werde sie irgendwann auf der anderen Seite wiedersehen. Im Moment
halte ich mich jeden Tag aufs Neue an die Worte, die mein
Dad bei ihrer Beerdigung gesungen hat:

There's a place for us,
A time and space for us.
Hold my hand and we're halfway there
Hold my hand and I'll take you there,
Somehow, someday, somewhere.

Es gibt einen Ort für uns,
eine Zeit und einen Platz für uns.
Nimm meine Hand, dann sind wir schon fast da,
nimm meine Hand, ich nehme dich mit,
irgendwie, irgendwann, irgendwo.

Nachwort von Anjie Galsworthy

Wenn ich gefragt werde, wie ich das vergangene Jahr erlebt habe, weiß ich kaum, was ich antworten soll. Wie soll man die Niedergeschlagenheit, Verzweiflung und alles zerstörende Trauer beschreiben, die man empfindet, wenn die gesamte Familie zerrissen wird? Wie soll man erklären, dass man einmal ein glückliches Leben voller Liebe und Lachen geführt hat, wo jetzt nur noch Leere herrscht?

Viele Leute sagen, sie können nicht glauben, dass mein Mann Darren und ich immer noch zusammen sind, nachdem mein Sohn Nathan seine Tochter Becky brutal ermordet hat. Und es ist richtig, diese Erfahrung war eine unglaubliche Prüfung für uns. Aber um die Wahrheit zu sagen: Darren und ich sind deshalb gemeinsam so stark, weil uns gar nichts anderes übrig blieb. Wir haben ja nur einander, niemand sonst könnte den Schmerz, die Verwirrung und den Verrat verstehen. Den Verlust, den wir empfinden, nicht nur, weil unsere Becky nicht mehr da ist, sondern weil wir einen so großen Teil unserer kostbaren Familie verloren haben, ist unbeschreiblich.

Mein Haus, das jetzt so leer ist, war ein Heiligtum, ein Zufluchtsort, ein Ort, an dem sich meine Kinder sicher fühlen konnten. Und ein Ort, an dem Darren und ich mit der Familie leben konnten, die wir uns beide immer gewünscht hatten. Es gab schwierige Zeiten, aber wir kämpften uns durch. Wir wussten, das, was wir da hatten, war wirklich etwas Besonderes.

Jetzt laufen Darren und ich durch das Haus und wissen mit uns selbst nichts anzufangen. Wir sind froh, dass es Danny gibt und dass unsere weitere Familie uns so liebevoll unterstützt, aber unser Leben wird nach Beckys Tod nie mehr so sein wie früher.

Von dem Augenblick an, als ich Becky zum ersten Mal sah, war ich verliebt in sie. Sie wickelte mich mit ihren großen braunen Augen und dem niedlichen Lächeln sofort um den Finger. Und sie liebte mich. Sie war einfach meine Tochter. Wenn ich heute an sie denke, dann versuche ich mich an die guten Zeiten zu erinnern, die wir zusammen hatten, und nicht an ihr tragisches Ende. Ich habe Hunderte von glücklichen Erinnerungen an sie, die mir niemand nehmen kann. Als Kind war sie immer an meiner Seite, wie mein verkleinerter Schatten. Meistens hatte sie die Arme um meinen Hals gelegt und klammerte sich an mir fest. Ich fand das nicht lästig, sondern liebe ihre Zärtlichkeit und wollte sie beschützen. Sie war ein nettes kleines Mädchen, und es war mir wichtig, gut für sie zu sorgen.

Als sie herausfand, dass ich nicht ihre biologische Mutter war, weinte sie stundenlang – und ich weinte mit ihr. Für mich war und blieb sie meine Tochter, und es brach mir das Herz, sie so verzweifelt zu sehen. Ich fürchtete um unsere Verbindung, hatte Angst, dass von jetzt an etwas fehlen würde. Aber da irrte ich mich sehr. Unsere Beziehung wurde dadurch noch stärker.

Ich vermisse Becky so sehr, dass es mir körperliche Schmerzen bereitet. Ich kann es kaum ertragen, ihr Zimmer zu betreten, wo wir uns zusammenkuschelten, wo ich ihr vorlas und wo sie als Teenager so viel Zeit verbrachte. Das Zimmer, in dem sie ermordet wurde. Nicht einmal die Katze mag dort noch schlafen. Das Haus ist unheimlich still. Ich würde alles tun, um sie noch einmal hereinkommen zu sehen. Wenn die Tür ins Schloss fällt, wenn sie sich neben mich aufs Sofa fallen lässt, wenn wir ein bisschen plaudern – über das Leben, Jungs, ihre Hoffnungen und

Träume. Ich glaube, Becky wäre zu einer guten, freundlichen und entschlossenen jungen Frau herangewachsen. Ihr Leben hatte gerade erst begonnen, sie hatte ihr Selbstbewusstsein gefunden, wollte hinausgehen in die Welt und sich ihren Weg suchen. Es ist eine elende Schande, dass sie keine Chance hatte, das zu tun.

Ich liebte Becky auch deshalb so sehr, weil sie ihren Vater sehr ähnlich war. Beide gaben es nicht gern zu, aber es war so. Sie hatten beide einen ziemlichen Dickkopf, waren ihren Freunden und ihrer Familie endlos treu, und es gab noch viele weitere gemeinsame Züge. Ich amüsierte mich immer, wenn die beiden sich stritten, weil sie so ähnlich klangen. Sie war ein hübsches Mädchen, das kann wohl niemand leugnen. Aber sie wusste es nicht. Sie fand ihre Nase schrecklich und machte ihrem Vater Vorwürfe, weil er sie an sie vererbt hatte. Jahrelang litt sie unter mangelndem Selbstbewusstsein und war furchtbar schüchtern, aber als sie endlich ihr Schneckenhaus verließ, war es wunderbar.

Oft werde ich gefragt, wie meine Gefühle für Nathan sind, nach allem, was er getan hat. Natürlich liebe ich ihn immer noch, er ist schließlich mein Sohn. Als Mutter kann man nicht anders, als sein Kind bedingungslos lieben. Aber ich werde ihm niemals vergeben, was er unserer Familie angetan hat. Mit seiner brutalen, unbegreiflichen Tat hat er viele Jahre der Begleitung und Unterstützung zerstört, die wir mühsam aufgebaut hatten. Der Junge, den ich geboren habe, wuchs zu einem Ungeheuer heran, und damit komme ich eigentlich überhaupt nicht zurecht. Ich mache mir Sorgen darum, wie es ihm im Gefängnis geht, obwohl mir absolut klar ist, dass er die Haft verdient hat. Für mich ist das alles furchtbar.

Die wichtigste Frage, die ich Nathan stelle, lautet: Warum? Warum bringt man einen anderen Menschen um, nur weil er nervt? Weil er ein Teenager ist? Becke hatte mit Sicherheit nicht die Todesstrafe verdient, nur weil sie Widerworte gab und trotzte. Nathan war in ihrem Alter genauso, aber ich habe doch nie gedacht, er sollte deshalb sterben!

Meine zweite Frage dreht sich darum, ob er jemals etwas für Darren empfunden hat, den Mann, der ihn wie einen eigenen Sohn aufgezogen und geliebt hat. Und hat er mich, seine Mutter geliebt? Den einzigen Menschen, der ihn mehr liebte als das eigene Leben? Wie konnte er dieses Mädchen umbringen, das ich als mein eigenes Kind aufgezogen hatte und liebte? Warum hat er unsere Familie zerstört? Was ist in seinem Kopf passiert, dass er eine so entsetzliche Tat planen und ausführen konnte? Es gibt einen Bruch zwischen dem Sohn, den ich kannte, und dem Mann, der er geworden ist. Und das erschreckt mich zutiefst. Ich hoffe, dass ich eines Tages den Mut aufbringe, Nathan im Gefängnis zu besuchen und ihm diese Fragen direkt zu stellen.

Ich habe mir unendlich viele Vorwürfe gemacht und mich immer wieder gefragt, ob es irgendwelche Anzeichen für die Tat gab. Ob ich als Mutter etwas anders hätte machen müssen. Aber ich finde keine Anzeichen und habe keine Idee, wie wir der Tat hätten vorbeugen können. Wenn ich gewusst hätte, was er plante und wie verdreht seine Gedanken waren, hätte ich ihn vielleicht von dem Mord abhalten können. Ich hätte Hilfe für ihn organisiert, und vielleicht wären wir dann heute noch eine Familie. Und trotz meiner schweren Multiplen Sklerose hätte ich ihn vielleicht aufhalten können, als er Becky angriff. Wenn ich im Haus gewesen wäre, wäre ich die Treppe hinaufgekrochen. Ich hätte jedes unserer Kinder bis zum letzten Blutstropfen verteidigt.

Als Nathan Beckys Leben auslöschte, zerstörte er unser aller Leben. Ich hatte Angst, Darren würde mir Vorwürfe machen. Ich fürchtete mehr als alles andere, diese Belastung wäre zu groß für unsere Ehe und er könnte vielleicht nicht mehr mit mir zusammenleben. Aber ich kann ehrlich behaupten, dass ich alles für Becky und Danny getan habe. Sie waren ebenso sehr meine Kinder wie Nathan, und ich denke, Darren weiß das. Unser ganzes Leben war der Familie gewidmet, und die Kinder standen immer an erster Stelle.

Ich bin sehr dankbar für meinen bewundernswert starken, treuen Mann. Ich glaube, wir sind wirklich Seelengefährten. Schon als Teenager habe ich gewusst, dass ich irgendwann mit Darren zusammenleben würde, ich hatte nur keine Ahnung, wie das gehen sollte. Was er für Nathan tat, bedeutete mir ungeheuer viel. Wir teilen unglaubliche Erinnerungen. Und was auch immer passiert ist oder noch passiert, dafür werde ich ihm immer dankbar sein.

Dank

Als uns Becky genommen wurde, zerbrach unsere gesamte Welt. Aber die Unterstützung, die wir von Freunden, Verwandten und Fremden gleichermaßen erhielten, hat uns geholfen, unseren Glauben an die Menschheit wiederherzustellen. Es gibt einfach zu viele freundliche Menschen, als dass wir sie alle beim Namen nennen könnten. Aber einige sollen hier doch besondere Erwähnung finden.

Es war ein sehr emotionaler und manchmal schwieriger Prozess, Beckys Geschichte aufzuschreiben. Aber auf mancherlei Weise erwies es sich auch als Therapie für mich. Als ihr Vater habe ich viele kostbare Erinnerungen an unsere gemeinsame Zeit. Ich wollte dafür sorgen, dass man sich ihrer aus den richtigen Gründen erinnert.

Chantelle Rees möchte ich danken, weil sie meine Geschichte in Worte gefasst hat, ebenso wie Vicky Eribo, Kate Latham und Gill Paul bei Harper Collins. Ich danke auch meiner Agentin Clare Hulton und Jack Falber bei Medavia, weil sie die Veröffentlichung möglich gemacht haben. Meine Dankbarkeit gilt auch Helen O'Brien und Bede MacGowan, die sich anboten, die ersten Texte zu lesen, und wertvolle Hinweise gegeben haben. Und Geraldine McKelvie hat unglaublich wichtige Ratschläge beigesteuert.

Ein besonderer Dank gilt den Einwohnern von Bristol für ihre unglaubliche Unterstützung, als Becky vermisst wurde und auch während des Prozesses. Den Menschen, die bei der Suche halfen, die bei Beckys Beerdigung Blumen streuten und die uns bis heute unterstützen. Ich bin ihnen aus tiefstem Herzen dankbar, und ich bin stolz, einer von ihnen zu sein.

Wir stehen auch ewig in der Schuld der vielen Menschen, die geholfen haben, Nathan Matthews und Shauna Hoare vor Gericht zu bringen. Das gilt vor allem für die engagierten Polizeibeamten von Avon und Somerset und für die Staatsanwälte, die an dem Fall arbeiteten. Vor allem würden wir gern Richter James Dingemans und den Geschworenen danken. Sie haben die richtige Entscheidung getroffen.

Erwähnung müssen auch noch unsere Verbindungsbeamten Russ Jones, Jo Marks und Ziggy Bennett finden. Danke für Ihre Freundlichkeit, die Unterstützung und Professionalität. Wir wissen, wie engagiert sie waren und dass Sie auf Ihr eigenes Privatleben verzichtet haben, um uns zu helfen.

Dann meine Kollegen bei Power Electrics: Ich schulde Euch allen Dank für die Unterstützung, die Ihr mir gegeben habt, nachdem Becky verschwand. Ich bin froh, mit so freundlichen Menschen zusammenzuarbeiten, die ich heute alle als Freunde betrachte.

Und dann wäre da noch meine unvergleichliche Familie. Ihr wart mir und Anjie ein absoluter Fels in der Brandung. Eure bedingungslose Liebe und Unterstützung hat mir in den dunkelsten Stunden Kraft gegeben, und ich werde Euch immer dankbar sein. Ganz besonders gilt das für meinen Sohn Danny. Deine Verlässlichkeit in all der Qual war immer wieder verblüffend. Ich bin sehr stolz auf dich.

Und schließlich danke ich meiner wunderbaren Frau Anjie, mein starker Fels in allem, was kam. Ohne dich wäre ich gar nichts.